十三五國家重點圖書出版規劃項目

國家古籍整理出版專項經費資助項目

唐文治集

選堂

唐文治 著

鄧國光 輯釋

歐陽艷華 何潔瑩 輯校

上海古籍出版社

唐文治文章學論著集

第一册

圖書在版編目(CIP)數據

唐文治文章學論著集 / 唐文治著;鄧國光輯釋;歐陽艷華,何潔瑩輯校. —上海:上海古籍出版社,2020.10

(唐文治集)

ISBN 978-7-5325-9758-1

Ⅰ.①唐… Ⅱ.①唐… ②鄧… ③歐… ④何… Ⅲ.①文章學—文集 Ⅳ.①H05-53

中國版本圖書館 CIP 數據核字(2020)第 169944 號

唐文治集

唐文治文章學論著集

(全三册)

唐文治 著

鄧國光 輯釋

歐陽艷華 何潔瑩 輯校

上海古籍出版社出版發行

(上海瑞金二路 272 號 郵政編碼 200020)

(1) 網址:www.guji.com.cn

(2) E-mail:guji1@guji.com.cn

(3) 易文網網址:www.ewen.co

江陰市機關印刷服務有限公司印刷

開本 890×1240 1/32 印張 46.875 插頁 15 字數 788,000

2020 年 10 月第 1 版 2020 年 10 月第 1 次印刷

印數:1—1,100

ISBN 978-7-5325-9758-1

I·3510 定價:320.00 元

弁言

《唐文治文章學論著集》收録唐先生編撰之《高等學堂國文講義》三種(《國文大義》二卷、《古人論文大義》二卷、《國文陰陽剛柔大義》八卷)、《高等小學國文讀本》四卷、《讀文法》二卷、《國文經緯貫通大義》八卷,并附録類聚相關文章學講義。唐先生一生文章學論撰,大體完整保存於此編。

唐先生因時敷教,因文明道,「讀經」與「國文」,道藝兼善,一體相依,淑世教化,主意有在,乃以「性情教育」之人格通感作用,從而實現「君子教育」之文化重建,此其終生孜孜而堅持不懈者。唐先生文章學觀念涵蓋深廣,廣義上包括經、史、子、集四部學術之整體,而狹義則以詩文等文體爲核心。其文章學與其整體學術互爲一體,以文章學展示莊嚴、優雅、深邃之文化風貌,道統文脈合而爲一,萬變不離其宗,「正人心，救民命」，宗旨非常明確。

先生所編文章學專書，皆其中晚年棄官從教後之施教教本。先生特重「國文」大義，乃與晚清流行之西學，互爲推移。有感於重建國家與文化尊嚴之實在需要，一意推行國文與國文教育，期盼學術救國，而「國文」則是教化之途徑。故其意不在書生之標榜門户，而深具國士之懷抱，統攝明清以來文章學觀念，而歸本於經學、性理學，從而提煉更精粹之文章學理。包含作品詮釋、書寫理論、書寫實踐三方面，而其關鍵，在養氣存心之自覺。於由衷而發之熟讀理解過程中，培養正義感與優雅莊重之氣質，亦即正氣，從意識根本處彰顯道德意志與藝術生成之原動力，民德民氣、國學國格，因得以更新與恢復。其獨具心得之「讀文法」，由熟讀聖賢書辭，以培養正氣與正志，意在於斯。

先生之重視國文，與其家學淵源密切相關。根據先生《自訂年譜》記載，基本上可追溯其學文與治文之經歷。先生自謂十二歲開始在上海外公處讀《禮記》及始學作制義與試帖詩；十四歲在蘇州受知於其父執友王祖畬，王氏鼓勵「宜讀古大家文，以擴充其才氣」；十六歲讀《公羊》《穀梁傳》及《史記》，始學作古文；十七歲正式受業王祖畬，王氏教誨云：「文章一道，人品、學問皆在其中。故凡文之博大昌明者，必其人之光明磊落者也；文之精深堅卓者，必其人之忠厚篤實者也。至尖新險巧，則人必刻薄；圓熟軟美，則人必鄙陋。汝學作文，先從立品始。不患不爲天下第一等人，亦不患不爲天下第一等文。」唐受祺並教以讀汪份《孟子大全》、陸隴其《三魚堂集》，及乾隆朝君臣合選之《唐宋文醇》、清初熊伯龍之《熊鍾陵制義》，先生之文章學，如是乃自性理學與文章學兩者融化而出，爲其一生文章學之基礎。自入官後，則秉承朱熹上封事之精神與筆法，專志於政事，其所存奏議，乃經世文章之代表。中年之前，先生尚未專力於文章之學，然其師王祖畬人品與文品結合之誨，已深植內心，其爲人與治文合一，均不離此重要原則。

先生自覺治國文之學，乃始自中年棄官從教之後。《自訂年譜》載四十四歲（戊申，一九〇八）主持「上海實業學校」，於星期日設國文補習課，先生親自教授，以缺乏合適教材，乃隨講隨編，逾年冬成《國文大義》二卷，「普論大義，分才性、理氣等凡二十餘門」。此分類講論文章學原理之《國文大義》教材，乃先生首部命名「大義」之專著，其編排取法姚鼐《古文辭類纂》，繼承與發揚桐城古文論。《國文大義》上卷所論，屬於神理氣味之精微問題，而下卷屬格律聲色之類「粗迹」問題。至辛亥年（一九一一）冬，因門人李頌韓之協助，編成《古人論文大義》二卷，選録韓愈至吴汝綸凡三十家文論，與《國文大義》一縱一橫，建立文章學之體統。唐先生復運用姚鼐陰陽剛柔之説及曾國藩古文四象之義，編成國文總集《國文陰陽剛柔大義》八卷，精選《周易》《尚書》《詩經》《論語》《孟子》《國策》《莊子》、賈誼、董仲舒、司馬遷、揚雄、班固、韓愈作品，分屬陰陽剛柔名目之下。至此《國文大義》二卷、《古人論文大義》二卷、《國文陰陽剛柔大義》八卷三書，理論、批評、文選三者，構成唐先生一套完整文章學教材與學理體系。

根據唐先生《自訂年譜》，此三書成書於一九〇八年至一九一二年改朝换代之際。然就今所見唐先生《高等學堂國文講義》，刻本又稱《高等學堂國文讀本》，即以此三種構成，《國文大義》二卷注明「宣統元年（一九〇九）正月初版」，《古人論文大義》二卷注明「宣統元年五月初版」，《國文陰陽剛柔大義》八卷則爲「宣統二年（一九一〇）十一月初版」，則此三書俱在辛亥前已經出版，顯然先生誤記年份。此次整理，所據即上海文明書局一九一〇年印本。

辛亥之後，先生有鑒於現代學校教育體制之下，小學教育全面改變，國文教育基礎培養有所不足，於是親自編訂《高等小學國文讀本》四卷四册，李頌韓、陸景周校訂，於一九一四年在上海文明書局出版，以期作爲全國性通用高等小學教材。並同時精煉《高等小學國文讀本》第四卷内容，别作《讀文法》二卷，以作爲讀文、作文之入門書。書成未刊，後鄒登泰爲之注釋，於一九二四年出版。同時先生參考曾國藩古文四象説，重編教材，由先生主持，四位教員李頌韓、黄世祚、黄宗榦、鄒登泰合編《工業學校國文課本》，在一九一八年成書，先生撰序。凡此皆基礎之培養，預爲長遠文化建設之考量。

一九二〇年先生主持無錫國學專修館，撰《無錫國學專修館學規》，在「經學」「性理學」之後爲「文學」，三者構成其學術整體。「文學」一條概括其文章學之基本理念，謹迻録如下：「《尚書》贊堯曰『文思』，梅《書》贊舜曰『文明』，贊禹曰『文命』，文之爲用，焕乎郁乎！廣矣大矣！是以孔子四教，其一曰文。文學之科，傳自游、夏，其後支與流裔，累世不絶。經學者，文字之根荄；理學者，文章之奥府；此外，史與子、集，則皆文苑之精華也。《漢書·藝文志》貫串六藝諸子、百家九流，特示蹊徑，最宜熟誦。唐韓子作《進學解》自道所得，曰『上規姚姒』云云，約其所言，共有九家，曰《書》，曰《易》，曰《詩》，曰《春秋左氏傳》，曰《莊子》，曰《離騷》，曰《史記》，曰子雲，曰相如。是九家者，韓子之師也。『唐宋八大家』，儲同人廣之爲『十家』。其文雄奇幽秀，各極其至。朱子瓣香南豐，爲文後海先河，曲折奥衍，實爲千古鉅觀。元明以來作者，不逮於古。望溪崛興，海峰、姬傳踵之，是爲『桐城派』。吾蘇惲子居、張皋文，亦自闢町畦，是爲『陽湖派』。曾文正出，師承姚氏，發揮文家『陰陽剛柔』之旨，摘抉杳微，夐乎不可尚已。餘子如梅伯言、吴南屏、張廉卿、吴摯甫，其書滿家，允稱雄傑。近今斯道衰落甚矣。《易傳》曰：『觀乎人文，以化成天下。』惟有人有文而後能化成，班孟堅曰：『備哉燦爛！神明之式。』然則發揚吾國固有之文明，非吾館人士，其誰與歸？」先生非常重視此條學規，內容大體採入講義《修辭學大義》第三項「修辭之派别」中。

爲對治時代巨變，唐先生之文章學理念更進一步與其「政治學」結合，從而超越純粹建立在形上觀念之古文四象論，而與之分途，更投入於實在之教化功能。至一九二五年九月，先生根據其前所編《讀文法》十類，推廣爲四十四法，各精選作品分派其中，包括己作，名《國文經緯貫通大義》，凡八卷。先是口授，特别注重「性情教育」，體會到「教授國學，必須選擇文章之可歌可泣、足以感發人之性情者，方有益於世道也」。從《國文陰陽剛柔大義》《讀文法》至《國文經緯貫通大義》，前後十五年間，先生於文章學之體會，直接觸及感發人性與陶冶性情之讀文作用，與性理學之精進相輔相成。先生一方面取正於朱子讀書培養性情氣質之涵濡工夫，另方面涵攝王陽明良知教，立本於孔門詩教與禮教之集體陶淑作用，以實現正人心之目的，此《國文經緯貫通大義》定名立義，推己及人之天德與實踐存焉，深意有在。此乃先生文章學成熟之標誌性成果，亦是民國時代文章學理論與總集之重要代表作。

唐先生自强不息，不斷提煉、開拓文章神理之豐富義涵。《自訂年譜》一九三三年六十九歲條謂：「玉儒表弟爲張君亮生介紹，請題其九世祖張天如先生遺像。余作記一篇，歷叙吾婁掌故。適慶詒等爲余購天如先生《漢魏百三家集》一百册，讀其題辭，門徑釐然，文氣亦醇厚有味。旋又作先師福建林斅軒先生墓表，並同鄉畢君枕梅傳，因悟文章變化法全在承轉提頓處，有令人不測之妙。爰編《茹經堂論文》一卷示諸生。」《茹經堂論文》一卷，乃在通讀張溥《漢魏百三家集》題辭後之新體會，尤注意「門徑釐然，文氣亦醇厚有味」之特點。其評語主要關鍵詞爲「神光離合」，重點在熟讀文章之際之神情領悟，而文本資源皆備於《國文經緯貫通大義》四十八體之中。張溥是氣節之士，其題辭亦無疑是其人品之直接投射。此唐先生從王祖畬人品、文品相合之誨而生發之議論，其焦點在文章所顯示之作者神情，「文氣亦醇厚有味」是精神飽滿而煦煦有度之氣象；而「門徑釐然」，理路明晰不含糊，是精神清明之氣象；兩者皆屬於文章學理論中最高層次之神理觀念。先生門人馮振按語云：「《茹經堂論文》一卷亦未刊。」蓋手抄本流傳，即本編《國文經緯貫通大義》書後附録者。自此以後，先生重視如何運用神理駕馭文章表達，到抗戰時依然講學，《自訂年譜》甲申（一九四四）八十歲條載：「正月開學，學生及旁聽生百餘人。余每逢星期二到校，教授讀文法一節。」至一九五一年先生八十七歲，仍然授徒講學，講授《尚書》《國文經緯貫通大義》《孟子救世編》並《讀文法》，明載於《年譜》中其家人之補記。以《尚書》《孟子》爲文章典範，乃發揚方宗誠《文章本原》之學理，而體現於「修辭立誠」之自覺。學文、讀文、作文三者貫通於先生「修辭學」體統之中，修辭立誠，文以明道，先生終生不渝。

值得一表者，由於唐先生未有任何文字説明，故容易忽略其對版本文獻之態度，或以爲唐先生只重讀文，其實不然。歐陽艷華博士在通校過程中，發現唐先生選文有其嚴謹之處。第一，論文舉證所選録之文章，以版本時代接近作者者優先。所選漢賦既保存在《史》《漢》，亦同時收録於《文選》者，例如賈誼《弔屈原賦》，根據字句差異，知先生用《史記》本。惟唐先生對版本之取捨，並非全然只取早出而捨後出，亦注重版本質量。例如賈誼《鵩鳥賦》取用《文選》本，之所以不專取《史》《漢》，蓋二者皆存需斟酌處：一則《史》《漢》交代賈誼至長沙，皆云「適居」，《文選》則云「謫居」，貼合本事；二則《史記》未嘗交代鵩鳥爲不祥，文意未能圓足；三則《漢書》則盡去篇中賦體之「兮」字。是以三本之中，以《文選》爲優，此見先生取定版本之周密考慮。再如揚雄《羽獵賦》並載於《漢書·揚雄列傳》及《文選》，所録内容大同小異；而此篇在取定字句上，並參二本，擇善而從。如首句「孝成帝時羽獵」與《選》本相同，《漢》本作「其十二月羽獵」，蓋上承傳文順時叙述，非獨立成篇，《選》本加以修繕，避免了起首突兀的問題。又如「霹靂列缺」「星羅布列」兩句中的「列」，皆從《漢》本。前句之「列」字與「裂」通，於空際中擘裂缺口之意甚明；後句之「列」則顯然爲羅列之意，星羅棋布之意便顯豁。而《選》本皆作「烈」，則表述未及《漢》本貼切。可見是篇有意兼取兩本之優長。第二，與論文舉證不同，讀文範本之選録則挑選精良文本，同時參證諸家，此在《國文陰陽剛柔大義》中體現尤爲明顯。如《戰國策》諸文據姚宏本，互參鮑彪本，而凡《史記》《新序》等有存者，則取以折衷，擇善而從。精益求精，與先生鼓勵讀經必用善本之精神，相通一貫。綜合而言，唐先生選文，皆有文獻學與校勘學之考量，而非隨便剌取現成文本，透露唐先生深有得於南菁書院之學術精神，更體現其對「國文」之由衷尊重。唐先生提倡國文教育，本非空言虚幌。

綜合唐先生一生研治文章學之成果，自一九〇九年出版之《國文大義》二卷、《古人論文大義》二卷，一九一〇年出版之《國文陰陽剛柔大義》八卷，此三種統稱《高等學堂國文講義》。入民國後，一九一四年出版之《高等小學國文讀本》四卷、一九二四年鄒登泰注釋之《讀文法》二卷，此二種實爲一書，意在培養熟讀國文之基礎，乃入門須正之意。一九二五年成書之《國文經緯貫通大義》八卷，則是先生文章學之集大成，始條理而終條理，聖智之事也。此四書爲其文章學之經；其在無錫國專與抗戰時在上海之講義爲緯，均附録於四書之中，以類相從。唐先生文章學之規模與淑世精義，庶幾完整保存矣。

整理唐先生文章學論著，自二〇〇四年至今，歐陽艷華博士繼晷焚膏，經年未懈，何潔瑩博士辛勤搜校，得二君之道義付出與全情投入，方始畢功。并得上海古籍出版社高社長克勤先生、奚彤雲副總編、常德榮先生等諸有道君子之關懷襄助，申請「十三五國家重點圖書出版規劃項目」及「國家古籍整理出版資助項目」，皆成功獲批。唐先生精誠貫日月，其遺書自此獲得國家重視，意亦天之不欲喪斯文，以待文運之興乎！時哉時哉！豈非唐先生精誠所致乎！

戊戌夏至　鄧國光　學

總目

國文陰陽剛柔大義

高等小學國文讀本

讀文法

國文經緯貫通大義

高等學堂國文講義

整理説明

《高等學堂國文講義》〔一〕八卷，由三部獨立文章學著述組成，卷一、卷二爲《國文大義》，卷三、卷四爲《古人論文大義》，卷五至卷八爲《國文陰陽剛柔大義》。三部專著雖統名《高等學堂國文講義》，但並非出版於一時，卷一、卷二《國文大義》，上海文明書局出版於宣統元年（一九〇九）正月；卷三、卷四《古人論文大義》，上海文明書局出版於宣統元年五月；卷五至卷八《國文陰陽剛柔大義》，上海文明書局出版於宣統二年（一九一〇）十一月。

一

《國文大義》原初爲課堂講義，雖隨講隨編，然而唐先生前半生思考與累積，成竹

〔一〕是書初版題《高等學堂國文講誼》，而唐先生序文與其自述「講誼」皆作「講義」，今統一作「講義」。

在胸，皆於此傾囊而出，於論説與建構文章學理論，皆以作品爲根據，充分體現先生所堅持之實事求是之治學精神。而條分縷析，歸類陳説，與其治經之主分類而理，方法與精神相通貫。先生門人陳起紹、何葆恩於一九三一年刊出之《唐蔚芝先生〈茹經堂叢書〉提要并序》概括此書特色云：「文字者，人心世道之綰鑰也。我國文字與語言，雖判若兩端，而實有息息相通之理。藉令文化日漓，修辭立誠之義淘汰靡遺，我國民之心思將日粗，志氣將日浮，智識將日淺，氣象將日萎，其於事理之剖析，更茫然若迷，格不相入。主持人心世道者，更將何所措其手？是書原名《高等學堂國文講義》，彙古人之文分論之，教人行文之法，中有論文之根源、文之氣情才、文之志意與理，及繁簡、奇正、變化、格律，文之聲色味神，深通奧窔，蓋於姚氏《古文辭類纂》義例所載，更析而精之，神而明之，實爲文學之津梁也。」除此之外，本書特色，更有一極值得注意者，乃是唐先生「論文之神」之重大創獲。

唐先生於古文寫作，結穴於「養氣歸神」，其於古文批評，則以「論文之神」所歸類十二神（實則十六神）最爲矚目。然時移勢易，二十世紀初自我擺脱傳統學術之時代情景中，或對唐先生文章學有所抹煞與譏諷，本書在無錫國專重印時所補入一九一三年交通部發出審定公函之一段評論，可見一斑。函中部員回復云：「《國文大義》論文之才、氣等篇，均極精當。惟《論文之神》分爲十二，又附以力、夢、鬼、怪四神，似稍泥形迹；然用以爲下學説法，指點較易，亦出於教授之苦衷，不爲病也。」謂之「稍泥形迹」，而只足「用以爲下學説法」，實在低估唐先生於學理上之創發與貢獻，皆因其時對於傳統文論之認知尚處草萊階段，亦時勢使然，致令唐先生此重要學術貢獻黯而不彰，至於今日。唐先生認識文章之神，固然出自桐城一脈，然其高出前人處，在發現明末茅坤《史記鈔》，其《古人論文大義》上卷已經收録《史記鈔引》，《史記鈔》重點在指出《史記》文學性之特質在神之一義，故唐先生十二神之分類，多引《史記》爲證説，此絶非偶然者。而十二神之理論根源在陽剛、陰柔之自存美與惡之對應，乃是本《易》義演繹人之本質氣性，即據人之本性以説文章之神，此是宋明性理學傳統下之高層位説法。

唐先生門人黄世祚曾録其論文之根本、才、情、氣等首四節，另標題爲《國文講義》，一九一七年刊載於《嘉定小學教育研究録臨時月刊》第一期（頁二至五）。另，唐先生又曾於一九二〇年將《國文大義》鉛印刊行，二卷二册。

《國文大義》之整理，既以宣統元年出版之《高等學堂國文講義》卷一、卷二爲底本，校以黄世祚所刊《國文講義》，並參證一九二〇年鉛印本（下簡稱「民初本」），差歧處出校注明。《國文大義》每説一義，皆引證古人之文。但凡《國文經緯貫通大義》所已載之文章皆省略，於題下注明參見《國文經緯貫通大義》相應之處。

二

卷三、卷四之《古人論文大義》，依據時序，選録唐、宋以迄明、清有關古文批評之篇章，自韓愈至吴汝綸等凡三十家，共一百有七篇，顯示古文批評之師法源流，屬於縱貫性質之史源集成，與《國文大義》之張衍古文批評之理論體系相輔爲用，而落實於《國文陰陽剛柔大義》之作品選讀，由是作文、批評、讀文三層構成完整文學體統。因《古人論文大義》二卷之編撰，展示其文論建構之根源屬性，乃集古來觀念之大成而具反本開新之要義。從文論研究角度而言，此書無疑屬文論專題總集之權輿，學術意義重大。

《古人論文大義》之整理，以宣統元年出版之《高等學堂國文講義》卷三、卷四爲底本。一九二〇年唐先生鉛印刊行《國文大義》時，《古人論文大義》亦同時印行，此民初本作爲參校本。而唐先生講義有所涉及者，則標識於「編者謹按」之下。

三

《高等學堂國文講義》卷五至卷八之《國文陰陽剛柔大義》乃據曾國藩所編《古文四象》文章選集而成之國文讀本。蓋曾氏書未有流傳，唐先生此書遺存其結構佈局，反映晚清以來古文批評流衍之迹。曾氏以「四象」歸類古文之體，曰「太陽氣勢」「太陰識度」「少陰情韻」「少陽趣味」，每類更分陰陽，而成八體。原書鈔本流傳，唐先生於一九〇一年於日本拜訪吳汝綸得見此書，此事詳載唐先生《國粹教科書續編序》（一九〇八）及《桐城吳摯甫先生文評手蹟跋》（一九三〇）之中，信其非誣。按：先生《自訂年譜》壬子（一九一二）四十八歲條載：「冬，編《國文陰陽剛柔大義》成。本曾文正《古文四象》，發揮其義；又別選古人文以廣大之，頗爲詳盡。」馮振按云：「陰陽剛柔之説，創於姚姬傳氏，曾文正繼其説而大昌之，先生則綜二家之説論之，而更進焉曰：『凡人之情性、氣質，毗於陽者，陰亦寓焉；毗於陰者，陽亦寓焉。天地之道，陰陽之氣常相勝而相爭，惟明於消息之故，於其偏而調劑之，且因其偏而善用之。善驗古人文之神與氣，亦若是而已。』所編《國文陰陽剛柔大義》八卷，選《周易》《尚書》《詩經》《論語》《孟子》《國策》《莊子》、賈生、董生、司馬子長、揚子雲、班孟堅、韓退之之文，而分注陰陽各名於其下。陳石遺先生撰先生全書總叙，稱爲論文之至精而無弊者也。」

謹按：此先生誤記年份，本書於一九一〇年已經刊出。此次整理即據一九一〇年刊本為底本。

《國文陰陽剛柔大義》所録範文，如所選漢賦等，大多同載於《史記》《漢書》《昭明文選》等多種文獻，不同文獻所載多有異同。於異文處，皆謹慎處理，不輕易改動，爲確定其文本，往往通校衆本，追尋並確定每種選文之確切來源。透過此費時費力之校勘，欲理解唐先生采擇之微義，期望展示唐先生版本取捨之考慮與選用之原則。但凡能考知者，皆在文章題下予以説明。

高等學堂國文講義目録

國文大義

古人論文大義

國文陰陽剛柔大義

例言　此係三種總例〔一〕

【釋】《高等學堂國文講義》之《國文大義》一九〇九年刊本和一九一三年刊本（即民初本）皆有例言，唯内容存在差異，蓋後出之民初本在初印本基礎上加以修訂。因是之故，此篇例言主要採録較完善之民初本，並補充原見於初刻本而後來删去之若干條例言，以見唐先生編纂原則之取捨。兩本文句之異同，悉作注釋交代。

一、余編《國文講義》，共成三種：一《國文大義》，二《古人論文大義》，三《國文陰陽剛柔大義》。初意尚擬編《鉤元録》《致用録》二書，《鉤元録》僅成《周情》《孔思》二編，因過於艱深，遂不果成。《致用録》本擬選纂公牘函件等，後擬改輯《中國政治

〔一〕小題「此係三種總例」一句，原《高等學堂國文講義》初版未有，乃後刊民初本所加。三種指《國文大義》二卷、《古人論文大義》二卷、《國文陰陽剛柔大義》四卷。

學》〔一〕，爰中輟焉〔二〕。

一、是編程度，係在專門學校以上，惟中學秀穎之士亦可適用。且或有在中學中已肄業及之者〔三〕。蓋茲編命意所重，在比類合誼，則仁者見仁，智者見智，雖百回讀，益有味也〔四〕。

一、講義之名，肇自有宋，大抵由門人弟子記載，俚俗之辭，均所不忌。茲編所講國文大義，稍加文飾，惟若竟以文法行之，恐學者更難領會。操觚率爾，或無譏焉〔五〕。

一、是編〔六〕所選諸作，俱係略舉一隅。即以「神篇」而論，所列「十二神」，古書中

〔一〕《中國政治學》於一九二三年開始編撰，僅成十三篇大義，收入《唐文治文集》「論説類」。

〔二〕此條凡例乃後來所添補，原《高等學堂國文講義》初版未有。

〔三〕此是原《高等學堂國文講義》凡例第一條，文作：「教授國文，宜視程度淺深，若躐等陵節，便易誤人。茲編係爲高等學堂而設，必須中學畢業，國文具有根柢者，方能領悟。」

〔四〕此凡例第二條原云：「自初等小學，至高等小學至中學堂，至高等學堂，國文課本，必須銜接一氣，庶次第井然，不致複沓。茲編所選，或有在中學堂已肄業及之者，惟命意所重，在比類合誼，則仁者見仁，智者見智；雖百回讀，益有味也。」

〔五〕此條民初本删，據原《高等學堂國文講義》補入。

〔六〕「是編」兩字，原《高等學堂國文講義》文作「國文大義」。

隨處皆是，全在讀者觸類旁通。若膠柱鼓瑟，以爲文章之妙盡於是焉，則陋矣。是以學者之神明，貴日擴而日新也。

一、評點本非古法，自歸氏、方氏評點《史記》，治古文家遂有評點之學。曾文正所選《經史百家雜鈔》，分段圈點，最爲謹嚴朗析。近吴摯甫先生亦謂：「開示始學，莫過於此。」兹編圈點，不概從古人。大抵「才篇」則注重於才〔一〕，「氣篇」則注重於氣，「神篇」則注重於神。此外，〔二〕則全在精神綫索之處，〔三〕讀者當分别觀之。

一、《古人論文大義》，係以古人之文章爲我之講義，最易見闚〔四〕門徑。惟近代文家，或不免囿於宗派；且辨析豪芒，則才氣日以瀉薄。承學之士，所貴觀其大意。《莊子》所謂：「出於涯涘，觀於大海。」幸勿爲所纏索也。

一、「陰陽剛柔」之説，創自姚氏，至曾文正益大暢厥指。所選《四象古文》雖未

〔一〕此句之前，原《高等學堂國文講義》有「如《國文大義》中所録」句。

〔二〕原《高等學堂國文講義》無「此外」二字，而另作「若《鈎元録》中所用」。

〔三〕此句之後，原《高等學堂國文講義》尚有文云：「《致用録》中所用，則全在一字一句扼要之處。」

〔四〕原《高等學堂國文講義》作「闚見」。

成書，然其渺精入神，實已敻絶千古。余意〔一〕所以别爲一部〔二〕者，以國文臻此，實係登峰造極，蔑以復加之詣，學者倘能闚尋斯義，歎觀止矣。

一、治古文者，不外五大部分：《左氏》《公羊》《穀梁》《國語》《國策》爲一部，《史》《漢》、韓、歐爲一部，屈、宋、馬、揚爲一部，賈、董、晁、劉爲一部，《老》《莊》《荀》《韓》爲一部，其餘皆支與流裔耳。方望溪先生謂：「退之、子厚讀經子，永叔史志論，均出於《史記》之世表、年表、月表序。子固序羣書目録，介甫序《詩》《書》《周禮》義，均出於《漢書》之《藝文志·七略序》。」〔三〕近曾文正又謂「退之之文，取源於《尚書》」，蓋祭海先河，未嘗無崖略之可尋也。〔四〕至退之文，不盡出於《尚書》，讀《進學解》「上規姚姒」以下十二句，足徵退之之師，不外九家，學者進而求之，能自得師。〔五〕

〔一〕「余意」二字，原《高等學堂國文講義》作「玆編」。

〔二〕「部」字原《高等學堂國文講義》作「卷」。

〔三〕方苞《古文約選序例》曰：「子長世表、年表、月表序，義法精深變化。退之、子厚讀經子，永叔史志論，其源並出於此。孟堅《藝文志》七略序，淳實淵懿，子固序羣書目録，介甫序《詩》《書》《周禮》義，其源並出於此。」載《望溪先生文集》卷四。

〔四〕原《高等學堂國文講義》之後尚有文云：「《鈎元録》所選，皆因迹象以求精神，古人之師，具在於是矣。」

〔五〕自「至退之文」起至末句一段文字，原《高等學堂國文講義》無。

一、近代學子恂愗，皆疑國文爲無用，不知脩教齊政，正有賴於國文，故公牘爲尤貴焉。公牘之要，不在徒明其形式，必須能挈事物之綱領，言歷史之要難，識掌故之源流，此非神明於古文之義法者不能爲也。兹編《致用録》所選俱係近人之作，如曾、胡、左、李諸家專集，均博採要删，而於外交之學，尤三致意焉。明體達用之士，當必有取於斯文。〔二〕

〔二〕此條民國本删。

附：交通部公函

【釋】一九一三年因應學制改變，交通部與教育部審定唐先生《高等學堂國文講義》。此公函原載一九二〇年鉛印本，今據以補録。此公函涵蓋三部分，一是唐先生自薦内容，二是交通部審訂呈文，三是教育部審定回應。因唐先生主持之上海工業專門學校隸屬交通部，故先呈交主事部門轉達教育部也。其中兩部門之審議内容，隨文出注，以助讀者理解。

逕啓者：准教育部函字第一千零二十一號公函内稱，准貴部函稱「上海工業專門學校唐校長文治函」稱：「竊維國家之强弱，人類之存滅，其惟一根源，端在文野之判。曠觀世界各國，其競進於文明者，則其國家、其人類强焉存焉。否則，其國家、其人類弱焉滅焉。我國文化胚胎獨早，溯自書契之造，以迄孔子纘修删定，微言大義，闡發靡遺。二千年來歷代相承，皆得奉爲依歸者，悉賴此文字之遞嬗不息。是以聖門四教首文，而孔子自言『文不在茲』，厥誼可證。自西學東漸，恂愗之士，穎異標新，以爲從事科學，我國文字即可置之無足重輕之數，用是十餘年來，各處學校於『國文』一科，大都摭拾陳腐，日就膚淺。苟長此因循，我國固有之國粹，行將蕩焉無存；再歷十餘年，將求一能文者而不可得。曾子曰：『出辭氣，斯遠鄙倍矣。』國民既多鄙倍之辭，安得不滋鄙倍之行！科學之進步尚不可知，而先淘汰本國之文化，深可痛也。本校長有鑒於斯，爰就本校『國文』一科，特加注意；并於公餘之暇，輯有《高等國文講義》全部，首論『國文大義』，次及『古人論文』，探厥本源，及乎『陰陽剛柔』各義，雖未敢信爲足以問世，而就本校行之數年，固已略著成效。〔一〕查是項《國文講義》前年刷印之初，業經先後咨送大部在案。方今民國代興，政體改革，學制更新。按之學校系統，固已無『高等』之學級，是項《講義》似將不適於用。然就目前國文程度，以之餉『大學』生徒，恰爲合宜。當此斯文絶續之交，或不無細壤涓流之助。相應檢齊《講義》八冊，函達大部察核教正，轉送教育部審查，見復施行。」等因。相

〔一〕此爲唐先生致教育部自薦《高等學堂國文講義》之重要意義。

應將附到《國文講義》八册函送貴部查照，希即見復，以便轉復該校長可也。〔一〕等因前來。

查該《講義》，博稽遠引，鎔鑄羣言，於斯文之能事，發攄殆盡。《國文大義》論文之才氣等篇，均極精當〔二〕。惟《論文之神》分爲十二，又附以力、夢、鬼、怪四神，似稍泥形迹；然用以爲下學説法，指點較易，亦出於教授之苦衷，不爲病也〔三〕。《論文大義》選録前賢論文之作，可謂擇精語詳〔四〕。《陰陽剛柔大義》引曾文正之緒而大暢之，亦多獨到之處〔五〕。近日國學衰微，學者憚於深造，得此書爲指南，洵於文學大有裨益〔六〕。惟查本部《審定教科用圖書規程》，審定之書以中學校以下爲限。本書不在審定範圍之内，應由編者自由出版，聽各學校自爲採用〔七〕。原書

〔一〕此當路轉送教材予教育部審定之程序。交通部之回應至此。
〔二〕此肯定《國文大義》中論才、論氣等篇精當。
〔三〕此解説唐先生論神之問題與初衷。
〔四〕此肯定《古人論文大義》選材精當。
〔五〕此肯定《國文陰陽剛柔大義》推闡曾國藩之優長。
〔六〕此肯定唐先生整套教材之正面價值。
〔七〕此説明唐先生教材自由流通，不受審查約束。

留本部，用備參考。相應函復貴部查照轉知。〔一〕等因前來，相應函知貴校長查照可也。

中華民國二年十二月二十六日

〔一〕教育部之回應至此。交通部與教育部皆肯定唐先生此套教材也，唯未列入部定大學用書。

國文大義

國文大義目録

國文大義序

【釋】此序據一九二〇年印本補入，原一九〇九年刻《高等學堂國文講義》之《國文大義》未撰序文。

余少時讀《論語》，孔子之贊堯曰：「巍巍乎其有成功也，焕乎其有文章。」〔一〕心嘗疑之，以爲文章何爲在成功之後？又嘗讀曾子之言曰：「出辭氣，斯遠鄙倍矣。」〔二〕心又疑之，以爲出辭不鄙倍，何遽爲道？及長，稍稍與世周旋，默考政治學術之升降、人心世道之根原，爰知文章與制行相爲表裏〔三〕。凡品行之近於鄙倍者，必其文之無序

〔一〕《論語·泰伯》載孔子曰：「大哉堯之爲君也，巍巍乎唯天爲大，唯堯則之，蕩蕩乎民無能名焉。巍巍乎其有成功也，焕乎其有文章。」唐先生所引兩句乃總讚之言。

〔二〕《論語·泰伯》載曾子語。按：此唐先生徵聖立言。

〔三〕此唐先生文品與人品相表裏之論文宗旨。

者也；凡品行之遠於鄙倍者，必其文之成理者也。又推而驗之，凡爲文之博大昌明者，必其行之光明磊落者也；凡爲文之精深堅卓者，必其行之温厚篤實者也。至尖刻險巧，則行必澆薄；叫囂紛呶，則行必桀驁。凡人之血氣心知，不能不寄之於言，言不能掩其行，而文辭者，語言之菁華也。即其言以考其文，即其文以考其行，百不失一二。「天生烝民，有物有則」〔一〕，惟出鄙倍之辭，斯滋鄙倍之行。「言不順則事不成」，事不成則秩序混淆，而禮樂不興，刑罰不中〔二〕，是以「成功」「文章」，實爲一事。《尚書》載堯以來，首曰「欽明文思安安」，蓋巍乎焕乎，唐、虞之所以爲郅治。而歷代以來，所以一治而一亂者，實一文一野之所由判也。上下數千年，縱横億萬里，文化美者，則其國必强焉盛焉存焉；文化微者，則其國必弱焉衰焉滅焉。此天地之常經，世界之軌範也。

自元會遞遷，歐化西漸，綴學之士，醉心科學，土苴國文，甚且謂國粹之存亡，無足輕重焉。嗚呼！抑何其見之偏也！芸芸倮屬，芒芒禹州，「廣谷大川異制」，「民生

〔一〕《詩・大雅・烝民》句。
〔二〕《論語・子路》載孔子説「正名」之語。

其間者異俗」，「修其教不易其俗，齊其政不易其宜」〔一〕。凡人情風會之變更，歷史掌故之紀載，禮教法律之沿革，胥惟國文是賴。今乃一切掃除之，綱維政治者將何所措其手？況我國近紀，庠序盈門，瑰奇踔躒之輩，大都有志西游，方冀其輸入文明，以開顓蒙而通閉塞。倘概以國文膚淺之士，負笈而歸，文不能傳其意，筆不能述其所見聞，我國民豈能盡通譯鞮，與之相質問？是則文明者徒擅文明，而輸入者終無望其輸入，統一教育者將何所措其手？矧夫文字者，世道人心之要鑰也。我國文字之與語言，雖判若兩端，而實有息息相通之理。藉令文化日漓，脩辭立誠之要義淘汰而靡遺，我國民之心思將日以粗，志氣將日以浮，知識日以卑淺，氣象日以萎薾；其於萬理之判析，萬事之綱紀，更茫乎其若迷，格乎其不相入。主持人心世道者，更將何所措其手？文治鑒斯，瞿然惄然。爰本此拳拳欵欵之忱，編成講義，以餉學子。

竊維俗之通塞，時也；道之顯晦，遇也；而國粹之存亡，則人也，非天也。斯文之繼續，天不得而主之者，惟恃人力以斡維之，補救之。我國文之功用，於古則足以經經緯史，貫串百家；於今則足以陶鑄羣倫，開物而成務。玆者新學涬興，衆流騰

〔一〕《禮記·王制》文。

躍，殫精竭思之徒，蒐羅剔抉，紛然而俱進，雜然而並陳。舉凡農家、兵家、法家、工家、商家之學，其隱契乎古者，胥將大顯於世。其權輿於今者，正賴精研國文之達人碩士，薈而斠之，溝而通之。本形聲之文，以合佉盧之誼，小之則判析毫芒，大之則鴻賅庶彙，通神合微，表著萬物，綱絡百科，於是焉在。然則後之讀吾書者必將知功業文章，要歸一貫。異日者黼黻河漢，追琢菁莪，備哉燦爛文明之式，而有以成巍乎焕乎之郅治，是余之所厚望也夫！是余之所厚望也夫！太倉唐文治自序。

國文大義上

《高等學堂國文講義》卷一

論文之根源

國文關係國粹，而人品學問皆括其中，故凡文之博大昌明者，必其人之光明磊落者也；文之精深堅卓者，必其人之忠厚篤實者也。至尖新險巧，則人必刻薄；圓熟浮滑，則人必鄙陋；傲很怪僻，則人必悖謬。諸生學作文，先從立品始。立品先從忠孝二字始。能忠孝則人有愛情，有愛情則文之至情，涵結於中，而流露於外矣。

孔子有言：「修辭立其誠。」誠者，盡性之本，修身之源，而即文家之萌柢也。《中庸》云：「不誠無物。」吾國人謂之誠，西國人即謂之精神。人惟有精神，斯有理想。理想日新，而文明之象生焉。文惟無精神，斯無理想。理想日窒，而腐敗之象著焉。夫爲人不可以腐敗也，爲文而獨可以腐敗乎？

伊古以來，周公、孔子、曾子、孟子之文，修辭之最能立誠者也。下逮司馬遷、董仲舒、劉向、班固、諸葛武侯、陸宣公、韓文公、歐陽文忠公、范文正公、司馬温公、朱子、王文成公以及本朝之陸尊道、湯文正、陸清獻、張清恪、胡文忠、曾文正、左文襄諸家之文，亦均能立誠者也。惟其誠意有深淺，故文字亦有深淺。下是而飾僞敷衍，有終身腐敗而已矣。

大凡各科學，皆以人工補天工之所不足，惟文亦然。天地温厚之氣，春夏氣也，惟仁人能得之。天地嚴凝之氣，秋冬氣也，惟義士能得之。天不言而四時行，百物生；文之至者，實足以包舉萬彙，能開物而成務，所以補天之所不言也。而非至誠，則不能配天。

《中庸》云：「惟天下至誠爲能化。」文達於誠之至，而變化生焉。譬之於風，漻漻刁刁，文之聲也；譬之於雲，夭矯離奇，文之態也。推而至於山之崔巍，川之澎湃，日月之所以昭明，陵谷之所以遷變，草木鳥獸之所以繁殖飛翔，人事老少生死存亡之理，禮樂食貨、戰鬭號令之具，皆由文焉刻畫以象其變化。

更有進者，凡宗教之傳嬗，道德之權輿，忠臣孝子之事蹟，一載之於文，百世而下，讀者或廉或敦、或歌或泣、或感動奮發，以思私淑，若是者，皆文章變化之所爲，實文章至誠之所爲也。諸生但知國文之爲國粹，盍一探其本乎？

論文之氣

孔子云：「人之生也直。」孟子云：「浩然之氣，至大至剛，以直養而無害，則塞於天地之間。」顧亭林先生云：「凡作文之氣，須與天地清明之氣相接。」是三説有不相謀而相感者，何也？蓋自來正大之士，必有清明正直之氣。宋文文山先生所謂「天地有正氣，雜然賦流形」「於人曰浩然，沛乎塞蒼冥」是也。下愚之士，困於己私，邪曲之念蟠結於中，平旦之氣牿亡已久，如是而作文之時，求其有清明正直之概，庸可得乎？故凡學作文先從養氣始，養氣先從正直始。孔子云：「將叛者其辭慙，中心疑者其辭枝。」孟子云：「詖淫邪遁，知其蔽陷離窮。」〔一〕若此者爲其辭之不直也，即爲其氣之不直也，而要由其性情與品行之不直也。

〔一〕此句於一九一七年刊《國文講義》用《孟子》本文：「詖辭知其所蔽，淫辭知其所陷，邪辭知其所離，遁辭知其所窮。」

養氣之功尚矣，諸生不能驟幾也，則下而求之於鍊氣。鍊氣之法尚矣，諸生不能驟幾也，則下而求之於運氣。先儒論運氣之法，當一筆數十行下，亦諸生所不能驟幾也，則下而求之於一筆十數行下，或一筆數行下。然作文之時，所以能運氣者，要在讀文之時先能運氣。運與練者，乃繁與簡之别、縱與斂之别、粗與精之别，此中消息程度，惟善讀者乃能知之〔一〕。昔曾文正初見張廉卿先生，爲讀曾子固文一首，而廉卿先生文因以大進。今鄙人品詣文章，不能勉希文正之萬一，而諸生之志行，則必高於廉卿先生無疑也。爲口授讀法如下數首〔二〕：

賈生《過秦論上》（文在《國文經緯貫通大義》卷七「翕純皦繹法」）

韓退之《張中丞傳後叙》前半篇（文在《國文經緯貫通大義》卷二「段落變化法」）

曾滌笙《孫芝房侍講芻論序》（文在《國文經緯貫通大義》卷八「議論錯綜法」）

〔一〕自此以下至「則必高於廉卿先生無疑也」，民初本删除。

〔二〕「爲口授讀法如下數首」句，民初本作「選文二首以示範」，並删除範文曾國藩《孫芝房侍講芻論序》一篇。

論文之情

文之神，貴能精騖八極；文之氣，貴能周流六虛；文之才，貴能涵蓋九區；文之情，貴能感孚萬彙。前言養氣之法，今再爲諸生〔一〕言文之情。

天下惟有真性情者乃能爲大文章。昔左文襄有言：「世人統稱才情，若人而無情，才於何有？」此語可謂千古名言。文襄係才士，而其言如此；世之講修身者，不可不知此言；講文學者，尤不可不知此言。孟子云：「乃若其情，則可以爲善矣。」又云：「若夫爲不善，非才之罪也。」情居才之先，情之摯者乃能善用其才。故凡人之霸才無主而無真性情者，其人決無結果。凡文之霸才無主而無真性情者，其文決無成就。吾校中愛敬之情，最爲欠缺。諸生學作文，宜於涵養性情一事，先加之意焉〔二〕。

遂古以來，文情之至者，當以周公爲最，《鴟鴞》《七月》之詩是也。《論語》《孟子》

〔一〕「爲諸生」三字，民初本删除。
〔二〕「吾校中愛敬之情」至「先加之意焉」一節，民初本删除。

中亦多情至之文，如「回也視予猶父」一節、「長沮桀溺」一章、「孟子去齊尹士語人」一章是也。《詩經》《離騷》爲千古言情之祖，司馬遷亦善言情，惜其性質稍嫌粗雜，如《報任少卿書》，情至而詞不免於蕪。至諸葛武侯《出師表》，幾於字字血淚，惟其遭闇弱之主，有以宣難達之情，乃成絶調。陸宣公爲德宗撰制詔，專務引過罪己，以感人心；故聞者雖武人悍卒，無不揮涕；叛逆之流，亦皆迴心喻旨，惟其文之感情厚也。故知文之用情，無論對於君、對於民〔一〕、對於友，皆須委曲周至，或有鼓舞激昂之致，方能動人。而欲學奏疏文字，尤須先從情字注意。

雖然，情不可以僞爲也，要須語語從天性中流出。如李密《陳情表》，措詞非不沈摯，然中有云：「臣少事僞朝。」其人之始終失據如此，故其鄙陋之情不覺流露，且其文氣亦復淺薄，而論者乃欲與《出師表》並稱，實則非其倫矣〔二〕。

情根於天，有時因地而異。天有六氣，陰陽風雨晦明，此六者，皆足以動人之感情，故古人以六情配六氣。六情者，喜怒哀樂好惡是也。人含六情，或有所偏

〔一〕「君」「民」二字，民初本改作「上」「下」。
〔二〕「而欲學奏疏文字，尤須先從情字注意」至「實則非其倫矣」一段，民初本删除。

至，而遂成爲風氣。漢翼奉言：「北方之情好，南方之情惡，東方之情怒，西方之情喜。」〔一〕此殆漢時風土，歷朝而後變遷不同矣。〔二〕風氣者，皆人情之所爲也。昔季札觀樂，能知民風。鄙人〔三〕謂觀文亦足以知民風。何者？以文皆人情之所爲也。是以燕趙多慷慨之音，吳越多靡曼之調，惟豪傑之士，其情能與時消息，張子《定性書》所謂「聖人之喜，以物之當喜。聖人之怒，以物之當怒」是也。〔四〕其文亦不爲地方風氣所限。昔人論詩云：「愁苦之音易入，歡愉之詞難工。」〔五〕文亦頗有此景象。惟黄鐘大呂金石之音，則能超出乎此。大抵有愉悦之情者，文多發揚蹈厲之象；有哀怨之情者，文多鬱伊紆結之象；而於叙事中述情，尤屬不易。蓋欲傳其人之行誼，必須肖其人之性情，惟情各

〔一〕《漢書·翼奉傳》卷七五載翼奉奏曰：「北方之情，好也；好行貪狼，申子主之。東方之情，怒也；怒行陰賊，亥卯主之。貪狼必待陰賊而後動，陰賊必待貪狼而後用，二陰並行，是以王者忌子卯也。《禮經》避之，《春秋》諱焉。南方之情，惡也；惡行廉貞，寅午主之。西方之情，喜也；喜行寬大，巳酉主之。二陽並行，是以王者吉午酉也。《詩》曰：『吉日庚午。』」

〔二〕「漢翼奉言」至「此殆漢時風土，歷朝而後變遷不同矣」小注，民初本删除。

〔三〕按：「鄙人」二字，民初本作「吾」，全書同。

〔四〕「張子謂」一句，民初本删除。朱熹《定性説》引程明道先生荅張横渠先生曰：「聖人之喜，以物之當喜。聖人之怒，以物之當怒。」載《晦庵先生朱文公文集》卷六七。

〔五〕韓愈《荆潭唱和詩序》曰：「愁思之聲要妙，懽愉之詞難工。」

不同，故文亦迥異也。有激烈之情，如《國策》豫讓復讐事是也。有悲壯之情，如《國策》荆卿入秦事是也。誠於中者形於外，惟情不可以爲僞。今日諸生要以培養忠孝之情爲先務，爲口授讀法如下數首〔一〕。

《史記·屈原列傳》鬱結悲怨之情（文在《國文經緯貫通大義》卷四「布局神化法」）

《漢書·蘇武傳》雄奇慷慨之情（文在《國文經緯貫通大義》卷五「摹繪激昂法」）

諸葛孔明《出師表》纏綿悱惻之情（文在《國文經緯貫通大義》卷三「淒入心脾法」）

歐陽永叔《瀧岡阡表》天真孺慕之情（文在《國文經緯貫通大義》卷一「格律謹嚴法」）

論文之才

上言情居才之先。雖然，才之爲用，廣矣大矣。《易傳》稱天地人爲三才。天之

〔一〕「今日諸生要以培養忠孝之情爲先務，爲口授讀法如下數首」一句，民初本改作「選文四首以示範」。

才，雨露涵濡，雷霆精鋭； 地之才，山川焕綺，五穀繁殖； 人之才，含五行之秀，經緯萬端。 故惟能盡人性、盡物性，而其學無不通者，乃謂之才。 昔人謂作文須令諸子百家皆騰躍而出其腕下，鄙人惟蘄諸生異日作文，能令各種科學皆騰躍而出其腕下，則盡乎才之能事矣。

才有極難以體狀者，惟劉彦和《文心雕龍》云：「神思方運，萬途競萌； 規矩虚[一]位，刻鏤無形。 登[二]山則情滿於山，觀海則意溢於海。 我才之多少，與風雲而並驅矣。」斯言刻畫最當。 才能與風雲並驅，方爲絶才，而其得力處全在「萬途競萌」四字。「萬途競萌」，所謂萬象在旁，羣言争赴是也。

昔人論文，有「天馬行空」四字，此言才之變化也。 有「韓潮蘇海」四字，此言才之闊大也。 鄙人嘗謂才思之横溢者，用筆須如雷電風雲，一時並至； 又須如鐵騎突出，刀鎗皆鳴，乃能縱横億萬里，上下數千年。 開拓萬古心胸，推倒一時豪傑，斯爲天才。然此雖由於天資，未嘗不可學而致，道在勉之而已。

[一]「虚」字原作「定」，據《文心雕龍・神思》文爲正。
[二]「登」字原作「觀」，據《文心雕龍・神思》文爲正。

以上所言，於何徵之？程子嘗言「才須學」，故鄙人謂文才亦出於學。學之之道奈何？在先得其門徑而已。如《左氏》，賅博之才也，讀者宜學其左宜右有〔一〕。《國策》縱横之才也，讀者宜學其騰踔離奇。子雲、相如，犖帨之才也，讀者宜學其組織之工。司馬遷，豪宕之才也，讀者宜學其縱恣〔二〕之趣。班固，質實之才也，讀者宜學其樸茂之致、方整之形。韓文公得於司馬遷爲多，故才亦豪宕。三蘇得於《國策》爲多，故才亦縱横。下此如宋之陳龍川、明之王弇州，才氣非不凌厲，然近於霸才，即不足學矣。

由是而推言之，則有奇才、雄才、逸才之分。奇才者何？破空而來，不知其所始，不知其所終，是謂奇才〔三〕，如《國策·宋玉對楚王問》是也。雄才者何？氣吞雲夢，又如能負山嶽而趨，是謂雄才，如韓文公《送孟東野序》是也。逸才者何？其境翛然絶俗，若翔翥於煙雲之間，是謂逸才，如蘇東坡《前赤壁賦》是也。至於有辯學而後有辯

〔一〕「左宜右有」出《詩·小雅·裳裳者華》「左之左之，君子宜之；右之右之，君子有之。」
〔二〕「縱恣」，民初本作「恣肆」。
〔三〕「是謂奇才」，民初本删除；以下雄才、逸才亦同。

才，縱横機變，雖以無理之辭而若有至理寓乎其中，是謂辯才，如《莊子·駢拇篇》是也。其他鴻紛瓌瑋、驚采絶豔之文，兩漢而後，代有作者，然華藻之詞，無裨實用，概可弗學。

人在三十以前，其才與年而俱進；在三十以後，其才與年而俱退。若少壯不學，則才思日窒，才氣日斂，深可痛也。昔人目江文通爲江郎才盡，是即才思日窒之明驗。是以才字之本義，爲木甫萌達，未成木者，故曰才。諸生今日天才未露，正如未成木之時，宜輪菌連卷，養成棟梁之器。倘斲而小之，甚或因循不學，則老大徒傷矣。戒之勉之。

凡人才氣之大者，亦須有法律以範圍而收斂之。蘇東坡謂「吾文如萬斛泉，隨地涌出」，斯言比喻固精，然要知東坡文亦自有法律，觀其《韓非論》可見一斑。兹特一併口授〔二〕如下：

《國策·宋玉對楚王問》奇才（文在《國文經緯貫通大義》卷六「畫龍點睛法」）

〔二〕「口授」，民初本作「選録」。

韓退之《送孟東野序》 雄才（文在《國文經緯貫通大義》卷三「萬馬奔騰法」）

蘇子瞻《前赤壁賦》 逸才（文在《國文經緯貫通大義》卷六「心境兩閑法」）

《莊子・駢拇篇》 辯才

駢拇枝指，出乎性哉，而侈於德；附贅縣疣，出乎形哉，而侈於性；多方乎仁義而用之者，列於五藏哉，而非道德之正也。是故駢於足者，運無用之肉也；枝於手者，樹無用之指也；多方駢枝於五藏之情者，淫僻於仁義之行，而多方於聰明之用也。是故駢於明者，亂五色，淫文章，青黃黼黻之煌煌非乎？而離朱是已。多於聰者，亂五聲，淫六律，金石絲竹、黃鐘大吕之聲非乎？而師曠是已。枝於仁者，擢德塞性，以收名聲，使天下簧鼓以奉不及之法非乎？而曾、史是已。駢於辯者，纍瓦結繩，竄句遊心於堅白同異之間，而敝跬譽無用之言非乎？而楊、墨是已。故此皆多駢旁枝之道，非天下之至正也。

彼正正者，不失其性命之情。故合者不爲駢，而枝者不爲跂；長者不爲有餘，短者不爲不足。是故鳧脛雖短，續之則憂；鶴脛雖長，斷之則悲。故性長非所斷，性短非所續，無所去憂也。意仁義其非人情乎，彼仁人何其多憂也？

且夫駢於拇者，決之則泣；枝於手者，齕之則啼。二者或有餘於數，或不足於數，其於憂一也。今世之仁人，蒿目而憂世之患；不仁之人，決性命之情而饕富貴。故意仁義其非人情乎？自三代以下者，天下何其囂囂也？

且夫待鈎繩規矩而正者，是削其性也；待繩約膠漆而固者，是侵其德也；屈折禮樂，呴俞仁義，以慰天下之心者，此失其常然也。天下有常然。常然者，曲者不以鈎，直者不以繩，圓者不以規，方者不以矩，附離不以膠漆，約束不以纆索。故天下誘然皆生，而不知其所以生；同焉皆得，而不知其所以得。故古今不二，不可虧也。則仁義又奚連連如膠漆纆索，而遊乎道德之間爲哉，使天下惑也！

夫小惑易方，大惑易性。何以知其然邪〔一〕？自虞氏招仁義以撓天下也，天下莫不奔命於仁義，是非以仁義易其性與？故嘗試論之，自三代以下者，天下莫不以物易其性矣。小人則以身殉利，士則以身殉名，大夫則以身殉家，聖人則以身殉天下。故此數子者，事業不同，名聲異號，其於傷性以身爲殉一也。臧與穀二人相與牧羊，而俱亡其羊。問臧奚事，則挾筴讀書；問穀奚事，則博塞以遊。二人者事業不同，其於亡羊均也。伯夷死名於首陽之下，盜跖死利於東陵之上。二人者所死不同，其於殘生傷性均也。奚必伯夷之是而盜跖之非乎！天下盡殉也，彼其所殉仁義也，則俗謂之君子；其所殉貨財也，則俗謂之小人。其殉一也，則有君子焉，有小人焉。若其殘生損性，則盜跖亦伯夷已，又惡取君子小人於其間哉！

〔一〕「邪」字原作「也」。

且夫屬其性乎仁義者，雖通如曾、史，非吾所謂臧也；屬其性於五味，雖通如俞兒，非吾所謂臧也；屬其性乎五聲，雖通如師曠，非吾所謂聰也；屬其性乎五色，雖通如離朱，非吾所謂明也。吾所謂臧，非仁義之謂也，臧於德而已矣；吾所謂臧者，非所謂仁義之謂也，任其性命之情而已矣；吾所謂聰者，非謂其聞彼也，自聞而已矣；吾所謂明者，非謂其見彼也，自見而已矣。夫不自見而見彼，不自得而得彼者，是得人之得，而不自得其得者也，適人之適，而不自適其適者也。夫適人之適而不自適其適，雖盜跖與伯夷，是同爲淫僻也。余愧乎道德，是以上不敢爲仁義之操，而下不敢爲淫僻之行也。

蘇子瞻《韓非論》　才之能以法範者（文在《國文經緯貫通大義》卷一「鷹隼盤空法」）

論文之志、意與理

孟子言士貴尚志。志者文之幹，而因之覘識度焉。朱梅崖[一]云：「先高其志，然後有以自置。」自置者，思慮屏而心漸同乎古人也。漸同古人，則必漸異今人，人亦必

〔一〕朱仕琇（一七六一～一七八〇），字斐瞻，號梅崖，福建建寧人，乾隆十四年（一七四九）進士，師從汪世麒學古文。

漸怪之。懼其怪而徙志易心，則至古人也無日矣。故學文必先辨志。志之卑者，文不能高也。志高則識亦因之高，而氣度自然宏遠矣。

周子《通書》曰：「志伊尹之所志。」夫自古以來，聖賢豪傑夥矣，而周子獨推伊尹之志者，惟其能任天下之事也。能任天下之事，斯知覺速而魄力宏，其爲文也，乃能通天下之志，狀天下之情，舉天下之事，窮天下之變。近世以來，俗尚推諉，人格日卑，而文氣因以日茶，文體因以日雜，文品因以日俗。扶衰起廢，非吾輩之責而誰？

昔人云：「志大者乃能言大，此狂者之事也。」鄙人又爲推演一說云：「志清者乃能言清，此狷者之事也。」諸生平日於學問之道，當以狂者之志爲志；於取與之事，當以狷者之志爲志。能狂則其文大，能狷則其文清。

前爲諸生講鍊氣。要知鍊氣之先，尤貴鍊意。蓋氣者意之輔，意者氣之主也。故孟子曰：「志至焉，氣次焉。」志與意相爲維繫，此係因作文而溯及於養心，諸生不可誤會，以爲聖賢之言，爲作文而發。鍊意當奈何？曰：凡人意之淺者，我宜鍊之使深；凡人意之舊者，我宜鍊之使新；凡人意之平者，我宜鍊之使高。必用意能比人深一層、新一層、高一層，而後我之文乃能吐棄一切，包掃一切。韓文公云：「惟陳言之務去。」要知去陳意，迺能去陳言，此爲學文之命根，諸生宜第一注意。

至於入手之方，先宜研究題之虛處與實處。其法須令題中每字在胸中一過，如論人則將其人生平事事在腦中一過。某處是實，某處是虛。虛實明則賓主緩急之分、離合詳略之故，自能瞭然。大抵運意必須在虛處，能至他人屐齒所不到之地，則所謂深與新與高者，即在於此，劉彥和云「意翻空而易奇」是也。故理與事不宜蹈空，而用意則貴翻空。

文有言在此而意在彼者，古人譎諫多用之。司馬遷《封禪書》迷離惝怳，其意皆在言外。近吴摯甫先生謂：「司馬相如《封禪文》亦主譎諫。」〔一〕鄙人素薄相如之爲人，竊謂未必有此意。要而言之，譎諫之文，譎中亦須有直體。項莊舞劍，人皆知其意在沛公。如用意過曲，以爲他人後世尋我迹而窺我意焉，庸詎知紙上之文未能開口以告人也。學奏疏公牘時，尤宜注意。

理者，細言之爲治玉，粗言之則道里經緯，精粗兼賅，斯謂之理。《莊子·養生主篇》庖丁解牛「十九年而刀刃若新發於硎」，所謂純乎天理也。故文筆能中理，而後能如

〔一〕吴汝綸《讀文選符命》曰：「司馬相如作《封禪》，自漢明帝以來，不能明也，獨吾縣姚氏父子通其意，以爲諷諫之作。近武昌張廉卿益著文昌言之，其説既信美矣。」載《吴汝綸全集·文集第一》。按：唐先生約述大意。

刀鉎之新。

理忌窒，窒則不能通。理忌晦，晦則不能顯。理忌空，空則泛濫無所歸，而辭必流於遁。

善言理者，如春冰之融，泥滓盡去；如并州之剪，劃然分解；如月之當空，澄瑩朗徹；如泉之始達，曲暢旁通。

朱子之文，原於南豐，而理則遠勝南豐，至矣盡矣，天地間之至文也，然非學道不能以幾。諸生可先取《正誼堂叢書》及《乾坤正氣集》二書，擇性之所近者讀之，則漸得理解矣。

説理之精深者，必當於諸經中求之。宋周子《通書》、張子《西銘》亦可與經書並讀。曾文正《雜鈔》中均經選録，諸生皆當熟誦。下此如陸桴亭先生《思辨録》，近賀氏《經世文編》，皆足爲文家説理之資料，性理家書極夥，須博觀慎取，方能不墮元虚。均不可不讀之書也。

今選文數首，略示志意與理之概。

韓退之《伯夷頌》 觀其志（文在《國文經緯貫通大義》卷七「高瞻遠矚法」）

范希文《岳陽樓記》 觀其志（文在《國文經緯貫通大義》卷二「格律謹嚴法」）

蘇明允《辨奸論》　喻其意

事有必至，理有固然。惟天下之靜者，乃能見微而知著。月暈而風，礎潤而雨，人人知之。人事之推移，理勢之相因，其疏闊而難知，變化而不可測者，孰與天地陰陽之事，而賢者有不知，其故何也？好惡亂其中，而利害奪其外也。昔者山巨源見王衍曰：「誤天下蒼生者，必此人也。」郭汾陽見盧杞曰：「此人得志，吾子孫無遺類矣！」自今而言之，其理固有可見者。以吾觀之，王衍之爲人，容貌言語，固有以欺世而盜名者。然不忮不取，與物浮沉，使晉無惠帝，僅得中主，雖衍百千，何從而亂天下乎？盧杞之奸，固足以敗國。然而不學無文，容貌不足以動人，言語不足以欺世，非德宗之鄙暗，亦何從而用之？由是言之，二公之料二子，亦容有未必然也。今有人口誦孔老之言，身履夷齊之行，收召好名之士、不得志之人，相與造作言語，私立名字，以爲顏淵、孟軻復出，而陰賊險很，與人異趣，是王衍、盧杞合而爲一人也，其禍豈可勝言哉！夫面垢不忘洗，衣垢不忘澣，此人之至情也。今也不然，衣臣虜之衣，食犬彘之食，囚首喪面而談《詩》《書》，此豈其情也哉？凡事之不近人情者，鮮不爲大奸慝，豎刁、易牙、開方是也。以蓋世之名，而濟其未形之患，雖有願治之主，好賢之相，猶將舉而用之，則其爲天下患，必然而無疑者，非特二子之比也。孫子曰：「善用兵者，無赫赫之功。」使斯人而不用也，則吾言爲過，而斯人有不遇之歎，孰知禍之至於此哉？不然，天下皆被其禍，而吾獲知言之名，悲夫！

曾滌笙《送唐先生南歸序》 察其理

古者道一化行，自卿大夫之弟子與凡民之秀，皆上之人置師以教之，於鄉有州長、黨正之儔，於國有師氏、保氏。天子既兼君師之任，其所擇大抵皆道藝兩優，教尊而禮嚴。弟子摳衣趨隅，進退必慎，内以有所憚而生其敬，外緝業以興其材，故曰：「師道立而善人多。」此之謂也。周衰，教澤不下流。仲尼干諸侯不見用，退而講學於洙泗之間，從之遊者如市，師門之盛，振古無儔。然自是人倫之中，別有所謂先生徒衆者，非長民者所得與聞矣。仲尼既没，徒人分佈四方，轉相流衍。吾家宗聖公傳之子思、孟子，號爲正宗；其他或離道而專趨於藝，商瞿授《易》馯臂子弓，五傳而爲漢之田何。子夏之《詩》，五傳而至孫卿，其後爲魯申培。左氏受《春秋》，八傳而至張蒼。是以兩漢經生，各有淵源。源遠流歧，所得漸纖，道亦少裂焉。有宋程子、朱子出，紹孔氏之絶學，門徒之繁，擬於鄒魯，反之躬行實踐，以究羣經要旨，博求萬物之理，以尊聞而行知，數百千人，粲乎彬彬。故言藝則漢師爲勤，書道則宋師爲大，其説允已。元、明及我朝之初，流風未墜。每一先生出，則有徒黨景附，雖不必束脩自上，亦循循隅坐，應唯敬對。若金、許、薛、胡、陸稼書、張念芝之儔，論乎其德則暗然，諷乎其言，則犂然而當理，考乎其從遊之徒，則踐規蹈矩，儀型鄉國。蓋先王之教澤，得以僅僅不斷，頑夫有所忌而發其廉恥者，未始非諸先生講學，與羣從附和之力也。《詩》曰：「風雨如晦，雞鳴不已。」誠珍之也。今之世，自鄉試、禮部試舉主而外，無復所謂師者。間有一二高才之士，鉤稽故訓，動稱漢京，聞老成倡爲義理之學者，則罵譏唾侮。後生欲從事於此，進無師友之援，退犯萬衆之嘲，亦遂却焉。吾鄉善化唐先生，三十而志洛閩之學，特立獨行，詬譏而不悔。歲庚子，以方伯内召爲太常卿。吾黨之士三數人者，日就而考德問業，雖以國藩之不才，亦且爲義理所薰蒸，而確然知大閑之不可逾，未知於古之求益者何如。然以視夫世之貌敬舉主，與厭薄老成，而沾沾一得自矜者，吾知免矣。丙午二月，先生致仕得請，將歸老於湖湘之間，故作師説一首，以識年來嚮道之由，且以告吾鄉之人，苟有志於强立，未有不嚴於事長之禮而可以成德者也。

唐文治《重刻周忠介公文集序》文治癸卯年（一九〇三）舊作　察其理（文在《唐文治文集》「書序」類）

論文之繁簡

爲文繁簡之異，即能者與劣者所由判也。如叙一事，劣者叙數千字而始明者，能者可以數百字括之；劣者叙數百字而始明者，能者可以數十字括之。即説理亦然。故後世文之複雜無翦裁者，若以司馬遷、班固、韓文公爲之，雖數萬言，可删作一二千言，而左氏之文，其簡潔者尤妙絶千古。

或曰：「然則文必以簡爲貴乎？」曰：是不然。昔仲弓有言：「居敬行簡，可以臨民。」故善爲治者，必以疏節闊目爲主；善爲文者，亦必以疏節闊目爲主，是理有固然矣。然善爲治者，能執簡御繁而不畏繁；善爲文者，亦能執簡御繁而更善用繁。即如左氏、司馬遷、班固之書，何嘗無繁文，特繁而使人不厭耳。且層巒複疊，伏波瀠洄，有愈繁而愈俾人喜者。故繁又譬如春之華，簡又譬如秋之實，各有佳處。要而言之，善爲文者，能繁而益使人喜；不善爲文者，雖簡而亦使人厭。其中階級之分，殆不可以尋丈計矣。

或曰：「然則繁簡有序乎？」曰：有之。文必由繁而進簡，未有先簡而後繁者也。諸生試細推之，凡才氣之盛者，其文必繁；理想之富者，其文必繁；紀事之委蛇而曲折者，其文必繁，故諸生今日正求繁之時也。

「求繁而吾以兩法〔一〕並示之，毋乃躐等而陵節乎？」曰：是又不然。凡文才氣之盛者，節目必求其晰；理想之富者，詞句必求其工；紀事之委蛇而曲折者，敘述必求其有序而有條理。晰也、工也、有序而有條理也，皆非簡不可。故鄙人以兩法示諸

〔一〕謂繁簡兩法。

生者，欲諸生之由繁以進簡，非欲先簡而後繁。若入手先求其簡，則必至於局小、詞澀、氣窒、理障，而文且不可通。

蘇秦説秦惠王，其文散漫特甚，此所謂繁而使人厭者也。厥後得《太公陰符》，伏而誦之，簡鍊以爲揣摩。曰「簡鍊」，知簡非鍊不可。鍊非特鍊詞之謂，凡鍊氣、鍊局、鍊意皆有其簡之之法。

如氣之散者，一簡鍊則遒；局之緩者，一簡鍊則整；意之晦者，一簡鍊則明。諸生多讀古書，作文時自能心知其意也。

經書中之至簡者，以《論語》爲獨一無二，而「孝哉閔子騫」一章尤爲《論語》中之獨一無二。近世之學批牘電稿者，宜從此入手。柳子厚有言：「參之太史以著其潔。」知太史以簡潔勝者。然鄙人嘗以太史與左氏較，則知太史猶有未逮也。今特示五簡法、一繁法、二繁簡比較法，分別講讀如下：

《論語》「孝哉閔子騫」章　簡法

子曰：「孝哉閔子騫！人不間於其父母昆弟之言。」

《左傳》「祭仲專」一段　簡法（「祭仲專」至「厲公出奔蔡」。文在《國文經緯貫通大義》卷三「匣劍帷燈法」）

《左傳》「辛伯殺周公黑肩」一段　簡法

周公欲弒莊王而立王子克，辛伯告王，遂與王殺周公黑肩，王子克奔燕。初，子儀有寵於桓王，桓王屬諸周公，辛伯諫曰：「並后匹嫡，兩政耦國，亂之本也。」周公弗從，故及。

《左傳》「齊侯與蔡姬乘舟」一段　簡法（文在《國文經緯貫通大義》卷四「短兵相接法」）

《國策》「三國攻秦」一節　簡法（文在《國文經緯貫通大義》卷四「短兵相接法」）

《國策》「莊辛諷楚襄王」一節　繁法（文在《國文經緯貫通大義》卷一「轆轤旋轉法」）

《左傳》「周襄王不許晉文公請隧」　繁簡比較法

戊午，晉侯朝王，王饗醴，命之宥。請隧，弗許，曰：「王章也，未有代德而有二王，亦叔父之所惡也。」

《國語》「周襄王不許晉文公請隧」繁簡比較法（文在《國文經緯貫通大義》卷五「鐘鼓鏗鏘法」）

《左傳》「齊姜遺晉公子重耳」一段 繁簡比較法

及齊，齊桓公妻之，有馬二十乘。公子安之，從者以爲不可，將行，謀於桑下。蠶妾在其上，以告姜氏，姜氏殺之，而謂公子曰：「子有四方之志，其聞之者，吾殺之矣。」公子曰：「無之。」姜曰：「行也！懷與安，實敗名。」

《國語》「齊姜遺晉公子重耳」一段 繁簡比較法

桓公卒，孝公即位，諸侯叛齊。子犯知齊之不可以動，而知文公之安齊而有終焉之志也，欲行而患之，與從者謀於桑下。蠶妾在焉，莫知其在也。妾告姜氏，姜氏殺之，而言於公子曰：「從者將以子行，其聞之者，吾以除之矣。子必從之，不可以貳，貳無成命。《詩》云：『上帝臨女，無貳爾心。』先王其知之矣，貳將可乎？子去晉難，而極於此。自子之行，晉無寧歲，民無成君。天未喪晉，無異公子，有晉國者，非子而誰？子其勉之。上帝臨子，貳必有咎。」公子曰：「吾不動矣，必死於此。」姜曰：「不然。《周詩》曰：『莘莘征夫，每懷靡及。』夙夜征行，不遑啓處，猶懼無及，況其順身，縱欲懷安，將何及矣？人不求及，其能及乎？日月不處，人誰獲安？西方之書有之曰：『懷與安實疚大事。』《鄭詩》云：『仲可懷也，人之多言，亦可畏也。』昔管敬仲有言，小妾聞之，曰：『畏威如疾，民之上也。從懷如流，民之下也。見懷思威，民之中也。畏威如疾，乃能威民。威在民上，弗畏有刑。從懷如流，去威遠矣，故謂之下。其在辟也，吾從中也。《鄭詩》之言，吾其從之。』此大夫管仲之所以紀綱齊國，裨輔先君，而成霸者也。子而棄之，不亦難乎？齊國之政敗矣，晉之無道久矣，從者之謀忠矣，時日及矣，公子幾矣。君國可以濟百姓，而釋之者，非人也。敗不可處，時不可失，忠不可棄，懷不可從，子必速行。吾聞晉之始封也，歲在大火，閼伯之星也，實紀商人。商之饗國三十一王，瞽史之紀曰：『唐叔之世，將如商數。』今未半也。亂不長世，公子唯子，子必有晉，若何懷安？」

論文之奇正變化

行文猶行軍也，文陣猶兵陣也〔一〕。司馬遷曰：「『兵以正合，以奇勝』〔二〕，善之

〔一〕本句「陣」字原作「陳」，民初本改作「陣」，今從而改之。
〔二〕此《孫子兵法》文。

者，出奇無窮。奇正還相生，如環之無端。」〔一〕奇正還相生者，言奇之中有正，正之中有奇，所謂變化無方是也，如此者乃可言文。吾國歷史叙兵事者，如高歡、宇文泰、朱温、李克用，皆好用整隊惡戰，蓋非具有實力者，不能用扎硬寨、打死仗〔二〕手段。西人用兵，其初亦好用整隊，迨普法之戰，始悟整隊之失，改用散隊游兵。學者惟能悟散隊之妙，乃能通變化之恉，而因應不匱。曾文正謂：「用兵之道，隨地形賊勢而變，無可泥之法。」〔三〕鄙人謂行文之道，隨題神題理而變，亦無可泥之法。善爲文者，臨時或默運精心，或任自然以縱其所之，道在行乎其所不得不行，止乎其所不得不止，而用奇用正，迺各歸於至當。

奇者何？古人所謂恢詭之趣是也。諸生欲得入門之訣，請析言之，曰理想之奇，曰格局之奇，曰比喻之奇。理想之奇，《莊子》中爲最多；格局之奇，《左傳》《史記》、韓文中爲最多；比喻之奇，《國策》中爲最多。學者求文之奇，先從理想入手。理想不新，文字不奇，此一定之理。理想奇則格局與之俱奇，而比喻之奇，隨時供我之驅

〔一〕《史記》卷八二《田單列傳》文。
〔二〕「仗」字原作「帳」，民初本改作「仗」，今從而改之。
〔三〕曾國藩《金陵楚軍水師昭忠祠碑記》原文云：「隨地形賊勢而變焉者也，豈有可泥之法、不敝之制！」

使矣。至理想之奇，固由於平日之積學與閱歷，而臨時則以放膽爲第一要義。

正者何？古人所謂方嚴之象是也。諸生欲得入門之訣，請析言之，曰格局之正，曰義理之正，曰造言之正。格局之正，創自大禹、周公，《尚書·禹貢》《無逸》二篇是也；《周禮》一書，文體最爲嚴整。《孟子》文亦好用正局，「莊暴論樂」「牛山之木」「北宮錡問」諸章是也。韓文公《原毀》用兩大段，是爲兩翼包抄法。王紫翔先生《李傅相壽序》前用四段，後用四段，四奇四正，是爲布方陣[一]法，此皆鍊局之宜研究者也。至於義理之正，造言之正，諸生宜於諸經及諸名臣、諸先儒集中求之。朱子集爲最要，惟諸生今日程度，尚未能讀朱子書耳。兹先舉《大戴禮記·曾子疾病》一篇以爲例。

桐城吴摯甫先生云：「道貴正而文者必以奇勝。」「韓公得揚、馬之長，字字造出奇崛。歐陽公變爲平易，而奇崛乃在平易之中。後儒但能平易，不能奇崛，則才氣薄弱，不能復振。」[二]又云：「曾文正所選叙記類，指《經史百家雜鈔》而言。左氏高文略盡，其

[一]「陣」字原作「陳」，民初本改作「陣」，今從而改之。
[二] 吴汝綸《與姚仲實》文。

變動出奇，有若鬼神造化。」〔一〕鄙人嘗以此説，取此數書覆按之，洵係確有經驗之言。而《左傳》中尤以齊連稱作亂〔二〕、齊晉鞌之戰、楚靈王乾谿之難尤爲恢奇。諸生日後讀叙事文，於此當格外注意。

文之奇者，大抵在因心搆象而出以突兀，譬諸偏師所以能制勝者，要在出其不意。然諸生果能神會此言，仍須守定「奇正相生」四字。若一味逞奇，其弊之小者爲偏鋒，弊之大者則成僞體，不可不慎也。

變化之法，貴在任天而動，而實則不外乎主客之易位、虚實之相乘，故有時客者疑變爲主，如《史記·孟荀列傳》叙鄒衍事一大段是也；有時實者盡化爲虚，如蘇東坡《後赤壁賦》以一夢作結是也。此等變化之處，純乎天機。昔人論變化，每欲以義法繩之，鄙人竊謂論義法愈密，則文氣愈卑。故諸生中凡具有才氣者，祇須讀古人之文，至臨文時任天而動，變化自生，不必空言義法也。惟有時句法必須變化，如前講之《蘇武傳》「子卿尚復誰爲乎」「陵尚復何顧乎」「願〔三〕聽陵計，勿復有云」「願勿復再言」，此皆字句重複處，若以司馬遷爲之，必加變化矣。孟堅之所以不如子長，即在變化之

〔一〕吴汝綸《與劉進之（十二月六日）》文。
〔二〕「亂」字，民初本改作「難」。
〔三〕「願」字，民初本删去。

法較少。兹將奇正變化之法，約選十篇，爲分別講解口授如下。

《莊子·秋水篇》一段 理想之奇（文在《國文經緯貫通大義》卷四「光怪離奇法」）

《國策·江一對荆宣王》〔一〕比喻之奇

荆宣王問羣臣曰：「吾聞北方之畏昭奚恤也，果誠何如？」羣臣莫對。江一對曰：「虎求百獸而食之，得狐。狐曰：『子無敢食我也。天帝使我長百獸，今子食我，是逆天帝命也。子以我爲不信，吾爲子先行，子隨我後，觀百獸之見我而敢不走乎？』虎以爲然，故遂與之行。獸見之皆走。虎不知獸畏己而走也，以爲畏狐也。今王之地方五千里，帶甲百萬，而專屬之昭奚恤。故北方之畏奚恤也，其實畏王之甲兵也，猶百獸之畏虎也。」

《國策·蘇秦説李兑》〔二〕比喻之奇

蘇秦説李兑曰：「雒陽乘軒車蘇秦，家貧親老，無罷車駑馬，桑輪蓬篋，羸縢負書擔橐，觸塵埃，蒙霜露，越漳河，足重繭，日百而舍，造外闕，願見於前，口道天下之事。」李兑曰：「先生以鬼之言見

〔一〕此用《戰國策》姚宏本。
〔二〕此用《戰國策》姚宏本。

我則可！若以人之事，兑盡知之矣！」蘇秦對曰：「臣固以鬼之言見君，非以人之言也。」李兑見之。蘇秦曰：「今日臣之來也暮，後郭門，藉席無所得，寄宿人田中，傍有大叢。夜半土梗與木梗鬥曰：『汝不如我，我者乃土也。使我逢疾風淋雨壞沮，乃復歸土。今汝非木之根，則木之枝耳。汝逢疾風淋雨，漂入漳河，東流至海，氾濫無所止。』臣竊以爲土梗勝也。今君殺主父而族之，君之立於天下，危於累卵。君聽臣計則生，不聽臣計則死。」李兑曰：「先生就舍，明日復來見兑也。」

《國策·蘇代説趙惠王》〔一〕 比喻之奇

趙且伐燕，蘇代爲燕謂惠王曰：「今者臣來過易水，蚌方出曝，而鷸啄其肉，蚌合而拑其喙。鷸曰：『今日不雨，明日不雨，即有死蚌。』蚌亦謂鷸曰：『今日不出，明日不出，即有死鷸。』兩者不肯舍，漁者得而并禽之。今趙且伐燕，燕、趙久相支，以弊大衆〔二〕，臣恐强秦之爲漁父也。故願王之熟計之也。」惠王曰：「善。」乃止。

韓退之《答陳商書》 比喻之奇

愈白：　辱惠書，語高而旨深，三四讀尚不能通曉，茫然增愧赧。又不以其淺弊無過人知識，且喻以所

〔一〕此用《戰國策》姚宏本。

〔二〕「以弊大衆」句脱，今補入。

守，幸甚，愈敢不吐情實？然自識其不足補吾子所須也。齊王好竽，有求仕於齊者，操瑟而往，立王之門，三年不得入，叱曰：「吾瑟鼓之，能使鬼神上下。吾鼓瑟合軒轅氏之律呂。」客罵之曰：「王好竽，而子鼓瑟，雖工，如王不好何？」是所謂工於瑟而不工於求齊也。今舉進士於此世，求禄利行道於此世，而爲文必使一世人不好，得無與操瑟立齊門者比歟？文雖工，不利於求，求不得則怒且怨，不知君子必爾爲不也。故區區之心，每有來訪者，皆有意於不肖者也。略不辭讓，遂盡言之，惟吾子諒察。愈白。

《史記·孟子荀卿列傳》格局之奇（文在《國文經緯貫通大義》卷四「布局神化法」）

韓退之《送李愿歸盤谷序》格局之奇（文在《國文經緯貫通大義》卷二「段落變化法」）

《大戴禮記·曾子疾病篇》義理、造言之正

曾子疾病，曾元抑首，曾華抱足。曾子曰：「微乎！吾無夫顔氏之言，吾何以語汝哉？然而君子之務，盡〔一〕有之矣。夫華繁而實寡者，天也；言多而行寡者，人也。鷹鶽以山爲卑，而曾巢其上；魚鱉黿鼉以淵爲淺，而蹶穴其中，卒所以得之者餌也。是故君子苟無以利害義，則辱何由至哉？親戚不悦，不敢外交；近者不親，不敢求遠；小者不審，不敢言大。故人之生也，百歲之中，有疾病焉，

〔一〕「盡」字原作「蓋」，據黄懷信《大戴禮記彙校集注》文爲正。

有老幼焉，故君子思其不可復者而先施焉。親戚既殁，雖欲孝，誰爲孝乎？年既耆艾，雖欲弟，誰爲弟乎？故孝有不及，弟有不時，其此之謂與！言不遠身，言之主也；行不遠身，行之本也；言有主，行有本，謂之有聞矣！君子尊其所聞，則高明矣！行其所聞，則廣大矣！高明廣大，不在於他，在加之意而已矣。與君子游，苾乎如入蘭芷之室，久而不聞，則與之化矣；與小人游，貸乎如入鮑魚之次，久而不聞，則與之化矣；是故君子慎其所去就。與君子游，如長日加益而不自知也；與小人游，如履薄冰，每履而下，幾何而不陷乎哉？吾不見好學盛而不衰者矣！吾不見好教如食疾子矣！吾不見日省而月考之其友者矣！吾不見孜孜而與來而改者矣！」

韓退之《原毁》格局之正（文在《國文經緯貫通大義》卷二「兩扇開闔法」）

王紫翔《合肥李傅相六十壽序》格局之正（文在《國文經緯貫通大義》卷一「局度整齊法」）

再論文之奇正變化

前爲諸生講奇正變化，皆粗迹也，今再言其精者。韓子有言：「《易》奇而法。」鄙人嘗沈潛反覆於《易》，求所謂奇而法者。《繫辭傳》云：「參伍以變，錯綜其數，通其變，遂成天地之文。」旨哉斯言！天之文，一陰一陽而已；地之文，一經一緯而已。鳥獸蹏迹，天下之至奇也，而聖人取之以爲文，取其迹之縱横而交錯也。故明乎參伍錯綜之數，則知變化矣。知變化，則文奇矣。

然而尤有進焉。蓋奇而法者，非法不能奇也。《易》之道至正，故其文爲特奇，如「見龍在田」，庸言庸行爲之蘊也，而其爻辭則曰「見龍」；「鳴鶴在陰」，居室出言爲之主也，而其爻辭則曰「鳴鶴」。由是推之，惟義理之正乃能爲比喻之奇，聖人之道不外是，聖人之文亦不外是。是以學者求奇，根於積理，反是而非法以矜奇，縱堅辯博澤〔一〕，決爲大雅之所不道，如此者以理言之也。

試更以事言之。蓋自古豪傑之士，無不好奇，其不奇者殆非傑士。故惟得奇人乃得奇事，叙奇事乃得奇文。瑰瑋豪邁，性質之奇也；任俠獨行，行止之奇也；卉服渾敦，風俗之奇也。「廣谷大川異制，民生其間者異俗」〔二〕，推而極之，至於無垠，其爲離奇，胡可勝道？方今世變愈嬗而愈新，則文字亦當愈嬗而愈奇。鄙人所以謂國文

〔一〕此概括孔子誅少正卯五罪之四，五罪爲：「心達而險，行辟而堅，言僞而辯，記醜而博，順非而澤。」
〔二〕《禮記·王制》文。

非特不廢，當因而轉盛者，以國文包天下之奇象也如此者，以事言之也。

試更以神氣言之。劉海峰先生謂：「文有奇在字句者，有奇在氣者，有奇在神者。字句之奇不足爲奇，氣奇則真奇矣，神奇者古來亦不多見。」又謂：「《史記·伯夷傳》可謂神奇。」余謂作文須至綫索迷離惝怳之境，而實則極分明，方爲神奇。《伯夷傳》之所以爲神奇者，惟其綫索之惝怳而實分明也。能悟入此境，叙奇人奇事，乃益生色。茲再約選《史記》《漢書》、韓文數首，以舉一隅。《史記·封禪書》應全讀，茲選不過略示一斑，實則節録不可爲訓。

《易經·文言傳》一段 義理正，爻辭奇

九二曰「見龍在田，利見大人」，何謂也？子曰：「龍德而正中者也。庸言之信，庸行之謹，閑邪存其誠，善世而不伐，德博而化。《易》曰：『見龍在田，利見大人。』君德也。」

《易經·繫辭傳》四段 義理正，爻辭奇（「鳴鶴在陰」至「不可不慎乎」，「不出户庭」至「君子慎密而不出也」，「《易》曰憧憧往來」至「德之盛也」，「善不積」至「何校滅耳凶」。文在《國文經緯貫通大義》卷三「説經鏗鏘法」）

《史記·封禪書》三段 事奇神奇

自齊威、宣之時，騶子之徒，論著終始五德之運，及秦帝，而齊人奏之，故始皇采用之。而宋毋忌、正伯僑、充尚、羨門高〔一〕，最後，皆燕人，爲方僊道，形解銷化，依於鬼神之事。騶衍以陰陽主運顯於諸侯，而燕、齊海上之方士，傳其術不能通，然則怪迂阿諛苟合之徒自此興，不可勝數也。自威、宣、燕昭，使人入海求蓬萊、方丈、瀛洲。此三神山者，其傳在渤海中，去人不遠患且至，則船風引而去。蓋嘗有至者，諸僊人及不死之藥皆在焉。其物禽獸盡白，而黄金銀爲宫闕。未至，望之如雲；及到，三神山反居水下。臨之，風輒引去，終莫能至云。世主莫不甘心焉。及至秦始皇并天下，至海上，則方士言之不可勝數。始皇自以爲至海上而恐不及矣，使人乃齎童男女入海求之。船交海中，皆以風爲解，曰未能至，望見之焉。其明年，始皇復遊海上，至琅〔二〕邪，過恒山，從上黨歸。後三年，游碣石，考入海方士，從上郡歸。後五年，始皇南至湘山，遂登會稽，竝海上，冀遇海中三神山之奇藥。不得，還至沙邱崩。二世元年，東巡碣石，並海南，歷泰山，至會稽，皆禮祠之，而刻勒始皇所立

〔一〕「高」字原作「子萬」，據《史記》爲正。
〔二〕「琅」字原作「狼」，據《史記》爲正。

石書旁，以章始皇之功德。其秋，諸侯畔〔一〕秦。三年而二世弑死。始皇封禪之後十二歲，秦亡。諸儒生疾秦焚《詩》《書》，誅僇文學，百姓怨其法，天下畔之，皆譌曰：「始皇上泰山，爲暴風雨所擊，不得封禪。」此豈所謂無其德而用事者邪〔二〕？（中略）漢興，高祖之微時，嘗殺大蛇。有物曰：「蛇，白帝子也，而殺者赤帝子。」高祖初起，禱豐枌榆社。徇沛爲沛公，則祀蚩尤，釁鼓旗。遂以十月至灞〔三〕上，與諸侯平咸陽，立爲漢王。因以十月爲年首，而色尚〔四〕赤。二年，東擊項籍而還入關，問：「故秦時上帝祠何帝也？」對曰：「四帝，有白、青、黄、赤帝之祠。」高祖曰：「吾聞天有五帝，而有四何也？」莫知其説。於是高祖曰：「吾知之矣，乃待我而具五也。」乃立黑帝祠，命曰北時。有司進祠，上不親往。悉召故秦祝官，復置太祝、太宰，如其故儀禮。因令縣爲公社。下詔曰：「吾甚重祠而敬祭。今上帝之祭，及山川諸神當祠者，各以其時，禮祠之如故。」

今上初至雍，郊見五時。後常三歲一郊。是時上求神君，舍之上林中蹏氏觀。神君者，長陵女子，以子死，見神於先後宛若。宛若祠之其室，民多往祀。平原君往祠，其後子孫以尊顯。及今上即位，則厚禮置祠之内中。聞其言，不見其人云。是時李少君亦以祠竈、穀道、却老方見上，上尊之。

〔一〕「畔」字原作「叛」，據《史記》爲正。
〔二〕「邪」字原作「耶」，據《史記》爲正。
〔三〕「灞」字原作「霸」，據《史記》爲正。
〔四〕「尚」字原作「上」，據《史記》爲正。

少君者，故深澤侯舍人，主方。匿其年及其生長，嘗自謂七十，能使物，却老。其游以方徧諸侯，無妻子。人聞其能使物及不死，更饋遺之，常餘金錢衣食。人皆以爲不治生業〔一〕而饒給，又不知其何所人〔二〕，愈信，爭事之。少君資好方，善爲巧發奇中，嘗從武安侯飲，坐中有九十餘老人，少君乃言與其大父游射處，老人爲兒時，從其大父識其處，一坐盡驚。少君見上，上有故銅器，問少君。少君曰：「此器齊桓公十年陳於柏寢。」已而案其刻，果齊桓公器。一宮盡駭，以爲少君神，數百歲人也。少君言上曰：「祀竈則致物，致物而丹砂可化爲黃金，黃金成，以爲飲食器，則益壽。益壽而海中蓬萊仙者乃可見，見之以封禪，則不死，黃帝是也。臣嘗游海上，見安期生，安期生食巨棗，大如瓜。安期生仙者，通蓬萊中，合則見人，不合則隱。」於是天子始親祠竈，遣方士入海求蓬萊安期生之屬，而事化丹砂諸藥齊爲黃金矣。居久之，李少君病死。天子以爲化去不死，而使黃錘史寬舒受其方。求蓬萊安期生莫能得，而海上燕、齊怪迂之方士，多更來言神事矣。

天子既誅文成，後悔其蚤死，惜其方不盡，及見欒大，大悅。大爲人長美，言多方略，而敢爲大言，處之不疑。大言曰：「臣常往來海中，見安期、羨門之屬。顧以臣爲賤，不信臣。又以爲康王諸侯耳，不足與方。臣數言康王，康王又不用臣。臣之師曰：『黃金可成，而河決可塞，不死之藥可得，

〔一〕「業」字原作「産」，據《史記》爲正。
〔二〕「人」字原作「入」，據《史記》爲正。

仙人可致也。』然臣恐效文成，則方士皆掩口，惡敢言方哉！」上曰：「文成食馬肝死耳。子誠能修其方，我何愛乎！」大曰：「臣師非有求人，人者求之。陛下必〔一〕欲致之，則貴其使者，令有親屬，以客禮待之，勿卑，使各佩其信印，乃可使通言於神人。神人尚肯邪不邪〔二〕。致尊其使，然後可致也。」於是上使驗小方，鬬棋，棋自相觸擊。是時上方憂河決，而黄金不就，乃拜大爲五利將軍。居月餘，得四印，佩天士將軍、地士將軍、大通將軍印。制詔御史：「昔禹疏九河，決四瀆。間者河溢皋陸，堤繇不息。朕臨天下二十有八年，天若遺朕士而大通焉。乾稱『蜚龍』『鴻漸于〔三〕般』，朕意庶幾與焉。其以二千户封地士將軍大爲樂通侯。」賜列侯甲第，僮千人。乘轝斥車馬帷幄器物以充其家。又以衛長公主妻之，齎金萬斤，更命其邑曰當利公主。天子親如五利之第。使者存問供給，相屬於道。自大主將相以下，皆置酒其家，獻遺之。於是天子又刻玉印曰「天道將軍」，使使衣羽衣，夜立白茅上，五利將軍亦衣羽衣，夜立白茅上受印，以示不臣也。而佩「天道」者，且爲天子道天神也。於是五利常夜祠其家，欲以下神。神未至而百鬼集矣，然頗能使之。其後裝治行，東入海求其師云。大見數月，佩六印，貴震天下，而海上燕、齊之間，莫不搤捥而自言有禁方、能神仙矣。

〔一〕「必」字原作「先」，據《史記》爲正。
〔二〕本句「邪」字原作「耶」，據《史記》爲正。
〔三〕「于」字原誤作「子」。

《史記·伯夷列傳》神奇（文在《國文經緯貫通大義》卷四「布局神化法」）

《漢書·陳遵傳》一段 人奇事奇

陳遵居長安中，〔一〕列侯近臣貴戚，皆貴重之。牧守當之官，及郡國豪桀至京師者，莫不相因到遵門。遵耆酒，每大飲，賓客滿堂，輒關門，取客車轄投井中，雖有急，終不得去。嘗有部刺史奏事過遵，值其方飲，刺史大窮，候遵霑醉時，突入見遵母，叩頭自白，當對尚書有期會狀，母迺令從後閤出去。遵大率常醉，然事亦不廢。長八尺餘，長頭大鼻，容貌甚偉。略涉傳記，贍於文辭。性善書，與人尺牘，主皆藏去以爲榮。請求不敢逆，所到衣冠懷之，唯恐在後。時列侯有與遵同姓氏〔二〕者，每至人門，曰陳孟公，坐中莫不震動，既至而非，因號其人曰陳驚坐云。

韓退之《試大理評事王適墓志銘》人奇事奇（文在《國文經緯貫通大義》卷一「奇峰突起法」）

〔一〕 原句無「陳遵」二字，乃唐先生爲方便閱讀而補之。

〔二〕 「氏」，一作「字」。

國文大義下

《高等學堂國文講義》卷二

論文之聲

往者張廉卿先生謂：「學古文，其始在因聲以求氣。得其氣，則意與辭因之而並顯。」〔一〕吳摯甫先生亦謂：「才無論剛柔，苟其氣之既昌，則所爲抗墜〔二〕、詘折、斷續、斂侈、緩急、長短、伸縮、抑揚、頓挫之節，一皆循乎機勢之自然，無之而不合。」蓋文章之道所以盛者，實在於聲，是〔三〕以和聲乃可鳴盛也。敢道所得，質諸能者。

韓文公《答李翊書》云：「氣盛則言之短長與聲之高下皆宜。」顧其論聲之處極

〔一〕張裕釗《答吳摯甫書》，此函申説姚鼐「因聲求氣」之義。
〔二〕「墜」字原作「隊」，民初本改作「墜」，今從之。
〔三〕「是」字，民初本改作「所」。

（前接）呦，獨於《送孟東野序》推論聲音之道云：「以鳥鳴春，以雷鳴夏，以蟲鳴秋，以風鳴冬。」夫四時之聲固微渺而難知也，則又曰：「周之衰，孔子之徒鳴之。其聲大而遠。」文之排云「大而遠」，迺有迹象之可尋。蓋凡文之提綱挈領，包舉各節處，其聲宜大；文之排奡震動、頓挫結束處，其聲宜遠。此鄙人節取韓子之言，然未足以盡聲之藴也。

歐陽文忠公狀秋聲云：「初淅瀝以蕭颯，忽奔騰而砰湃，如波濤夜驚，風雨驟至。其觸於物也，鏦鏦錚錚，金鐵皆鳴；又如赴敵之兵，銜枚疾走，不聞號令，但聞人馬之行聲。」蓋讀情韻之文，宜淅瀝蕭颯，如波濤夜驚之聲。讀氣勢之文，宜奔騰澎湃，如千軍萬馬之聲。又其狀琴聲云：「大者爲宫，細者爲羽。操絃驟作，忽然變之。急者悽然以促，緩者舒然以和，如崩崖裂石，高山出泉，而風雨夜至也；如怨夫寡婦之歎息，雌雄雍雍之相鳴也。」蓋讀悽惋之文，宜悽然以促，如風雨夜至之聲。讀華貴之文，宜舒然以和，如雌雄雍雍相鳴之聲。此鄙人節取歐陽子之言，然未足以盡聲之藴也。

《莊子》之狀風聲云：「大塊噫氣，其名爲風。是惟無作，作則萬竅怒呺。」「山林之畏隹，大木百圍之竅穴。」「激者、謞者、叱者、吸者、叫者、譹者、宎者、咬者。」「泠風則小和，飄風則大和，厲風濟則衆竅爲虚。」〔一〕蓋和風，安舒之聲也；厲風，激烈之聲也。日月之明，容光必照，聲音之動，有竅皆通。故文之感人與風之動人無以異。激謞叱吸諸聲與夫小和大和，文聲之千變萬化亦如之，此鄙人節取《莊子》之言，然未足以盡聲之藴也。

文聲之妙藴，通於天而協於律。《虞書》曰：「聲依咏〔二〕，律和聲。」是爲言聲律之祖。律十有二，陽律黄鐘爲之首，陰律大吕爲之首，用以變動周流，統氣類物，文之陰陽猶是也，文之陰陽之聲亦猶是也。班孟堅《律曆志》云：「樂者諧八音，蕩滌人之邪意。全其正性，移風易俗。」惟文亦然。人惟秉中和之德，迺能爲轉移風俗之文。至治之世，天地之風氣正，十二律定。故盛世文字，多含渾淪之元音，廉直嘽〔三〕諧而民氣樂。迨其衰也，粗厲猛奮、纖微憔悴之聲並作，先王憂之。

故作樂之藴，要在陽而不散，陰而不集，剛氣不怒，柔氣不慴，夫然後能安其位而

〔一〕《莊子・齊物論》文。
〔二〕「咏」字，民初本改作「永」。
〔三〕「嘽」字原作「闡」，據《禮記・樂記》爲正，下引同。按：嘽諧謂樂聲緩慢和諧。

不相奪。蓋不散不集、不怒不慴者，樂律之本原，而亦文聲之秘鑰也。是故文之聲貴實而戒浮；實則沈，浮則散。文之聲貴疏而戒滯；疏則朗，滯則集。文之剛者，其氣宜直而勿暴，暴其氣則聲怒。文之柔者，其氣宜和而勿餒，餒其氣則聲慴。世有好學深思，心知其意者，能取古今人之文聲，一一以細辨之，若者爲廉直、爲嘽諧，若者爲粗厲猛奮、爲纖微憔悴，則於氣運之升降與其人之性情、氣質、善惡、貴賤、壽夭，可歷數而不爽矣。

昔吳季札觀樂審聲，於《王》曰：「思而不懼。」於《鄭》曰：「其細已甚。」於《齊》曰：「美哉，泱泱乎大風。」於《秦》曰：「此之謂夏聲，能夏則大。」於《魏》曰：「美哉，渢渢乎大而婉。」於《大雅》曰：「廣哉，熙熙乎曲而有直體。」於《頌》曰：「直而不倨，曲而不屈」，「節有度，守有序。」於《韶》曰：「德〔一〕至矣哉！大矣，如天之無不幬，如地之無不載也。」學者宜循是以求之，於讀六經、諸史、子、集時，亦求其所謂泱泱、渢渢、熙熙、曲直、倨屈、細大之致，而并求其所謂節度、守序者，並進〔二〕而求所謂聲滿天

〔一〕「德」字脱，據《左傳》文補入。句末「哉」字及下兩句之句末亦補入原文「也」字。
〔二〕民初本「進」後有「者」字並作斷句。

地者，庶知大雅君子之文，決不爲纖纖之細響；而承平雅頌之聲，即寓於此。反是則靡矣細矣，不足以輔世矣。知音者可不慎耶？

孟子之贊孔子曰：「金聲而玉振之。」朱子謂：「獨奏一音，則其一音自爲始終，而爲一小成。若並奏八音，則先擊鎛鐘以宣其聲，後擊特磬以收其韻，則合衆小成而爲一大成。」凡文製局之小者，其聲如獨奏一音而爲一小成；製局之大者，其聲如並奏八音而爲一大成；而入門之始，則宜先辨聲之短長。大抵文之震蕩茹吐處，宜多用平用長；辨難奧衍處，宜多用仄用短。於重陽之中而伏以一陰，則陽者不散；於重陰之中而間以一陽，則陰者不集。用奇用偶亦如之，則其聲參差而有致。至於首尾段落之處，其聲皆須有宏大遠到之致，或如波瀾之瀠洄，或如異軍之突起，能神明於此，則其幾於大成也不遠矣。《國策·李斯諫逐客書》最爲聲調鏗鏘之作，中云：「隨俗雅化，佳冶窈窕，趙女不立於側也。」試以「雅化」改「同風」二字，又以「佳冶窈窕」倒作「窈窕佳冶」，則聲便不響切而不可讀。又如賈誼《過秦論》「九國之師，逡巡遁逃而不敢進，秦無亡矢遺鏃之費，而天下諸侯已困矣。」俗本去「遁逃」「諸侯」四字，亦遂不成聲。劉海峰先生云：「音節高則神氣亦高，音節下則神氣必下。故音節爲神氣之迹。一句之中，或多一字，或少一字；一字之中，或用平聲，或用仄聲，則音節迥異。故字句爲音節之矩，合而讀之，音節見矣；歌而詠之，神氣出矣。」此皆所謂鍊聲法，亟宜研究。

聲莫盛於《詩》《書》。《尚書》之聲，以《呂刑》《秦誓》爲最；《詩經》之聲，以《商頌》爲最。曾子居衛，讀《商頌》，淵然有金石聲〔一〕，能細讀之自悟。司馬、揚、班、韓子之文，其聲皆取源於《詩》《書》；如韓子之《平淮西碑》叙事之聲出於《書》，碑文之聲出於《詩》，其顯見者也。曾文正謂：「古人文皆可誦，近世作者如方、姚〔二〕之徒，可謂能矣，顧誦之而不能成聲。」張廉卿先生亦謂：「姚氏於文，未能究極聲音之道。」〔三〕蓋惟其求聲於古人之文，而不知求聲於古書，所以其聲日卑；由是陽而散，陰而集，剛而怒，柔而懾者，比比而見矣。此微論方、姚，宋以下作者亦多昧於此也。兹略發其微，特舉剛聲一，柔聲一，剛聲而近於怒者一，柔聲而近於懾者一，近世號爲桐城派者，此弊尤多。可以配黄鐘之聲者二，可以配大呂之聲者二，剛質柔聲、柔質剛聲而音調最鏗鏘可愛者二，宮聲、商聲、徵聲各一，諸生熟讀而推之，可隅反焉。

〔一〕事見《莊子·讓王》。
〔二〕謂桐城方苞與姚鼐。
〔三〕吴汝綸《答張廉卿》所述張氏語。

蘇明允《樂論》 聲之剛者

禮之始作也，難而易行，既行也，易而難久。天下未知君之爲君，父之爲父，兄之爲兄，而聖人爲之君父兄；天下未有以異其君父兄，而聖人爲之拜起坐立。天下未肯靡然以從我拜起坐立，而聖人身先之以耻。嗚呼！其亦難矣。天下惡夫死也久矣，聖人招之曰：「來，吾生爾。」既而其法果可以生天下之人。天下之人視其嚮也如此之危，而今也如此之安，則宜何從？故當其時雖難而易行。既行也，天下之人視君父兄，如頭足之不待別白而後識；視拜起坐立，如寢食之不待告語而後從事。雖然，百人從之，一人不從，則其埶不得遽至乎死。天下之人，不知其初之無禮而死，而見其今之無禮而不至乎死也，則曰：聖人欺我。故當其時雖易而難久。嗚呼！聖人之所恃以勝天下之勞逸者，獨有死生之説耳。死生之説不信於天下，則勞逸之説將出而勝之。勞逸之説勝，則聖人之權去矣。酒有鴆，肉有堇，然後人不敢飲食；藥可以生死，然後人不以苦口爲諱。去其鴆，徹其堇，則酒肉之權，固勝於藥。聖人之始作禮也，其亦逆知其埶之將必如此也，曰：「告人以誠而後人信之。」幸今之時，吾之所以告人者，其理誠然，而其事亦然，故人以爲信。吾知其理，而天下之人知其事。事有不必然者，則吾之理不足以折天下之口，此告語之所不及也。告語之所不及，必有以陰驅而潛率之。於是觀之天地之間，得其至神之機，而竊之以爲樂。雨，吾見其所以濕萬物也；日，吾見其所以燥萬物也；風，吾見其所以動萬物也。隱隱谹谹而謂之雷者，彼何用也？陰凝而不散，物蹙而不遂，雨之所不能濕，日之所不能燥，風之所不能動，雷一震焉，而凝者散，蟄者遂。曰雨者、曰日者、曰風者以形用，曰雷者以神用。用莫神於聲，故聖人因聲以爲樂。爲之君臣、父子、兄弟者禮也；禮之所不及，而樂及焉。正聲入乎耳，而人皆有事君、事父、事兄之心，則禮者固吾心之所有也，而聖人之說，又何從而不信乎？

曾子固《寄歐陽舍人書》 聲之柔者（文在《國文經緯貫通大義》卷二「轆轤旋轉法」）

惲子居《原命》 聲之剛而近於怒者

無形可知乎？曰：不可知而可知也，君子以有形知無形。無氣可知乎？曰：不可知而可知也，君子以有氣知無氣。夫氣不有嘔然而和者乎？穆然而肅者乎？其嘔然者非秩然而序無以大，其穆然者非悠然而通無以久。其序而大、通而久者，不有其敦然者乎？是故仁也義也禮智與信也，五者與氣俱者也。雖然氣行矣，氣之過，無以生，氣之不及無以生，其生形者皆氣之中也。人之生形也，得中之中。得中故無過，而仁無柔、義無躁、禮無飾、智無詭、信無固也。得中故無不及，而仁無忍、義無葸、禮無嗇、智無蒙、信無歧也。是故五者與形俱者也。雖然形生矣，天有時焉，地有宜焉，物有應焉，氣之清者湜焉，濁者淖焉，清而濁濁而清者粗焉，於是乎有氣之痼。雖然形生矣，而渾渾焉，而胚胚焉，而息息焉；嘔然者不行而不止乎，穆然者不行而不止乎，秩然悠然敦然者不行而不止乎，於是乎有氣之流。是故五者有過焉，而柔而躁而飾而詭而固焉；且有不及焉，而忍而葸而嗇而蒙而歧焉。過不及之至，五者互相賊而害仁、害義、害禮、害智、害信焉。相賊之至，五者各相反，而滅仁、滅義、滅禮、滅智、滅信焉。是惡也，然其所以生皆中也，中皆善也，善者所以爲命也，命者所以爲性與情也。是故知命爲仁義禮智信之中，而性之善見；知性爲仁義禮智信之中，而情之善見。命、性、情皆形乎氣、止乎形者也，而形氣之善見。知形氣之善，而無形無氣之善見矣！故曰以有形知無形，以有氣知無氣也。

劉孟塗《荀卿論》 聲之柔而近於懾者

蘇子瞻以李斯之亂天下，出於荀卿。吾師惜抱先生辨之，以爲秦壞先王之制，始於商鞅，不始於李斯；斯之相秦，並未用荀卿之道，其論明且篤矣。然子瞻豈不知荀卿過不及是，而故欲文致其罪哉？彼意不在荀卿，假荀卿而發也。夫荆公之學，雖不及荀子，然其所本者王道，所稱者禮樂，其高言激論，未嘗不相似也。子瞻見荆公欲興三代之治，而執拗不通，終以僨事，故論荀卿而直指之曰：「意其爲人必剛愎自用，而自許太過。」此非切中介甫之失乎？新法之立，託於先王，其意本以治天下，而非以亂天下。其黨章惇等假其說以快報復，卒至病國害民，流毒海內，此雖羣小之罪，未始非荆公爲之階也。故因李斯之禍，而追咎於荀卿，亦事之適相類者也。荆公廢夫子之《春秋》，以天下之賢人君子爲不足用，特激於一往之意氣，以孤行己見。其後紹述之者，乃欲舉天下之善類而悉去之，忠良盡矣，國亦旋壞，此固荆公所不及料者也。故曰：「其父殺人報仇，其子必且行劫。」又曰：

「荀卿特以快一時之論，不知其禍之遽至此也。」嗚呼！是亦可謂垂涕泣而言之矣。論古之文，多借諷時事，如《始皇論》及此篇是也。彼言法宜平易，以戒人主之果殺；此則隱指執政亂國，而推原致禍之由，其意一也。吾師所論者，明荀卿之賢以斥其誣，爲是非之公言之也。余所論者，原子瞻之心而略其辭，兼時事之實言之也。

《詩·長發》黄鐘之聲（文在《國文經緯貫通大義》卷八「選韻精純法」）

韓退之《平淮西碑》黄鐘之聲（文在《國文經緯貫通大義》卷七「典重裔皇法」）

歐陽永叔《豐樂亭記》大吕之聲（文在《國文經緯貫通大義》卷四「響遏行雲法」）

《左傳·晉侯使吕相絶秦》剛質柔聲（文在《國文經緯貫通大義》卷四「響遏行雲法」）

《國策》李斯《諫逐客書》[一] 柔質剛聲

臣聞吏議逐客，竊以爲過矣。昔繆公求士，西取由余於戎，東得百里奚於宛，迎蹇叔於宋，求丕豹、公孫支於晉。此五子者，不産於秦，而繆公用之，并國二十，遂霸西戎。孝公用商鞅之法，移風易

[一] 今本《國策》不存此篇，今以《史記》校之。

俗，民以殷盛，國以富强，百姓樂用，諸侯親服，獲楚、魏之師，舉地千里，至今治彊。惠王用張儀之計，拔三川之地，西并巴蜀，北收上郡，南取漢中，包九夷，制鄢、郢，東據成皋之險，割膏腴之壤，遂散六國之從，使之西面事秦，功施到今。昭王得范雎，廢穰侯，逐華陽，彊公室，杜私門，蠶食諸侯，使秦成帝業。此四君者，皆以客之功。由此觀之，客何負於秦哉！向使四君却客而不内，疏士而不用，是使國無富利之實，而秦無彊大之名也。今陛下致昆山之玉，有隋〔一〕、和之寶，垂明月之珠，服大〔二〕阿之劍，乘纖離之馬，建翠鳳之旗，樹靈鼉之鼓。此數寶者，秦不生一焉，而陛下説之，何也？必秦國之所生然後可，則是夜光之璧，不飾朝廷；犀象之器，不爲玩好；鄭、衛之女，不充後宫；而駿良駃騠，不實外廐；江南金錫不爲用，西蜀丹青不爲采。所以飾後宫、充下陳、娱心意、説耳目者，必出於秦然後可，則是宛珠之簪、傅璣之珥、阿縞之衣、錦繡之飾，不進於前，而隨俗雅化，佳冶窈窕，趙女不立於側也。夫擊甕叩缶，彈筝搏髀，而歌呼嗚嗚快耳目〔三〕者，真秦之聲也。鄭、衛、桑間、韶、虞、舞〔四〕、象者，異國之樂也。今棄擊甕而就鄭、衛，退彈筝而取韶、虞，若是者何也？快意當前，適觀而已矣。今取人則不然。不問可否，不論曲直，非秦者去，爲客者逐。然則是所重者，在乎色樂珠

〔一〕「隋」字《史記》作「隨」。
〔二〕「大」字《史記》作「太」。
〔三〕「目」字《史記》無。
〔四〕「舞」字《史記》作「武」。

玉，而所輕者，在乎人民也。此非所以跨海內、制諸侯之術也。臣聞地廣者粟多，國大者人衆，兵彊則士勇。是以泰山不讓土壤，故能成其大；河海不擇細流，故能就其深；王者不却衆庶，故能明其德。是以地無四方，人〔一〕無異國，四時充美，鬼神降福，此五帝、三王之所以無敵也。今乃棄黔首以資敵國，却賓客以業諸侯，使天下之士，退而不敢西向，裹足不入秦，此所謂「藉寇兵而齎盜糧」者也。夫物不産於秦，可寶者多；士不産於秦，願忠者衆。今逐客以資敵國，損民以益讎，內自虚而外樹怨於諸侯，求國無危，不可得也。

《史記》「高祖還沛」一段 宫聲

十二年十月，高祖已擊布軍，會甀，布走，令别將追之。高祖還歸，過沛，留。置酒沛宫，悉召故人父老子弟縱酒，發沛中兒，得百二十人，教之歌。酒酣，高祖擊筑，自爲歌詩曰：「大風起兮雲飛揚，威加海內兮歸故鄉，安得猛士兮守四方！」令兒皆和習之。高祖乃起舞，慷慨傷懷，泣數行下。謂沛父兄曰：「游子悲故鄉。吾雖都關中，萬歲後，吾魂魄猶樂思沛。且朕自沛公以誅暴逆，遂有天下，其以沛爲朕湯沐邑，復其民，世世無有所與。」沛父兄諸母故人，日樂飲極驩，道舊故爲笑樂。十餘日，高祖欲去，沛父兄固請留高祖。高祖曰：「吾人衆多，父兄不能給。」乃去。沛中空縣皆之邑西

〔一〕「人」字《史記》作「民」。

獻。高祖復留止，張飲三日。

《史記》「項王軍壁垓下」一段 商聲

項王軍壁垓下，兵少食盡，漢軍及諸侯兵圍之數重。夜聞漢軍四面皆楚歌，項王乃大驚曰：「漢皆已得楚乎？是何楚人之多也！」項王則夜起，飲帳中。有美人名虞，常幸從；駿馬名騅，常騎之。於是項王乃悲歌忼慨，自爲詩曰：「力拔山兮氣蓋世，時不利兮騅不逝。騅不逝兮可奈何，虞兮虞兮奈若何！」歌數闋，美人和之。項王泣數行下，左右皆泣，莫能仰視。於是項王乃上馬騎，麾下壯士騎從者，八百餘人，直夜潰圍，南出馳走。平明，漢軍乃覺之。

《國策》「荆軻入秦」一段〔一〕 徵聲

於是太子豫求天下之利匕首，得趙人徐夫人匕首，取之百金，使工以藥淬之，以試人，血濡縷，人無不立死者。乃爲裝遣荆軻。燕國有勇士秦舞陽，年十三，殺人，人不敢忤視，乃令秦舞陽爲副。荆軻有所待，欲與俱，其人居遠未來，而爲留待。頃之，未發。太子遲之，疑其改悔，乃復請曰：「日已

〔一〕此篇用《戰國策》鮑彪本。此段又見《國文陰陽剛柔大義》中《荆軻刺秦王》。

盡矣！荆卿豈有意哉？丹請先遣秦舞陽。」荆軻怒，叱太子曰：「今日往而不反者，豎子也。今提一匕首，入不測之强秦，僕所以留者，待吾客與俱。今太子遲之，請辭決矣。」遂發。太子賓客知其事者，皆白衣冠以送之。至易水上，既祖，取道，高漸離擊筑，荆軻和而歌，爲變徵之聲，士皆垂涙涕泣。又前而爲歌曰：「風蕭蕭兮易水寒，壯士一去兮不復還！」復爲羽聲忼慨，士皆瞋目，髮盡上衝冠。於是荆軻遂就車而去，終已不顧。

論文之色

方望溪先生謂：「古文氣體，所貴清澄無滓。澄清之極，自然而發其精光。」〔一〕余謂文體固宜清澄，而修辭尤貴精采，昔人所謂「負聲有力，振采欲飛」是也。若爲文不務精采，則文境日即於枯澀。近人之文，所以讀之了無興味而不足以傳世行遠者，惟其枯耳。爰進而論文之色。

日月麗乎天，日之出於海也，紛綸晻靄，其光曄曄然不可逼視；及其没也，赤霞

〔一〕方苞《古文約選序例》文。

擁現，波譎雲詭，千態萬變，此所謂喬皇之色也。是惟秦漢之文，若相如、子長、揚、班始能爲此色。月之升於天也，皎潔晶瑩，洞澈林薄；俄爲黯淡，萬彙蕭然，此所謂寥廓淒清之色也。六朝以來，騷人詞客亦類能爲此色。文中以此二色爲最貴。至如草木之麗乎土，爲春爲秋爲紅爲紫，鬱鬱菲菲，照爛離靡，大抵華而無質，因時菀枯，此則藻繢之色。大雅君子蓋無取焉。

《易》曰：「觀乎天文以察時變，觀乎人文以化成天下。」又云：「賁，無色也。」乃知《易》之文皆潔白之色。孔子之贊堯曰：「焕乎其有文章。」乃知唐、虞之《書》皆焕乎之色。孔子之贊周曰：「郁郁乎文哉。」乃知周代之《書》皆鬱鬱之色。韓文公贊《詩》云：「《詩》正而葩。」乃知《詩》多正色。蘇老泉贊韓文云：「抑遏蔽掩，不使自露，而人自望見其淵然之光，蒼然之色。」乃知韓子之文皆蒼老之色。由此見學者之采色，務在三代兩漢之間，庶其色澤古而可珍。而入門之始，要在熟讀《説文》《文選》，識字愈多，著色愈工。若求之於唐以下，則不免雜譁囂之美矣。

盡文章之始事與終事，其色約有五端：

李習之《答友人書》云：「摛章稱詠，津潤怪麗。」津潤怪麗，爲精采之最著者。初學古文，宜先求有津潤之色，俾不至於枯窘。

迨才氣日擴，筆下有汩汩乎來，繽紛陸離之致，當有怪麗之色。然怪麗不足爲文章之能事，折於衷焉，乃爲絢爛之色。

由是而與道日腴，則爲平淡之色。

平淡之極，精光内斂，美在其中，則如白賁之無色，是爲潔白。

五端層次，大概如此。然亦有因天稟所賦，限於一端而不能變者；亦有兼擅衆美而因題以施者，則亦勿庸拘泥以論之也。

五端之外，厥有四忌：

一曰雜湊。譬諸用秦漢人之典故，而雜以六朝人之詞句；用八家之格局，而間以詞賦家之藻飾，是謂雜湊。雜湊者不倫。

二曰塗附。文之所貴必依於質，若不問理之是非、詞之當否，而强以字面剽竊點綴，丹文緑牒，其中空空，是謂塗附。塗附者無理。

三曰晦黯。知用色而不知選擇之法，致詞不能與意相比附，則浮溢黏滞，令人費解，是謂晦黯。晦黯者其色不能昭。

四曰庸俗。譬之名園芳沼，萬卉争妍，若僅獵取其俗豔，則不啻東施效顰，適以增厭，是謂庸俗。庸俗者其色不能正。

凡玆四忌，有一於此，悉爲文家之大疵。學者必先去此四忌，乃能善用五端。望溪先生所謂「澄清之體」，實示學者以先河。《論語》云：「繪事後素。」乃千古不易之理也。

津潤之色，有由用典者，有生於自然者。玆獨録《左傳》一首及子雲《解嘲》以見例。

怪麗之色，以荀子《賦篇》、屈子《天問》、景差《大招》，及宋玉《招魂》《大小言》、《文選・江海》諸賦爲最。玆因其文繁，又未易通其故，故僅録韓文公《南海神廟碑》以見例。諸生有志文學者，當别進而求之也。

絢爛之色，備於《文選》各詞賦及七類，玆僅録相如《封禪文》以見例。

平淡之色，以荀子《成相篇》爲最，學者亦須讀其全文；玆獨録相如《難蜀父老文》，見平淡之色，生於收斂蔽掩，又不用典，與津潤之色迥不同也。又先儒説理之文多平淡，玆並録韓文公《送王塤序》以見例。

潔白乃圭璋之色，君子比德於玉，其品尤未易幾，學者多讀《易・繫辭傳》，或可窺見一斑；玆特録韓文公《畫記》一首，相傳此文歐陽公嘗愛重之，以爲不可及。學者誠能熟復而深思之，則異日描寫科學之精神，當能處處細緻而其色自然不雜矣。

《左傳》「周鄭交質」一段　津潤之色

鄭武公、莊公爲平王卿士。王貳於虢，鄭伯怨王，王曰：「無之。」故周鄭交質，王子狐爲質于鄭，鄭公子忽爲質于周。王崩，周人將畀虢公政。四月，鄭祭足帥師取温之麥；秋，又取成周之禾，周鄭交惡。君子曰：「信不由中，質無益也。明恕而行，要之以禮，雖無有質，誰能間之？苟有明信，澗谿沼沚之毛，蘋蘩薀藻之菜，筐筥錡釜之器，潢汙行潦之水，可薦於鬼神，可羞於王公。而況君子結二國之信，行之以禮，又焉用質？《風》有《采蘩》《采蘋》，《雅》有《行葦》《泂酌》，昭忠信也。」

揚雄《解嘲》并序　津潤之色

【釋】此篇用《文選》。文並見《漢書·揚雄列傳》，之所以取《文選》本者，蓋其文字確有優於《漢書》之處。如《文選》「種、蠡存而越霸」一句，《漢書》作「種、蠡存而粤伯」，未及《文選》準確。見唐先生之採録，非古是尚，惟善是從，實事求是也。

哀帝時，丁、傅、董賢用事，諸附離之者，起家至二千石。時雄方草創《太玄》，有以自守，泊如也。人有嘲雄以玄之尚白，雄解之，號曰《解嘲》。其辭曰：

客嘲揚子曰：「吾聞上世之士，人綱人紀，不生則已，生必上尊人君，下榮父母，析人之圭，儋人之爵，懷人之符，分人之禄，紆青拖紫，朱丹其轂。今吾子幸得遭盛明之世，處不諱之朝，與羣賢同行，歷金門，上玉堂有日矣，曾不能畫一奇，出一策，上説人主，下談公卿。目如耀星，舌如電光，一從一横，論者莫當，顧默而作《太玄》五千文，枝葉扶疏，獨説數十餘萬言，深者入黄泉，高者出蒼天，大者含元氣，細者入無間，然而位不過侍郎，擢纔給事黄門。意者玄得無尚白乎？何爲官之拓落也？」

揚子笑而應之曰：「客徒欲朱丹吾轂，不知一跌將赤吾之族也！往者周網〔一〕解結，羣鹿爭逸，離爲十二，合爲六七，四分五剖，并爲戰國。士無常君，國無定臣，得士者富，失士者貧，矯翼厲翮，恣意所存，故士或自盛以橐，或鑿坏以遁。是故鄒衍以頡頏而取世資，孟軻雖連蹇，猶爲萬乘師。

「今大漢左東海，右渠搜，前番禺，後椒塗。東南一尉，西北一候。徽以糾墨，制以鑕鈇，散以禮樂，風以《詩》《書》，曠以歲月，結以倚廬。天下之士，雷動雲合，魚鱗雜襲，咸營于八區，家家自以爲稷契，人人自以爲皋陶，戴縰垂纓而談者，皆擬於阿衡，五尺童子，羞比晏嬰與夷吾；當途者升青雲，失路者委溝渠。旦握權則爲卿相，夕失勢則爲匹夫；譬若江湖之崖，渤澥之島，乘雁集不爲之多，雙鳧飛不爲之少。昔三仁去而殷墟，二老歸而周熾，子胥死而吴亡，種、蠡存而越霸；五羖入而秦喜，樂毅出而燕懼；范雎以折摺而危穰侯，蔡澤以噤吟而笑唐舉。故當其有事也，非蕭、曹、子房、平、勃、樊、霍則不能安；當其無事也，章句之徒，相與坐而守之，亦無所患。故世亂則聖哲馳騖而不足，

〔一〕「網」字原誤作「綱」。

世治則庸夫高枕而有餘。

「夫上世之士，或解縛而相，或釋褐而傅；或倚夷門而笑，或横江潭而漁；或七十説而不遇，或立談而封侯；或枉千乘於陋巷，或擁篲而先驅。是以士頗得信其舌而奮其筆，窒隙蹈瑕而無所詘也。當今縣令不請士，郡守不迎師，羣卿不揖客，將相不俛眉；言奇者見疑，行殊者得辟，是以欲談者卷舌而同聲，欲步者擬足而投迹。嚮使上世之士處乎今世，策非甲科，行非孝廉，舉非方正，獨可抗疏，時道是非，高得待詔，下觸聞罷，又安得青紫？

「且吾聞之，炎炎者滅，隆隆者絶；觀雷觀火，爲盈爲實，天收其聲，地藏其熱。高明之家，鬼瞰其室。攫拏者亡，默默者存；位極者宗危，自守者身全。是故知玄知默，守道之極；爰清爰静，游神之庭；惟寂惟漠，守德之宅。世異事變，人道不殊，彼我易時，未知何如。今子乃以鴟梟而笑鳳皇，執蝘蜓而嘲龜龍，不亦病乎！子之笑我玄之尚白，吾亦笑子病甚，不遇俞跗與扁鵲也，悲夫！」

客曰：「然則靡《玄》無所成名乎？范、蔡以下，何必《玄》哉？」

揚子曰：「范雎，魏之亡命也，折脅摺髂，免於徽索，翕肩蹈背，扶服入橐，激印萬乘之主，介涇陽抵穰侯而代之，當也。蔡澤，山東之匹夫也，顩頤折頞，涕唾流沫，西揖彊秦之相，搤其咽而亢其氣，拊其背而奪其位，時也。天下已定，金革已平，都於洛陽，婁敬委輅脱輓，掉三寸之舌，建不拔之策，舉中國徙之長安，適也。五帝垂典，三王傳禮，百世不易，叔孫通起於枹鼓之間，解甲投戈，遂作君臣之儀，得也。《吕刑》靡敝，秦法酷烈，聖漢權制，而蕭何造律，宜也。故有造蕭何之律於唐、虞之世，則悖矣；有作叔孫通儀於夏、殷之時，則惑矣；有建婁敬之策於成周之世，則繆矣；有談范、蔡之説於金、張、許、史之間，則狂矣。夫蕭規曹隨，留侯畫策，陳平出奇，功若泰山，響若坻隤，雖其人之膽智哉，亦會其時之可爲也。故爲可爲於可爲之時，則從；爲不可爲於不可爲之時，則凶。若夫藺先生收功於章臺，四皓采榮於南山，公孫創業於金馬，驃騎發迹於祁連，司馬長卿竊資於卓氏，東方朔割炙於細君。僕誠不能與此數子者並，故默然獨守吾《太玄》。」

韓退之《南海神廟碑》　怪麗之色（文在《國文經緯貫通大義》卷七「典重矞皇法」）

司馬相如《封禪文》　絢爛之色（文在《國文經緯貫通大義》卷七「典重矞皇法」）

司馬相如《難蜀父老》〔一〕　平澹之色

漢興七十有八載，德茂存乎六世，威武紛紜，湛恩汪濊，羣生霑濡，洋溢乎方外。於是乃命使西征，隨流而攘，風之所被，罔不披靡。因朝冉從駹，定笮存邛，略斯榆，舉苞蒲，結軌還轅，東鄉將報，至于蜀都。

耆老大夫搢紳先生之徒二十有七人，儼然造焉。辭畢，進曰：「蓋聞天子之牧夷狄也，其義羈縻

〔一〕此篇大體用《文選》本。

勿絶而已。今罷三郡之士，通夜郎之塗，三年於兹，而功不竟，士卒勞倦，萬民不贍；今又接之以西夷，百姓力屈，恐不能卒業，此亦使者之累也，竊爲左右患之。且夫邛、筰、西夷之與中國並也，歷年兹多，不可記已。仁者不以德來，强者不以力并，意者其殆不可乎！今割齊民以附夷狄，敝所恃以事無用，鄙人固陋，不識所謂。」

使者曰：「烏謂此乎？必若所云，則是蜀不變服，而巴不化俗也。僕常〔一〕惡聞若説。然斯事體大，固非觀者之所覯也。余之行急，其詳不可得聞已。請爲大夫粗陳其略：

「蓋世必有非常之人，然後有非常之事；有非常之事，然後有非常之功。夫〔二〕非常者，固常人之所異也。故曰非常之原，黎民懼焉；及臻厥成，天下晏如也。

「昔者洪水沸出，氾濫衍溢，民人升降移徙，崎嶇而不安。夏后氏慼之，乃堙洪塞源，決江疏河，灑沈澹災，東歸之於海，而天下永寧。當斯之勤，豈惟民哉？心煩於慮而身親其勞，躬腠胝無胈，膚不生毛，故休烈顯乎無窮，聲稱浹乎于〔三〕兹。

「且夫賢君之踐位也，豈特委瑣喔齪，拘文牽俗，循誦習傳，當世取説云爾哉！必將崇論谹議，創

〔一〕「常」字原作「嘗」，據《文選》爲正。
〔二〕原刻無「夫」字，據《文選》補之。
〔三〕「于」字原作「來」，據《文選》爲正。

業垂統，爲萬世規。故馳騖〔一〕乎兼容并包，而勤思乎參天貳地。且《詩》不云乎？『普天之下，莫非王土；率土之濱，莫非王臣。』是以六合之内，八方之外，浸淫衍溢，懷生之物有不浸潤於澤者，賢君耻之。今封疆之内，冠帶之倫，咸獲嘉祉，靡有闕遺矣。而夷狄殊俗之國，遼絶異黨之域，舟車不通，人迹罕至，政教未加，流風猶微。内之則時犯義侵禮於邊境，外之則邪行横作，放殺其上。君臣易位，尊卑失序，父老不辜，幼孤爲奴虜，係縲號泣。内嚮而怨，曰：『蓋聞中國有至仁焉，德洋恩普，物靡不得其所，今獨曷爲遺己！』舉踵思慕，若枯旱之望雨，戾夫爲之垂涕，况乎上聖，又焉能已？故北出師以討强胡，南馳使以誚勁越。四面風德，二方之君，鱗〔二〕集仰流，願得受號者以億計。故乃關沫、若，徼牂牁，鏤靈山，梁孫原，創道德之塗，垂仁義之統，將博恩廣施，遠撫長駕，使疏逖不閉，曶爽闇昧，得燿乎光明，以偃甲兵於此，而息討伐於彼。遐邇一體，中外禔福，不亦康乎！夫拯民於沈溺，奉至尊之休德，反衰世之陵夷，繼周氏之絶業，天子之亟務也。百姓雖勞，又惡可以已乎哉？

「且夫王者固未有不始於憂勤，而終於逸樂者也。然則受命之符，合在於此。方將增太山之封，加梁父之事，鳴和鸞，揚樂頌，上減五，下登三。觀者未覩旨，聽者未聞音，猶鷦鵬已翔乎寥廓之宇，而羅者猶視乎藪澤，悲夫！」

〔一〕「騖」字原作「鶩」，據《文選》爲正。

〔二〕「鱗」字原作「麟」，據《文選》爲正。

於是諸大夫茫然喪其所懷來，失厥所以進，喟然並稱曰：「允哉漢德，此鄙人之所願聞也。百姓雖勞，請以身先之。」敞罔靡徙，遷延而辭避〔一〕。

韓退之《送王塤序》 平淡之色

吾嘗以爲孔子之道，大而能博，門弟子不能徧觀而盡識也，故學焉而皆得其性之所近。其後離散分處諸侯之國，又各以所能授弟子，原遠而末益分。蓋子夏之學，其後有田子方。子方之後，流而爲莊周，故周之書，喜稱子方之爲人。荀卿之書，語聖人必曰孔子子弓，子弓之事業不傳，惟太史公書《弟子傳》有姓名字曰馯臂子弓，子弓受《易》於商瞿。孟軻師子思，子思之學，蓋出曾子。自孔子没，羣弟子莫不有書，獨孟軻氏之傳得其宗，故吾少而樂觀焉。太原王塤示予所爲文，好舉孟子之所道者。與之言，信悦孟子，而屢贊其文辭。夫沿河而下，苟不止，雖有遲疾，必至於海。如不得其道也，雖疾不止，終莫幸而至焉。故學者必慎其所道，道於楊墨老莊佛之學，而欲之聖人之道，猶航斷港絶潢，以望至於海也。故求觀聖人之道，必自孟子始。今塤之所由，既幾於知道，如又得其船與檝，知沿而不止，嗚呼！其可量也哉？

〔一〕「避」字原作「退」，據《文選》爲正。

韓退之《畫記》 潔白之色（文在《國文經緯貫通大義》卷五「刻畫物理法」）

論文之味

自近代文家好多用虚字，專以吞吐夷猶爲文之旨味，而文味遂日以漓。不知古人所以吞吐夷猶者，不過言外之意耳。此須工夫至極深處、極平淡處，乃工爲之。若初學而以是爲指南，自以爲餘味曲包，而實則了無意味，曾文正所謂「浮芥舟以縱送於赫蹏[一]之水」[二]耳。故吾往者論神，以爲宜實不宜虚；今者論味，亦以爲宜實不宜虚。

劉海峰先生謂：「文貴遠，遠則味永。或句上有句，或句下有句，或句中有句，或句外有句，説出者少，不説出者多，乃可謂遠。」又謂：「意到處言不到，言盡處意不盡。」凡

[一]「赫蹏」，民初本改作「蹏涔」。
[二] 曾國藩《書歸震川文集後》文。

此皆所謂言外之意也。如《戰國策・甘戊〔一〕攻宜陽》一段之「息壤在彼」,《蘇秦説秦惠王》一段之「人生世上,勢位富厚蓋可以忽乎哉」,《史記・伯夷列傳》之「非附青雲之士,惡能施於後世哉」皆是。然此等俱是空處,非初學所能到。且天下之事理萬有不齊,文題即萬有不齊,意味所到,要在純任自然,若胸中必有一主宰,則亦滯矣。故文味之淡者,可以爲終事,而不可以爲始事;可以因題而施,而不可强題以就我。

《禮記・禮運篇》云:「五味六和,還相爲質。」鄭君注:「五味,酸、苦、辛、鹹、甘也。」昔人評酒,謂辣爲上,苦與酸次之,甘斯下矣,爰謂文味亦如之。余獨以爲不然。凡文之辛、酸、甘、苦、淡諸味,俱當因題而施,詎能强分高下?兹特推而論之。

韓文公云:「百物朝夕所見者,人皆不注視。及覩其異者,則共觀而言之。」夫人之所珍愛者非常物,所珍食者亦必非常味。故文以異味爲貴。然高論之深,恐又涉於虚,且口之於味有同嗜,孟子嘗言之矣。凡善爲味者如易牙,豈能出乎五味之外?惟配製適其宜耳。爲文何獨不然?兹特就五味言之。

曷謂酸?《禮記》云:「春多酸。」蓋果實之味也。其味生於澀,文能深思乙乙而

〔一〕「甘戊」,民初本作「茂」。

出者如此味，宜於諸子中求之。莊子、韓非子之文多澀，而韓非《説難》一篇爲尤顯。

曷謂苦？《史記・商君傳》云：「苦言藥也，甘言疾也。」《左傳》臧孫云：「孟孫之惡我，藥石也。」凡藥石之箴，其味多苦。古人忠告，不憚苦口。

曷謂辛？辛即辣，辣以《國策》爲最。其味在一字一句之間，令人不敢嘗。韓文公能效之。

曷謂鹹？《洪範》「潤下曰鹹」，知潤極則鹹，故海濱多鹵地，文家絶少此味。然鹹則終斂於淡，司馬子長最能爲淡味。茲故以淡易鹹，韓文公知此意，亦能造此味。

曷謂甘？《左傳》郤芮曰：「幣重而言甘，誘我也。」人生嗜〔一〕甘者多，故甘言足以爲餌，此味《左傳》中爲多。

自吾發明此文之五味，乃益徵五味宜因題而施，且益徵論味宜實而不宜虛。

酸味應由苦思而出。凡遇題之結轖處，宜解難者用之，而其味宜回於甘，俾人大適。

苦味用於盡言，惟善人能受，否則殆，其味且爲人所廢棄，故用之深淺宜詳酌。

辣味於檄文最宜，辨駁亦多用之。如韓文公《諱辨》末段即係辣味。友朋書牘中用之者，

〔一〕「嗜」字原作「耆」，民初本改作「嗜」，今從之。

宜依物以譬，令人嘗之而不覺。

甘味宜於奏疏之文，及書牘之須婉轉以達其意者，亟防其弊，勿流於脆〔一〕，勿入於滑。

淡味爲無上上品，並非太羹元酒之謂，蓋文中之味，有出於譏刺者，有出於寄慨者，有出於自況者，有出於悲憤者，有出於希望者，雖千變萬化，要須挹之而不能盡，此其妙可以意會而不可以言傳。欲領略斯味，宜熟讀《史記》，惟必須攬其全。茲故僅録韓、歐文數篇，講晰如下。

韓非子《説難篇》〔二〕　味之酸者

凡説之難，非吾知之有以説之之難也，又非吾辯之能明吾意之難也，又非吾敢横失而能盡之難也。凡説之難，在知所説之心，可以吾説當之。所説出於爲名高者也，而説之以厚利，則見下節而遇卑賤，必棄遠矣。所説出於厚利者也，而説之以名高，則見無心而遠事情，必不收矣。所説陰爲厚利，而顯爲名高者也，而説之以名高，則陽收其身，而實疏之；説之以厚利，則陰用其言，而顯棄其

〔一〕「脆」之意思，可參考侯方域《與任王谷書》中「柔脆飄揚」一詞。原文云：「間有合作，亦不過春花爛熳，柔脆飄揚，轉目便蕭索可憐。」柔脆即文氣萎靡。

〔二〕本篇用《史記》所載之《説難》。

身，此之不可不知也。

夫事以密成，語以泄敗。未必其身泄之也，而語及所匿之事，如是者身危。貴人有過端，而説者明言善議，以推其惡者，則身危。周澤未渥也，而語極知，説行而有功，則德亡；説不行而有敗，則見疑，如是者身危。夫貴人得計而欲自以爲功，説者與知焉，則身危。彼顯有所出事，乃自以爲它故，説者與知焉，則身危。彊之以其所必不爲，止之以其所不能已者，身危。故曰：與之論大人，則以爲間己；與之論細人，則以爲鬻權；論其所愛，則以爲借資；論其所憎，則以爲嘗己。徑省其辭，則不知而屈之；汎濫博文，則多而久之；順事陳意，則曰怯懦而不盡；慮事廣肆，則曰草野而倨侮。此説之難，不可不知也。

凡説之務，在知飾所説之所敬，而滅其所醜。彼自知其計，則毋以其失窮之；自勇其斷，則毋以其敵怒之；自多其方，則毋以其難概之。規異事與同計，譽異人與同行者，則以飾之，無傷也；有與同失者，則明飾其無失也。大意無所拂悟，辭言無所擊排，乃後申其辯知焉，此所以親近而不疑，知盡之難也。得曠日彌久，而周澤既渥，深計而不疑，交争而不罪，乃明計利害以致其功，直指是非以飾其身，以此相持，此説之成也。

伊尹爲庖，百里奚爲虜，皆所由干其上也。故此二子者，皆聖人也，猶不能無役身而涉世如此其迂也，則非能仕之所耻也。宋有富人，天雨牆壞，其子曰：「不築且有盜。」其鄰人之父亦云。暮而果大亡其財，其家甚知其子，而疑鄰人之父。昔者鄭武公欲伐胡，乃以其子妻之，因問羣臣曰：「吾欲用兵，誰可伐者？」關其思曰：「胡可伐。」乃戮關其思，曰：「胡，兄弟之國也，子言伐之，何也？」胡君聞之，以鄭爲親己而不備鄭，鄭人襲胡取之。此二説者，其知皆當矣，然而甚者爲戮，薄者見疑。非知之難也，處知則難矣。

昔者彌子瑕見愛於衛君。衛國之法，竊駕君車者罪至刖。既而彌子之母病，人聞，往夜告之，彌子矯駕君車而出。君聞之而賢之曰：「孝哉！爲母之故而犯刖罪。」與君游果園，彌子食桃而甘，不盡而奉君，君曰：「愛我哉！忘其口而念我。」及彌子色衰而愛弛，得罪於君，君曰：「是嘗矯駕吾車，又嘗食我以其餘桃。」故彌子之行，未變於初也，前見賢而後獲罪者，愛憎之至變也。故有愛於主，則知當而加親，見憎於主，則罪當而加疏。故諫説之士，不可不察愛憎之主，而後説之矣。夫龍之爲蟲也，可擾狎而騎也，然其喉下有逆鱗徑尺，人有嬰之，則必殺人。人主亦有逆鱗，説者能無嬰人主之逆鱗，則幾矣。

《左傳·叔向遺子産書》味之苦者

三月，鄭人鑄刑書。叔向使詒子産書，曰：「始吾有虞於子，今則已矣。昔先王議事以制，不爲刑辟，懼民之有争心也。猶不可禁禦，是故閑之以義，糾之以政，行之以禮，守之以信，奉之以仁。制爲禄位，以勸其從；嚴斷刑罰，以威其淫。懼其未也，故誨之以忠，聳之以行，教之以務，使之以和，臨之以敬，涖之以彊，斷之以剛。猶求聖哲之上，明察之官，忠信之長，慈惠之師，民於是乎可任使也，而不生禍亂。民知有辟，則不忌於上，並有争心，以徵於書，而徼幸以成之，弗可爲矣。夏有亂政而作《禹刑》，商有亂政而作《湯刑》，周有亂政而作《九刑》，三辟之興，皆叔世也。今吾子相鄭國，作封洫，立謗政，制參辟，鑄刑書，將以靖民，不亦難乎！《詩》曰：『儀式刑文王之德，日靖四方。』又曰：『儀刑文王，萬邦作孚。』如是何辟之有？民知争端矣，將棄禮而徵於書。錐刀之末，將盡争之。亂獄滋豐，賄賂並行，終子之世，鄭其敗乎！肸聞之：國將亡，必多制。其此之謂乎！」

復書曰：「若吾子之言，僑不才，不能及子孫，吾以救世也。既不承命，敢忘大惠？」

《後漢書·馬援誡兄子書》味之苦者

初，兄子嚴、敦並喜譏議，而通輕俠客。援前在交阯，還書誡之曰：「吾欲汝曹聞人過失，如聞父母之名，耳可得聞，口不可得言也。好論議人長短，妄是非正法，此吾所大惡也，寧死，不願聞子孫有此行也。汝曹知吾惡之甚矣，所以復言者，施衿結褵，申父母之戒，欲使汝曹不忘之耳。龍伯高敦厚周慎，口無擇言，謙約節儉，廉公有威，吾愛之重之，願汝曹效之。杜季良豪俠好義，憂人之憂，樂人之樂，清濁無所失，父喪致客，數郡畢至，吾愛之重之，不願汝曹效也。效伯高不得，猶爲謹敕之士，所謂刻鵠不成，尚類鶩者也。效季良不得，陷爲天下輕薄子，所謂畫虎不成，反類狗者也。訖今季良尚未可知，郡將下車輒切齒，州郡以爲言，吾常爲寒心，是以不願子孫效也。」

《莊子·徐無鬼篇》一段 味之辣者

有暖姝者，有濡需者，有卷婁者。所謂暖姝者，學一先生之言，則暖暖姝姝而私自説也，自以爲足矣，而未知未始有物也，是以謂暖姝者也。濡需者，豕蝨是也，擇疏鬣，自以廣宮大囿；〔一〕奎蹄曲隈，乳間股脚，自以爲安室利處；不知屠者之一旦鼓臂布草，操煙火，而己與豕俱焦也。此以域進，此以域退，此其所謂濡需者也。卷婁者，舜也。羊肉不慕蟻，蟻慕羊肉，羊肉羶也。舜有羶行，百姓悦之，故三徙成都，至鄧之虚，而十有萬家。堯聞舜之賢，舉之童土之地，曰冀得其來之澤。舜舉乎童土之地，年齒長矣，聰明衰矣，而不得休歸，所謂卷婁者也。是以神人惡衆至，衆至則不比，不比則不利也。故無所甚親，無所甚疏，抱德煬和以順天下，此謂真人。

《國策·魯仲連義不帝秦》一段〔二〕 味之辣者

秦圍趙之邯鄲，魏安釐王使將軍晉鄙救趙，畏秦，止於蕩陰，不進。魏王使客將軍辛垣衍間入邯鄲，因平原君謂趙王曰：「秦所以急圍趙者，前與齊閔王争强爲帝，已而復歸帝，以齊故，今齊益弱。方今唯秦

〔一〕按：《莊子》本作「自以謂廣宮大囿」，唯唐順之《文編》所收即無「謂」字。
〔二〕此篇用《戰國策》鮑彪本。

雄天下，此非必貪邯鄲，其意欲求爲帝。趙誠發使尊秦王爲帝，秦必喜，罷兵去。」平原君猶豫，未有所決。此時魯仲連適游趙，會秦圍趙，聞魏將欲令趙尊秦爲帝，乃見平原君曰：「事將奈何矣〔一〕？」平原君曰：「勝也何敢言事！百萬之衆折於外，今又內圍邯鄲而不去。魏王使客將軍辛垣衍令趙帝秦，今其人在是。勝也何敢言事！」魯連曰：「始吾以君爲天下之賢公子也！吾乃今然後知，君非天下之賢公子也！梁客辛垣衍安在？吾請爲君責而歸之！」平原君曰：「勝請爲召而見之於先生。」平原君遂見辛垣衍曰：「東國有魯連先生，其人在此，勝請爲紹介，而見之於將軍。」辛垣衍曰：「吾聞魯連先生，齊國之高士也。衍，人臣也，使事有職，吾不願見魯連先生也。」平原君曰：「勝已泄之矣。」辛垣衍許諾。

魯連見辛垣衍而無言。辛垣衍曰：「吾視居此圍城之中者，皆有求於平原君者也；今吾視先生之玉貌，非有求於平原君者〔二〕，曷爲久居此圍城之中而不去也？」魯連曰：「世以鮑焦無從容而死者皆非也，今衆人不知，則爲一身。彼秦，棄禮義而上首功之國也。權使其士，虜使其民；彼則肆然而爲帝，過而遂正於天下，則連有赴東海而死耳，吾不忍爲之民也！所爲見將軍者，欲以助趙也。」辛垣衍曰：「先生助之奈何？」魯連曰：「吾將使梁及燕助之，齊、楚固助之矣。」辛垣衍曰：「燕則吾請以從矣。若乃梁，則吾乃梁人也，先生惡能使梁助之邪？」魯連曰：「梁未睹秦稱帝之害故也，使梁

〔一〕原句末缺「矣」，今補之。
〔二〕原句末衍「也」字。

睹秦稱帝之害，則必助趙矣。」辛垣衍曰：「秦稱帝之害將奈何？」魯仲連曰：「昔齊威王嘗爲仁義矣，率天下諸侯而朝周。周貧且微，諸侯莫朝，而齊獨朝之。居歲餘，周烈王崩，諸侯皆弔，齊後往。周怒，赴於齊曰：『天崩地坼，天子下席，東藩之臣田嬰齊後至，則斮之！』威王勃然怒曰：『叱嗟！而母，婢也！』卒爲天下笑。故生則朝周，死則叱之，誠不忍其求也。彼天子固然，其無足怪。」

辛垣衍曰：「先生獨未見夫僕乎？十人而從一人者，寧力不勝，智不若邪？畏之也。」魯仲連曰：「然梁之比於秦若僕邪？」辛垣衍曰：「然。」魯仲連曰：「然則吾將使秦王烹醢梁王。」辛垣衍怏然不說，曰：「嘻！亦太甚矣！先生之言也！先生又惡能使秦王烹醢梁王？」魯仲連曰：「固也，待吾言之：昔者鬼侯、鄂侯、文王，紂之三公也。鬼侯有子而好，故入之於紂，紂以爲惡，醢鬼侯。鄂侯爭之急，辨之疾，故脯鄂侯。文王聞之，喟然而歎，故拘之於牖里之庫百日，而欲令之死。曷爲與人俱稱帝王，卒就脯醢之地也？齊閔王將之魯，夷維子執策而從，謂魯人曰：『子將何以待吾君？』魯人曰：『吾將以十太牢待子之君。』夷維子曰：『子安取禮而來待吾君？彼吾君者，天子也。天子巡狩，諸侯避舍，納筦鍵，攝衽抱几，視膳於堂下，天子已食而聽退朝也。』魯人投其籥，不果納，不得入於魯。將之薛，假塗於鄒。當是時，鄒君死，閔王將入弔。夷維子謂鄒之孤曰：『天子弔，主人必將倍殯柩，設北面於南方，然後天子南面弔也。』鄒之羣〔一〕臣曰：『必若此，吾將伏劍而死！』故不敢

〔一〕「羣」字原誤作「君」。

入於鄒。鄒、魯之臣，生則不得事養，死則不得飯含，然且欲行天子之禮於鄒、魯之臣，不果納。今秦萬乘之國，梁亦萬乘之國，交有稱王之名，睹其一戰而勝，欲從而帝之，是使三晉之大臣不如鄒魯之僕妾也。且秦無已而帝，則且變易諸侯之大臣。彼將奪其所謂不肖，而予其所謂賢；奪其所憎，而予其所愛。彼又將使其子女讒妾，爲諸侯妃姬，處梁之宮，梁王安得晏然而已乎？而將軍又何以得故寵乎？」

於是辛垣衍起，再拜謝曰：「始以先生爲庸人，吾乃今日而知先生爲天下之士也。吾請去，不敢復言帝秦。」

秦將聞之，爲却軍五十里。適會公子無忌奪晉鄙軍以救趙，擊秦，秦軍引而去。於是平原君欲封魯仲連，魯仲連辭讓者三，終不肯受。平原君乃置酒，酒酣，起，前以千金爲魯連壽。魯連笑曰：「所貴於天下之士者，爲人排患釋難、解紛亂而無所取也。即有所取者，是商賈之人也，仲連不忍爲也。」遂辭平原君而去，終身不復見。

韓退之《答呂毉山人書》　味之辣者

愈白：惠書責以不能如信陵執轡者。夫信陵戰國公子，欲以取士聲勢傾天下而然耳。如僕者，自度若世無孔子，不當在弟子之列。以吾子始自山出，有樸茂之美意，恐未礱磨以世事。又自周後文弊，百子爲書，各自名家，亂聖人之宗，後生習傳，雜而不貫，故設問以觀吾子，其已成熟乎，將以爲友也；其未成熟乎，將以講去其非而趨是耳。不如六國公子，有市於道者也。方今天下入仕，惟以進士、明經，及卿大夫之世耳。其人率皆習熟時俗，工於語言，識形勢，善候人主意，故天下靡靡日入於衰壞。恐不復振起，務欲進足下趨死不顧利害去就之人於朝，以争救之耳。非謂當今公卿間，無足下輩文學知識也，不得以信陵比。然足下衣破衣，繫麻鞋，率然叩吾門。吾待足下，雖未盡賓主之道，不可謂無意者。足下行天下，得此於人蓋寡，乃遂能責不足於我，此真僕所汲汲求者。議雖未中節，其不肯阿曲以事人，灼灼明矣。方將坐足下三浴而三熏之，聽僕之所爲，少安無躁。

《左傳》「鄭伯使許大夫奉許叔」一段 味之甘者

秋七月，公會齊侯、鄭伯伐許。庚辰，傅於許，潁考叔取鄭伯之旗蝥弧以先登，子都自下射之，顛。瑕叔盈又以蝥弧登，周麾而呼曰：「君登矣！」鄭師畢登。壬午，遂入許，許莊公奔衛。齊侯以許讓公。公曰：「君謂許不共，故從君討之。許既伏其罪矣，雖君有命，寡人弗敢與聞。」乃與鄭人。鄭伯使許大夫百里奉許叔以居許東偏，曰：「天禍許國，鬼神實不逞於許君，而假手於我寡人。寡人唯是一二父兄，不能共億，其敢以許自爲功乎？寡人有弟，不能和協，而使餬其口於四方，其況能久有許乎？吾子其奉許叔以撫柔此民也，吾將使獲也佐吾子。若寡人得没於地，天其以禮悔禍於許，無寧兹許公復奉其社稷。惟我鄭國之有請謁焉，如舊昏媾，其能降以相從也。無滋他族，實偪處此，以與我鄭國爭此土也。吾子孫其覆亡之不暇，而況能禋祀許乎？寡人之使吾子處此不唯許國之爲，亦聊以固吾圉也。」乃使公孫獲處許西偏，曰：「凡而器用財賄，無寘於許。我死乃亟去之。吾先君新邑於此，王室而既卑矣，周之子孫，日失其序。夫許，大岳之胤也，天而既厭周德矣，吾其能與許爭乎？」君子謂：「鄭莊公於是乎有禮。」

韓退之《送董邵南序》 味之淡者（文在《國文經緯貫通大義》卷八「鍊氣歸神法」）

韓退之《送王含序》 味之淡者

吾少時讀《醉鄉記》，私怪隱居者無所累於世，而猶有是言，豈誠旨於味邪？及讀阮籍、陶潛詩，乃知彼雖偃蹇，不欲與世接，然猶未能平其心，或爲事物是非相感發，於是有托而逃焉者也。若顔氏子操瓢與簞，曾參歌聲若出金石，彼得聖人而師之，汲汲每若不可及，其於外也固不暇，尚何麴蘖之托，而昏冥之逃邪？吾又以爲悲醉鄉之徒不遇也。建中初，天子嗣位，有意貞觀、開元之丕績，在廷之臣爭言事。當此時，醉鄉之後世，又以直廢。吾既悲醉鄉之文辭，而又嘉良臣之烈，思識其子孫。今子之來見我也，無所挾，吾猶將張之，況文與行不失其世守，渾然端且厚。惜乎吾力不能振之，而其言不見信於世也！於其行，姑與之飲酒。

歐陽永叔《送徐無黨南歸序》 味之淡者（文在《國文經緯貫通大義》卷二「一唱三歎法」）

論文之神

【釋】本節論文學神理之説，乃古文理論最高層位之闡述。從陰陽之美惡開拓十二類型之神理，充分體現唐先生知類而比類之分類説義之工夫，其條理精辟，至今不減光芒。

論文之神，微矣渺矣，若不可以方物矣，然顯而言之，則當前而立悟，何也？凡聖賢有聖賢之神，豪傑有豪傑之神，明君賢相有明君賢相之神，奸雄大滑有奸雄大滑之神，鄙夫俗子有鄙夫俗子之神。諸生試取班氏人表所分九等人物〔一〕，以求之於《二十四史》《通鑑》中，譬諸鑄鼎象物，取鏡鑒形，其人之神，無不畢露。故文之神雖微渺，而吾得軒然以言之。

《易傳》曰：「神也者，妙萬物而爲言者也。」周子云：「神應故妙。」韓文公言「養

〔一〕《漢書・古今人表》列出古來人物凡一千九百三十一人，配入上上聖人、上中仁人、上下智人、中上、中中、中下、下上、下中、下下愚人等九種類型之中。

叔治射，庖丁治牛，師曠治音聲，扁鵲治病」，此其技皆進乎神者也；張旭善草書，於「日月列星，風雨水火，雷霆霹靂，歌舞戰鬬，天地事物之變，可喜可愕，一寓於書。皆神之所爲也。」〔一〕惟神故入於妙。然以上所謂神者，自其虛而言之。蓋凡文與技之進於神者，必有所以能神之故，是爲由實而虛。故吾所謂神者，自其實而言之，虛者難知，而實者易學也。

何謂實？《易傳》云：「陰陽不測之謂神。」由陰陽言是爲實。何謂陰陽？文依於形而達於氣，毗於陰而發於陽，氣陽而形陰也。陰陽闔闢，形氣變化，於焉生神。故文宜鍊形，形茹則神惢〔二〕；文宜養氣，氣散則神失。吾嘗論文有六氣、陰陽風雨晦明。五形，金木水火土。而十二神生焉：

自陽剛之美者言之，曰至誠之神，曰豪邁之神，曰靈警之神。

自陰柔之美者言之，曰淡遠之神，曰悽惋之神，曰冷雋之神。

自陽剛之惡者言之，曰驕奢之神，曰强梁之神，曰放誕之神。

〔一〕韓愈《送高閑上人序》文。

〔二〕「惢」與蕊通，謂繁茂。

自陰柔之惡者言之，曰柔佞之神，曰依違之神，曰惷野之神。以上皆以文之神分陰陽，非以文之質言。

有十二神是生三法：曰自然，曰點綴，曰白描。用三法以寫十二神，於是無人不有神，無事不有神，而天下文章之妙盡於此矣。

至誠之神

惻怛誠懇，字字從血性中流出，權輿於《尚書·金縢》一篇。凡傳忠臣孝子事蹟，宜用此神。皆生於自然，無庸點綴。講式二：

《書·秦誓》文在《國文經緯貫通大義》卷四「響遏行雲法」

韓退之《張徹墓誌》（此處爲節録，止於「妻子常有飢色」）。全文在《國文經緯貫通大義》卷八「選韻精純法」）

豪邁之神

倜儻權奇，須如赴敵之兵，有奔騰疾走之勢；又須如太原公子，英姿颯爽，有裼裘而至之形。凡傳名將任俠，宜用此神。生於自然，亦宜點綴描畫。講式四，雄辯者括焉。

《史記·項羽本紀》一段（「項羽已殺卿子冠軍」至「諸侯皆屬焉」。文在《國文經緯貫通大義》卷六「風雲變態法」）

《史記·高祖本紀》一段

高祖以亭長爲縣送徒酈山，徒多道亡。自度比至皆亡之，到豐西澤中，止飲，夜乃解縱所送徒。曰：「公等皆去，吾亦從此逝矣！」徒中壯士願從者十餘人。高祖被酒，夜徑澤中，令一人行前。行前者還報曰：「前有大蛇當徑，願還。」高祖醉曰：「壯士行，何畏！」乃前，拔劍擊斬蛇。蛇遂分爲兩，徑開。行數里，醉，因卧。後人來至蛇所，有一老嫗夜哭。人問何哭，嫗曰：「人殺吾子，故哭之。」人曰：「嫗子何爲見殺？」嫗曰：「吾子白帝子也，化爲蛇，當道。今爲赤帝子斬之，故哭。」人乃以嫗爲不誠，欲笞之，嫗因忽不見。後人至，高祖覺。後人告高祖，高祖乃心獨喜，自負。諸從者日益畏之。

《史記·淮陰侯列傳》一段

信〔一〕乃敢引兵遂下。未至井陘口三十里，止舍。夜半傳發，選輕騎二千人，人持一赤幟，從間道萆山而望趙軍，誡曰：「趙見我走，必空壁逐我，若疾入趙壁，拔趙幟，立漢赤幟。」令其裨將傳飧，曰：「今日破趙會食！」諸將皆莫信，詳〔二〕應曰：「諾。」謂軍吏曰：「趙已先據便地爲壁，且彼未見吾大將旗鼓，未肯擊前行，恐吾至阻險而還。」信乃使萬人先行，出，背水陣。趙軍望見而大笑。平旦，信建大將之旗鼓，鼓行出井陘口，趙開壁擊之，大戰良久。於是信、張耳佯棄鼓旗，走水上軍。水上軍開入之，復疾戰。趙果空壁爭漢鼓旗，逐韓信、張耳。韓信、張耳已入水上軍，軍皆殊死戰，不可敗。信所出奇兵二千騎，共候趙空壁逐利，則馳入趙壁，皆拔趙旗，立漢赤幟二千。趙軍已不勝，不能得信等，欲〔三〕還歸壁，壁皆漢赤幟，而大驚，以爲漢皆已得趙王將矣，兵遂亂，遁走，趙將雖斬之，不能禁也。於是漢兵夾擊，大破虜趙軍，斬成安君泜水上，禽趙王歇。信乃令軍中毋殺廣武君，有能生得者購千金。於是有縛廣武君而致戲下者，信乃解其縛，東鄉坐，西鄉對，師事之。諸將效首虜，

〔一〕《史記》原文無「信」字，唐先生蓋爲方便閱讀而補之。
〔二〕「詳」字原作「佯」。
〔三〕「欲」字原作「遂」。

休畢賀，因問信曰：「兵法右倍山陵，前左水澤，今者將軍令臣等反背水陳〔二〕，曰破趙會食，臣等不服。然竟以勝，此何術也？」信曰：「此在兵法，顧諸君不察耳。兵法不曰『陷之死地而後生，置之亡地而後存』？且信非得素拊循士大夫也，此所謂『驅市人而戰之』，其勢非置之死地，使人人自爲戰；今予之生地，皆走，寧尚可得而用之乎！」諸將皆服曰：「善。非臣所及也。」

《史記・陸賈列傳》一段

高祖時，中國初定，尉佗平南越，因王之。高祖使陸賈賜尉佗印，爲南越王。陸生至，尉佗魋結，箕踞見陸生。陸生因進説佗曰：「足下中國人，親戚昆弟墳墓在真定。今足下反天性，棄冠帶，欲以區區之越，與天子抗衡爲敵國，禍且及身矣。且夫秦失其政，諸侯豪傑並起，唯漢王先入關，據咸陽。項羽背約，自立爲西楚霸王，諸侯皆屬，可謂至彊。然漢王起巴蜀，鞭笞天下，劫略諸侯，遂誅項羽滅之。五年之間，海内平定，此非人力，天之所建也。天子聞君王王南越，不助天下誅暴逆，將相欲移兵而誅王。天子憐百姓新勞苦，故且休之，遣臣授君王印，剖符通使。君王宜郊迎，北面稱臣，乃欲以新造未集之越，屈彊於此。漢誠聞之，掘燒王先人冢，夷滅宗族，使一偏將將十萬衆臨越，則越殺

〔二〕「陳」字原作「陣」。

王降漢，如反覆手耳。」於是尉佗乃蹶然起坐，謝陸生曰：「居蠻夷中久，殊失禮義〔一〕。」因問陸生曰：「我孰與蕭何、曹參、韓信賢？」陸生曰：「王似賢。」復曰：「我孰與皇帝賢？」陸生曰：「皇帝起豐沛，討暴秦，誅彊楚，爲天下興利除害，繼五帝三王之業，統理中國。中國之人以億計，地方萬里，居天下之膏腴，人衆車轝，萬物殷富，政由一家，自天地剖判，未始有也。今王衆不過數十萬，皆蠻夷，崎嶇山海間，譬若漢一郡，王何乃比於漢！」尉佗大笑曰：「吾不起中國，故王此。使我居中國，何渠不若漢？」迺大悦陸生，留與飲數月。曰：「越中無足與語，至生來，令我日聞所不聞。」賜陸生槖中裝直千金，佗送亦千金。陸生卒拜尉佗爲越王，令稱臣，奉漢約歸報。

靈警之神

應機立變，感覺絶速，須如疾雷驚雹，呼吸千里，不可端倪。傳靈智之士，宜用此神。以白描爲貴，講式四：

《左傳》「士會還晉」一段

晉人患秦之用士會也，夏，六卿相見於諸浮。趙宣子曰：「隨會在秦，賈季在狄，難日至矣，若之

〔一〕「義」字原作「儀」。

何?」中行桓子曰:「請復賈季,能外事,且由舊勳。」郤成子曰:「賈季亂,且罪大,不如隨會,能賤而有耻,柔而不犯,其知足使也,且無罪。」乃使魏壽餘僞以魏叛者,以誘士會,執其帑於晉,使夜逸。請自歸於秦,秦伯許之。履士會之足於朝。秦伯師於河西,魏人在東。壽餘曰:「請東人之能與夫二三有司言者,吾與之先。」使士會,士會辭曰:「晉人,虎狼也,若背其言,臣死,妻子爲戮,無益於君,不可悔也。」秦伯曰:「若背其言,所不歸爾帑者,有如河。」乃行。繞朝贈之以策,曰:「子無謂秦無人,吾謀適不用也。」既濟,魏人譟而還。

《史記·范睢列傳》一段(「當此時」至「王稽遂與范睢入咸陽」。文在《國文經緯貫通大義》卷八「神光離合法」)

《史記·張耳陳餘傳》一段

漢七年,高祖從平城過趙。趙王朝夕袒韝蔽,自上食,禮甚卑,有子壻禮。高祖箕踞詈,甚慢易之。趙相貫高、趙午等,年六十餘,故張耳客也。生平爲氣,乃怒曰:「吾王孱主也!」説王曰:「夫天下豪傑並起,能者先立。今王事高祖甚恭,而高祖無禮,請爲王殺之!」張敖齧其指出血,曰:「君何言之誤!且先人亡國,賴高祖得復國,德流子孫,秋毫皆高祖力也。願君無復出口。」貫高、趙午等十餘人皆相謂曰:「乃吾等非也。吾王長者,不倍德。且吾等義不辱,今怨高祖辱我王,故欲殺之,何乃汚王爲乎?令事成歸王,事敗獨身坐耳。」漢八年,上從東垣還,過趙,人皆爭自剄。

貫高等乃壁人柏人，要之置厠〔一〕。上過欲宿，心動，問曰：「縣名爲何？」曰：「柏人。」「柏人者，迫於人也！」不宿而去。漢九年，貫高怨家知其謀，乃上變告之。於是上皆并逮捕趙王、貫高等。十餘人皆爭自剄。

《漢書·李陵傳》一段

昭帝立，大將軍霍光、左將軍上官桀輔政，素與陵善，遣陵故人隴西任立政等三人，俱至匈奴招陵。立政等至，單于置酒，賜漢使者，李陵、衛律皆侍坐。立政等見陵，未得私語，即目視陵，而數數自循其刀環，握其足，陰諭之，言可還歸漢也。後陵、律持牛酒勞漢使，博飲，兩人皆胡服椎結。立政大言曰：「漢已大赦，中國安樂，主上富於春秋，霍子孟、上官少叔用事。」以此言微動之。陵墨不應，孰視而自循其髮，答曰：「吾已胡服矣！」有頃，律起更衣，立政曰：「咄，少卿良苦！霍子孟、上官少叔謝女。」陵曰：「霍與上官無恙乎？」立政曰：「請少卿來歸故鄉，毋憂富貴。」陵字立政曰：「少公，歸易耳，恐再辱，奈何！」語未卒，衛律還，頗聞餘語，曰：「李少卿賢者，不獨居一國。范蠡徧游天下，由余去戎入秦，今何語之親也！」因罷去。立政隨謂陵曰：「亦有意乎？」陵曰：「丈夫不能再辱。」

〔一〕原無「厠」字，據《史記》補之。

淡遠之神

博覽物態，瀟灑閑適，敻絶塵寰，以白描爲主，而點綴以輔之，曾文正所謂「若翱翔於雲表，俛視而有至樂者」是也，柳子厚工爲之。講式四：

陶淵明《桃花源記》（文在《國文經緯貫通大義》卷二「空中樓閣法」）

柳子厚《始得西山宴游記》（文在《國文經緯貫通大義》卷六「心境兩閑法」）

柳子厚《小石城山記》（文在《國文經緯貫通大義》卷六「心境兩閑法」）

歐陽永叔《送楊寘序》（文在《國文經緯貫通大義》卷二「一唱三歎法」）

悽惋之神

情溢於中，悽入心肺，專以白描勝。如韓文公《祭十二郎文》、柳子厚《寄許孟容》《與蕭翰林》《李翰林書》、歐陽文忠《瀧岡阡表》等，皆是也。至近人優爲之者，震川爲最。講式三：

歸熙甫《先妣事略》（文在《國文經緯貫通大義》卷三「淒入心脾法」）

歸熙甫《項脊軒志〔一〕》

項脊軒，舊南閣子也。室僅方丈，可容一人居。百年老屋，塵泥滲漉，雨澤下注，每移案，顧視無可置者。又北向，不能得日，日過午已昏。余稍爲修葺，使不上漏。前闢四窗，垣牆周庭，以當南日。日影反照，室始洞然。又雜植蘭桂竹木於庭，舊時欄楯，亦遂增勝。積書滿架，偃仰嘯歌，冥然兀坐，萬籟有聲。而庭階寂寂，小鳥時來啄食，人至不去。三五之夜，明月半牆，桂影斑駁，風移影動，珊珊可愛。然余居於此，多可喜亦多可悲。

先是庭中通南北爲一。迨衆父異爨，內外多置小門牆，往往而是。東犬西吠，客逾庖而宴，雞棲於廳。庭中始爲籬，已爲牆，凡再變矣。家有老嫗，嘗居於此。嫗先大母婢也，乳二世，先妣撫之甚厚。室西連於中閨，先妣常一至。嫗每謂予曰：「某所，而母立於茲。」嫗又曰：「汝姊在吾懷，呱呱而泣，孃以指叩門扉曰兒寒乎？欲食乎？吾從板外相爲應答。」語未畢，余泣，嫗亦泣。余自束髮讀書軒中，一日，大母過余曰：「吾兒久不見若影，何竟日默默在此，大類女郎也？」比去，以手闔扉自語曰：「吾家讀書久不效，兒之成則可待乎！」頃之，持一象笏至曰：「此吾祖太常公宣德間執此以朝，

〔一〕「志」字原爲「記」。

他日汝當用之！」瞻顧遺迹，如在昨日，令人長號不自禁。軒東故嘗爲厨，人往，從軒前過。余扃牖而居，久之，能以足音辨人。軒凡四遭火，得不焚，殆有神護者。

項脊生曰：「蜀清守丹穴，利甲天下，其後秦皇帝築女懷清臺。劉玄德與曹操争天下，諸葛孔明起隴中。方二人之昧昧於一隅也，世何足以知之？余區區處敗屋中，方揚眉瞬目，謂有奇景，人知之者，其謂與埳井之蛙何異？」

余既爲此志，後五年，余妻來歸，時至軒中，從余問古事，或憑几學書。吾妻歸寧，述諸小妹語曰：「聞姊家有閣子，且何謂閣子也？」其後六年，吾妻死，室壞不修。其後二年，余久卧病無聊，乃使人復葺南閣子，其制稍異於前。然自後余多在外，不常居。庭有枇杷樹，吾妻死之年所手植也，今已亭亭如蓋矣。

張皋文《先妣事略》

先妣姓姜氏，考諱本維，武進縣學增廣生。其先世居鎮江丹陽之滕村，遷武進者四世矣。先妣年十九歸我府君，十年，凡生兩男兩女，殤其二，惟姊觀書及惠言在，而府君卒，卒後四月，遺腹生翊。是時先妣年二十九，姊八歲，惠言四歲矣。

府君少孤，兄弟三人，資教授以養先祖母。先祖母卒，各異財，世父别賃屋居城中。府君既卒，家無一夕儲。世父曰：「吾弟不幸以殁，兩兒未成立，是我責也。」然世父亦貧，省啬口食，常以歲時減分錢米，而先妣與姊作女工以給焉。惠言年九歲，世父命就城中與兄學，逾月，時乃一歸省。一日暮歸，無以爲夕飧，各不食而寢。遲明，惠言餓不能起，先妣曰：「兒不慣餓憊耶？吾與而姊而弟時時如此也。」惠言泣，先妣亦泣。時有從姊乞一錢買糕啗惠言。比日昳，乃貰貸得米爲粥而食。惠言依世父居，讀書四年反，先妣命授翊書。先妣與姊課鍼黹，常數綫爲節，每晨起盡三十綫，然後作炊。夜則然一燈，先妣與姊相對坐，惠言兄弟持書倚其側，鍼聲與讀聲相和也。漏四下，惠言姊弟各寢，先妣乃就寢。然先妣雖不給於食，惠言等衣履未嘗不完，三黨親戚吉凶遺問之禮未嘗闕，鄰里之窮乏來告者，未嘗不佽恤也。

先是先祖早卒，先祖妣白太孺人，恃紡績以撫府君兄弟；至於成人，教之以禮法孝弟甚備，里黨稱之以爲賢。及先妣之艱難困苦，一如白太孺人時，所以教惠言等者，人以爲與白太孺人無不合也。先妣逮事白太孺人五年，嘗得白太孺人歡，於先後委宛備至，於人無所忤；又善教誨人，與之居者皆悦而化。姊適同邑董氏，其姑錢太君，與先妣尤相得。虛其室，假先妣居，先妣由是徙居城中。每歲時過故居里中，諸母爭要請，致殷勤，惟恐速去。及先妣卒，内外長幼，無不失聲，及姻親之臧獲，皆爲流涕。先妣以乾隆五十九年十月十八日卒，年五十有九。以嘉慶二年正月十二日，權葬於小東門橋之祖塋，俟卜地而窆焉。

府君姓張氏，諱蟾賓，字步青，常州府學廩膳生，世居城南郊德安里。惠言乾隆丙午科舉人。翊，武進縣學生，爲叔父後。觀書之壻曰董達章，國子監生。嗚呼！先妣自府君卒三十年，更困苦慘酷，其可言者止此；什伯於此者，不可得而言也。嘗憶惠言五歲時，先妣日夜哭泣數十日，忽蒙被晝臥，惠言戲牀下，以爲母倦哭而寢也。須臾族母至，乃知引帶自經，幸而得蘇。而先妣疾，惠言在京師，聞狀馳歸，已不及五十一日。嗚呼！天降罰於惠言，獨使之無父無母也耶？而於先妣何其酷也！

冷雋之神

料峭雋永，味之無窮，着語不多，務在超脱。以白描爲貴，尚譎諫者，宜用此神。講式五：

《左傳》「師慧過宋朝」

鄭尉氏、司氏之亂，其餘盜在宋。鄭人以子西、伯有、子産之故，納賂於宋，以馬四十乘，與師茷、師慧。三月，公孫黑爲質焉。司城子罕以堵女父、尉翩、司齊與之，良司臣而逸之，託諸季武子，武子寘諸卞。鄭人醢之三人也。師慧過宋朝，將私焉。其相曰：「朝也。」慧曰：「無人焉。」相曰：「朝也，何故無人？」慧曰：「必無人焉。若猶有人，豈其以千乘之相，易淫樂之矇？必無人焉故也。」子罕聞之，固請而歸之。

《左傳》「張骼致師」一段

冬，楚子伐鄭以救齊，門於東門，次於棘澤。諸侯還救鄭。晉侯使張骼、輔躒致楚師，求御於鄭。鄭人卜宛射犬吉。子大叔戒之曰：「大國之人，不可與也。」對曰：「無有衆寡，其上一也。」大叔曰：「不然。部婁無松柏。」二子在幄，坐射犬於外，既食而後食之。使御廣車而行，已皆乘乘車。將及楚師，而後從之乘，皆踞轉而鼓琴。近，不告而馳之。皆取胄於櫜而胄，入壘，皆下，搏人以投，收禽挾囚。弗待而出，皆超乘，抽弓而射。既免，復踞轉而鼓琴，曰：「公孫，同乘兄弟也，胡再不謀？」對曰：「曩者志入而已，今則怯也。」皆笑曰：「公孫之亟也。」

《國策》「左師説趙太后出質」〔一〕

趙太后新用事，秦急攻之。趙氏求救於齊。齊曰：「必以長安君爲質，兵乃出。」太后不肯，大臣强諫。太后明謂左右曰：「有復言令長安君爲質者，老婦必唾其面。」

左師觸讋願見，太后盛氣而揖之。入而徐趨，至而自謝曰：「老臣病足，曾不能疾走，不得見久

〔一〕 此篇用《戰國策》鮑彪本。

矣。竊自恕，而恐太后玉體之有所郄也，故願望見。」太后曰：「老婦恃輦而行。」曰：「日食飲得無衰乎？」曰：「恃鬻耳。」曰：「老臣今者殊不欲食，乃自强步，日三四里，少益嗜食，和於身。」曰：「老婦不能。」太后之色少解。

左師公曰：「老臣賤息舒祺，最少，不肖，而臣衰，竊愛憐之，願令補黑衣之數，以衛王宮，没死以聞。」太后曰：「敬諾。年幾何矣？」對曰：「十五歲矣。雖少，願及未填溝壑而託之。」太后曰：「丈夫亦愛憐其少子乎？」對曰：「甚於婦人。」太后曰：「婦人異甚！」對曰：「老臣竊以爲媪之愛燕后，賢於長安君。」曰：「君過矣！不若長安君之甚。」

左師公曰：「父母之愛子，則爲之計深遠。媪之送燕后也，持其踵爲之泣，念悲其遠也，亦哀之矣。已行，非弗思也，祭祀必祝之，祝曰『必勿使反。』豈非計久長，有子孫相繼爲王也哉？」太后曰：「然！」

左師公曰：「今三世以前，至於趙之爲趙，趙王之子孫侯者，其繼有在者乎？」曰：「無有。」曰：「微獨趙，諸侯有在者乎？」曰：「老婦不聞也。」「此其近者禍及身，遠者及其子孫。豈人主之子孫，則必不善哉？位尊而無功，奉厚而無勞，而挾重器多也。今媪尊長安之位，而封以膏腴之地，多與之重器，而不及今令有功於國，一旦山陵崩，長安君何以自託於趙？老臣以媪爲長安君計短也，故以爲其愛不若燕后。」太后曰：「諾！恣君之所使之！」

於是爲長安君約車百乘質於齊，齊兵乃出。

子義聞之曰：「人主之子也，骨肉之親也，猶不能恃無功之尊，無勞之奉，以守金玉之重也，而況人臣乎？」

驕奢之神

《史記·滑稽列傳》二段（「威王八年」至「夜引兵而去」，「優孟者」至「無令天下久聞也」。文在《國文經緯貫通大義》卷三「逸趣横生法」）

禍福將至，動乎四體，敗之所繇，恒在驕奢。驕則愎，奢則靡。扁鵲見齊桓侯，所以望而退走者，惟其有驕恣之神也。然繪其神，要在生動。范蔚宗叙梁冀之侈，刻畫倍至，而卒無神者，少生動之致也。講式二，法皆用點綴，所以狀權奸跋扈之徒。

《左傳》「楚靈王乾谿之難」一段（文在《國文經緯貫通大義》卷八「叙事精鍊法」）

《史記·魏其武安侯傳》一段（「灌夫有服」至「遂不得告言武安陰事」。文在《國文經緯貫通大義》卷五「摹繪炎涼法」。）

强梁之神

蒙茸陸梁，皆有猛鷙之象，則皆有神。深山大澤，實生龍蛇，其神未嘗不可怖。其法宜白描，用以狀虓豁〔一〕無術之徒。講式三：

《左傳》「白公之難」一段

楚太子建之遇讒也，自城父奔宋。又辟華氏之亂於鄭，鄭人甚善之。又適晉，與晉人謀襲鄭，乃求復焉。鄭人復之如初。晉人使諜於子木，請行而期焉。子木暴虐於其私邑，邑人訴之。鄭人省之，得晉諜焉，遂殺子木。其子曰勝，在吴。子西欲召之，葉公曰：「吾聞勝也詐而亂，無乃害乎？」子西曰：「吾聞勝也信而勇，不爲不利，舍諸邊竟，使衛藩焉。」葉公曰：「周仁之謂信，率義之謂勇。吾聞勝也好復言，而求死士，殆有私乎？復言，非信也；期死，非勇也。子必悔之！」弗從，召之，使處吴竟，爲白公。請伐鄭，子西曰：「楚未節也。不然，吾不忘也。」他日又請，許之。未起師，晉人伐鄭，楚救之，與之盟。勝怒曰：「鄭人在此，讎不遠矣。」勝自厲劍，子期之子平見之曰：「王孫何自厲

〔一〕虓豁謂勇猛有餘。

也？」曰：「勝以直聞，不告女，庸爲直乎？將以殺爾父。」平以告子西。子西曰：「勝如卵，余翼而長之。楚國，第我死，令尹、司馬非勝而誰？」勝聞之曰：「令尹之狂也！得死乃非我。」子西不悛。勝謂石乞曰：「王與二卿士，皆五百人當之，則可矣。」乞曰：「不可得也。」曰：「市南有熊宜僚者，若得之，可以當五百人矣。」乃從白公而見之，與之言，說。告之故，辭。承之以劍，不動。勝曰：「不爲利諂，不爲威惕，不洩人言以求媚者，去之。」吴人伐慎，白公敗之。請以戰備獻，許之，遂作亂。

《國策》「聶政刺韓傀」一段（「聶政母死」至「以揚其名」也。文在《國文經緯貫通大義》卷五「摹繪激昂法」）

《史記·刺客傳》一段

荆軻嘗游，過榆次，與蓋聶論劍，蓋聶怒而目之。荆軻出，人或言復召荆卿。蓋聶曰：「曩者吾與論劍，有不稱者，吾目之；試往，是宜去，不敢留。」使使往之主人，荆卿則已駕而去榆次矣。使者還報，蓋聶曰：「固去也，吾曩者目攝之。」荆軻游於邯鄲，魯勾踐與荆軻博，争道，魯勾踐怒而叱之，荆軻[一]默而逃去，遂不復會。荆軻既至燕，愛燕之狗屠及善擊筑者高漸離。荆軻嗜酒，日與狗屠及

[一]「軻」字原作「卿」，據《史記》爲正。

高漸離飲於燕市，酒酣以往，高漸離擊筑，荆軻和而歌於市中相樂也，已而相泣，旁若無人者。荆軻雖游於酒人乎，然其爲人沈深好書；其所游諸侯，盡與其賢豪長者相結。其之燕，燕之處士田光先生亦善待之，知其非庸人也。

放誕之神

箕踞清譚，晉代所崇。及其弊也，囚首喪面而譚《詩》《書》，非毁典謨，蕩滅行檢，而名流之禍亟矣。傳其神，所以戒其行也。其法用白描參點綴，用以狀狂誕靡紀之徒。講式三：

《左傳》「御叔飲酒」一段

二十二年春，臧武仲如晉，雨，過御叔。御叔在其邑，將飲酒，曰：「焉用聖人！我將飲酒而已，雨行，何以聖爲？」穆叔聞之曰：「不可使也，而傲使人，國之蠹也。」令倍其賦。

《晉書·阮籍傳》一段

籍嘗於蘇門山遇孫登，與商略終古及棲神道氣之術，登皆不應，籍因長嘯而退。至半嶺，聞有聲若鸞鳳之音，響乎巖谷，乃登之嘯也。遂歸著《大人先生傳》，其略曰：「世之所謂君子，惟法是修，惟禮是克。手執圭璧，足履繩墨；行欲爲目前檢，言欲爲無窮則；少稱鄉黨，長聞鄰國；上欲圖三公，下不失九州牧。獨不見羣蝨之處褌中，逃乎深縫，匿乎壞絮，自以爲吉宅也；行不敢離縫際，動不敢出褌襠，自以爲得繩墨也。然炎丘火流，焦邑滅都，羣蝨處於褌中而不能出也。君子之處域内，何異夫蝨之處褌中乎？」此亦籍之胸懷本趣也。

《晉書·嵇康傳》一段

初康居貧，嘗與向秀共鍛於大樹之下，以自贍給。潁川鍾會，貴公子也，精鍊有才辯，故往造焉。康不爲之禮，而鍛不輟。良久，會去，康謂曰：「何所聞而來？何所見而去？」會曰：「聞所聞而來，見所見而去。」會以此憾之。及是，言於文帝曰：「嵇康卧龍也，不可起。公無憂天下，顧以康爲慮耳。」因譖：「康欲助毌丘儉，賴山濤不聽。昔齊戮華士，魯誅少正卯，誠以害時亂教，故聖賢去之。康、安等言論放蕩，非毁典謨，帝王者所不宜容。宜因釁除之，以淳風俗。」帝既昵聽信會，遂并害之。康將刑東市，太學生三千人請以爲師，弗許。康顧視日影，索琴彈之曰：「昔袁孝尼嘗從吾學《廣陵散》，吾每靳固之，《廣陵散》於今絶矣！」時年四十，海内之士，莫不痛之。

柔佞之神

柔佞之人，言宜甘也，而有時殺人則用辣；宜邪也，暱也，而有時害人則用直用莊。吁，可畏哉！凡鄙夫得志，稔於爲惡，咸操是術。傳其狀者用點綴，傳其詞者兼用點綴白描。講式二：

《孟子》「魯平公將出」一段

魯平公將出，嬖人臧倉者請曰：「他日君出，則必命有司所之。今乘輿已駕矣，有司未知所之。敢請。」公曰：「將見孟子。」曰：「何哉？君所爲輕身以先於匹夫者，以爲賢乎？禮義由賢者出，而孟子之後喪逾前喪。君無見焉。」公曰：「諾。」

《國語》「優施教驪姬」一段（文在《國文經緯貫通大義》卷五「摹繪旖旎法」）

依違之神

依違敷衍，惡之漸也。曾子云：「與惡人居，如入鮑魚之肆，久而不聞，則與之化。」[一]依違之極，是非於焉不明，世界之敗壞，實胚於此。法宜用點綴白描。世之秉性較柔，而不敢發言執咎者，尚其有鑒於斯。講式三：

《左傳》「王叔陳生争政」一段

王叔陳生與伯輿争政，王右伯輿。王叔陳生怒而出奔。及河，王復之，殺史狡以説焉。不入，遂處之。晉侯使士匄平王室，王叔與伯輿訟焉。王叔之宰與伯輿之大夫瑕禽，坐獄於王庭，士匄聽之。王叔之宰曰：「篳門閨竇之人，而皆陵其上，其難爲上矣！」瑕禽曰：「昔平王東遷，吾七姓從王，牲用備具。王賴之，而賜之騂旄之盟，曰世世無失職。若篳門閨竇，其能來東底乎？且王何賴焉？今自王叔之相也，政以賄成，而刑放於寵，官之師旅，不勝其富，吾能無篳門閨竇乎？唯大國圖之！下而無直，則何謂正矣？」范宣子曰：「天子所右，寡君亦右之；所左，亦左之。」使王叔氏與伯輿合要，王叔氏不能舉其契。王叔奔晉。不書，不告也。單靖公爲卿士，以相王室。

《左傳》「穿封戌争囚」一段

楚子、秦人侵吴，及雩婁，聞吴有備而還，遂侵鄭。五月，至於城麇。鄭皇頡戍之，出與楚師戰，

〔一〕語見《大戴禮記·曾子疾病》。按：《孔子家語》載孔子有相類之言。

敗。穿封戌囚皇頡，公子圍與之爭之，正於伯州犁。伯州犁曰：「請問於囚。」乃立囚。伯州犁曰：「所爭君子也，其何不知？」上其手曰：「夫子爲王子圍，寡君之貴介弟也。」下其手曰：「此子爲穿封戌，方城外之縣尹也。誰獲子？」囚曰：「頡遇王子，弱焉。」戌怒，抽戈逐王子圍，弗及。楚人以皇頡歸。

《史記・魏其武安侯傳》一段（「魏其鋭身爲救灌夫」至「吾並斬若屬矣」。文在《國文經緯貫通大義》卷五「摹繪炎涼法」）

惷野之神

文而言之曰惷野，質而言之曰野蠻，由其無知識，未開化也。唐、虞之世，擊壤謳歌，中國以爲盛事，東鄰詫爲奇聞〔一〕，乃知渾沌之竅，不可不鑿。法宜用白描。講式二，凡山嫗里婦鄙俚之狀括焉。

〔一〕唐先生此説，蓋嘲其時日本部分學者因接受崔述疑古之説，而否定《尚書》堯、舜、禹記載。

《國策》「蘇秦説秦惠王」一段〔一〕（「説秦王書十上而説不行」至「蓋可忽乎哉」。文在《國文經緯貫通大義》卷五「摹繪炎涼法」）

《史記・陳涉世家》二段〔二〕

陳涉少時，嘗與人傭耕，輟耕之壟上，悵恨久之，曰：「苟富貴，無相忘。」傭者笑而應曰：「若爲傭耕，何富貴也？」陳涉太息曰：「嗟乎！燕雀安知鴻鵠之志哉！」

陳勝王凡六月。已爲王，王陳。其故人嘗與傭耕者聞之，之陳，扣宮門曰：「吾欲見涉。」宮門令欲縛之。自辨數，乃置，不肯爲通。陳王出，遮道而呼涉。陳王聞之，乃召見，載與俱歸。入宮，見殿屋〔三〕帷帳，客曰：「夥頤！涉之爲王沈沈者！」楚人謂多爲夥，故天下傳之，夥涉爲王，由陳涉始。客出入愈益發舒，言陳王故情。或説陳王曰：「客愚無知，顓妄言輕威。」陳王斬之。諸陳王故人皆自引去，由是無親陳王者。

〔一〕此篇用《戰國策》鮑彪本。

〔二〕「二段」，原刻誤作「一段」。

〔三〕「屋」字原作「幄」，據《史記》爲正。

自有天地以來，此十二神者，日流行於世界之內。迨經文人學士書以狀之，而此十二神者，又流行於《二十四史》《通鑑》之中。迨經吾表而出之，而覺古今世界之人，亦尠有軼乎此十二神範圍之外，可謂瑰已奇已。然則神也者，自其虛而言之，則惝怳而難知；自其實而言之〔一〕，則淺近而易見。

吾又論神者體物而不可遺，故先儒論文曰神理，曰神氣，曰神味，曰神情，曰神思，曰神志。蓋天下之事物，萬有不齊，而於萬有不齊之中，各有一神以爲主，由是而理純焉，氣凝焉，味旨焉，情長焉，思不滯焉，志不雜焉。神所以爲理與氣、與味、與情、與思、與志之骨，而理、而氣、而味、而情、而思、而志又藉神以發其微，然後栩栩而欲活焉。故曰：「神體物而不可遺。」〔二〕得神則文生，失神則文死；神聚則文生，神散則文死。

古人云神動天隨〔三〕，又曰神與天俱，蓋神尸於天而運於人，不可强而致焉。韓文

〔一〕謂自陰陽剛柔之美惡之十二類人性而言。
〔二〕《禮記·中庸》句。
〔三〕《莊子·在宥》語。文云：「故君子苟能無解其五藏，無擢其聰明，尸居而龍見，淵默而雷聲，神動而天隨，從容無爲而萬物炊累焉。」

公云：「機應於心，不挫於氣〔一〕，則神完而守固。」曾文正評詩有「機神」之説。自論者以爲神生於機，不知神有自有機生者，有自無機生者。以吾所論十二神言之，自然之神，無機者也；點綴之神，有機者也；白描之神，介乎有機無機之間者也。由是知神不盡出於機，惟天與人參而神全焉。諸生得吾説而益充之，更取《二十四史》《通鑑》旁參之，則於叙事之法，終身用之，有不能盡者矣。

十二神講演既畢，別附四神，曰力，曰夢，曰鬼，曰怪，用以極文心之變化，開學者之竅突，庶幾益以窮奇。顧皆聖門家法所不語，非常用，能之者勿沾沾焉。

力神

《左傳》「乘丘之役」三段

乘丘之役，公以金僕姑射南宫長萬，公右歂孫生搏之。宋人請之。宋公靳之，曰：「始吾敬子，今子魯囚也，吾弗敬子矣。」病之。

十二年秋，宋萬弑閔公於蒙澤。遇仇牧於門，批而殺之。遇太宰督於東宫之西，又殺之。立子

〔一〕「不挫於氣」脱，據韓愈《送高閑上人序》補入。

游，羣公子奔蕭。公子御説奔亳，南宮牛、猛獲帥師圍亳。

冬十月，蕭叔大心及戴、武、宣、穆、莊之族，以曹師伐之。殺南宮牛於師，殺子游於宋，立桓公。猛獲奔衛。南宮萬奔陳，以乘車輦其母，一日而至。宋人請猛獲於衛，衛人欲勿與。石祁子曰：「不可，天下之惡一也。惡於宋而保於我，保之何補？得一夫而失一國，與惡而棄好，非謀也。」衛人歸之。亦請南宮萬於陳，以賂。陳人使婦人飲之酒，而以犀革裹之。比及宋，手足皆見，宋人皆醢之。

《左傳》「晉荀偃士匄請伐偪陽」一段

晉荀偃、士匄請伐偪陽，而封宋向戌焉。荀罃曰：「城小而固，勝之不武，弗勝爲笑。」固請。丙寅，圍之，弗克。孟氏之臣秦堇父，輦重如役。偪陽人啓門，諸侯之士門焉。縣門發，郰人紇抉之以出門者。狄虒彌建大車之輪，而蒙之以甲以爲櫓，左執之，右拔戟，以成一隊。孟獻子曰：「《詩》所謂『有力如虎』者也。」主人縣布，堇父登之，及堞而絶之。隊，則又縣之。蘇而復上者三。主人辭焉，乃退。帶其斷以徇於軍三日。

《三國志・張遼傳》一段

陳蘭、梅成以氐六縣叛，太祖遣于禁、臧霸等討成，遼督張郃、朱蓋等討蘭。成僞降禁，禁還。成遂將其衆就蘭，轉入灊山。灊中有天柱山，高峻二十餘里，道險狹，步徑裁通，蘭等壁其上。遼欲進，諸將曰：「兵少道險，難用深入。」遼曰：「此所謂一與一，勇者得前耳！」遂進，到山下安營攻之，斬蘭、成首，盡虜其衆。太祖論諸將功，曰：「登天山，履峻險，以取蘭、成，盪寇功也。」增邑，假節。太祖既征孫權還，使遼與樂進、李典等，將七千餘人屯合肥。太祖征張魯，教與護軍薛悌，署函邊曰「賊至乃發」。俄而權率十萬衆圍合肥，乃共發教，教曰：「若孫權至者，張、李將軍出戰；樂將軍守護軍，勿得與戰。」諸將皆疑。遼曰：「公遠征在外，比救至，彼破我必矣。是以教指及其未合逆擊之，折其盛勢，以安衆心，然後可守也。成敗之機，在此一戰，諸君何疑？」李典亦與遼同。於是，遼夜募敢從之士，得八百人，椎牛饗將士，明日大戰。平旦，遼被甲持戟，先登陷陣，殺數十人，斬二將，大呼自名，衝壘入，至權麾下，權大驚。衆不知所爲，走登高冢，以長戟自守。遼叱權下戰，權不敢動，望見遼所將衆少，乃聚圍遼數重。遼左右麾圍，直前急擊，圍開，遼將麾下數十人得出，餘衆號呼曰：「將軍棄我乎？」遼復還突圍，拔出餘衆。權人馬皆披靡無敢當者，自旦戰至日中，吳人奪氣，還修守備，衆心乃安，諸將咸服。權守合肥十餘日，城不可拔，乃引退。遼率諸軍追擊，幾復獲權。太祖大壯遼，拜征東將軍。

《三國志·許褚傳》一段

許褚字仲康，譙國譙人也。長八尺餘，腰大十圍，容貌雄毅，勇敢絶人。漢末，聚少年及宗族數千家，共堅壁以禦寇。時汝南葛陂賊萬餘人攻褚壁，褚衆少不敵，力戰疲極，兵矢盡，乃令壁中男女，聚治石如杅斗者，置四隅。褚飛石擲之，所值皆摧碎，賊不敢進。糧乏，僞與賊和，以牛與賊易食。賊來取牛，牛輒奔還。褚乃出陳前，一手逆曳牛尾，行百餘步。賊衆驚，遂不敢取牛而走。由是淮、汝、陳、梁閒，聞皆畏憚之。太祖徇淮、汝，褚以衆歸太祖。太祖見而壯之，曰：「此吾樊噲也。」即日拜都尉，引入宿衛。諸從褚俠客，皆以爲虎士。從征張繡，先登，斬首萬計，遷校尉。從討袁紹於官渡，時常從士徐他等謀爲逆，以褚常侍左右，憚之，不敢發。伺褚休下日，他等懷刀入。褚至下舍心動，即還侍。他等不知，入帳見褚，大驚愕。他色變，褚覺之，即擊殺他等。太祖益親信之，出入同行，不離左右。從圍鄴，力戰有功，賜爵關内侯。從討韓遂、馬超於潼關。太祖將北渡，臨濟河，先渡兵，獨與褚及虎士百餘人留南岸斷後。超將步騎萬餘人來奔太祖軍，矢下如雨。褚白太祖：「賊來多，今兵渡以盡，宜去。」乃扶太祖上船。賊戰急，軍争濟〔一〕，船重欲没。褚斬攀船者，左手舉馬鞍蔽太祖。船工爲流矢所中死，褚右手並泝船，僅乃得渡。是日，微褚幾危。其後太祖與遂、超等單馬會語，左右皆不得從，唯將褚。超負其力，陰欲前突太祖，素聞褚勇，疑從騎是褚，乃問太祖曰：「公有虎侯者安在？」太祖顧指褚，褚瞋目盻之。超不敢動，乃各罷。後數日會戰，大破超等，褚身斬首級，遷武衛中郎將。武衛之號，自此始也。軍中以褚力如虎而癡，故號曰「虎癡」，是以超問虎侯，至今天下稱焉，皆謂其姓名也。

〔一〕「軍争濟」，原句末誤衍「船」字。

夢神

《左傳》「晉侯夢大厲」一段（「晉侯夢大厲」至「遂以爲殉」。文在《國文經緯貫通大義》卷七「追魂攝魄法」）

《左傳》「聲伯夢涉洹」一段

初，聲伯夢涉洹，或與己瓊瑰，食之；泣而爲瓊瑰，盈其懷，從而歌之曰：「濟洹之水，贈我以瓊瑰。歸乎歸乎，瓊瑰盈我懷乎！」懼不敢占也。還自鄭。壬申，至於貍脤而占之，曰：「余恐死，故不敢占也。今衆繁而從余，三年矣，無傷也。」言之，至莫而卒。

《左傳》「穆子去叔孫氏」一段

初，穆子去叔孫氏，及庚宗，遇婦人，使私爲食而宿焉。問其行，告之故，哭而送之。適齊，聚於國氏，生孟丙、仲壬。夢天壓己，弗勝。顧而見人，黑而上僂，深目而豭喙，號之曰：「牛，助余。」乃勝之。旦而皆召其徒，無之。且曰志之。及宣伯奔齊，饋之。宣伯曰：「魯以先子之故，將存我宗，必召女。召女何如？」對曰：「願之久矣。」魯人召之，不告而歸。既立，所宿庚宗之婦人獻以雉。問其姓，對曰：「余子長矣，能奉雉而從我矣。」召而見之，則所夢也。未問其名，號之曰牛，曰：

「唯。」皆召其徒，使視之，遂使爲豎。

蘇子瞻《後赤壁賦》一段（「時夜將半」至「不見其處」。文在《國文經緯貫通大義》卷二「空中樓閣法」）

鬼神

《左傳》「晉侯改葬共大子」一段（「晉侯改葬共大子」至「敝於韓」。文在《國文經緯貫通大義》卷七「追魂攝魄法」）

《左傳・鄭人相驚以伯有》一段（「鄭人相驚以伯有」至「民不從也」。文在《國文經緯貫通大義》卷七「追魂攝魄法」）

韓退之《送窮文》（文在《國文經緯貫通大義》卷四「光怪離奇法」）

怪神

《後漢書・費長房傳》一段

費長房者，汝南人也。曾爲市掾。市中有老翁賣藥，懸一壺於肆頭，及市罷，輒跳入壺中。市人莫之見，唯長房於樓上覩之，異焉，固往再拜奉酒脯。翁知長房之意其神也，謂之曰：「子明日可更來。」長房旦日復詣翁，翁乃與俱入壺中。唯見玉堂嚴麗，旨酒甘肴盈衍其中，共飲畢而出。翁約不聽〔一〕與人言之。後乃就樓上候長房曰：「我神僊之人，以過見責，今事畢當去，子寧能相隨乎？樓下有少酒，與卿爲別。」長房使人取之，不能勝。又令十人扛之，猶不舉。翁聞，笑而下樓，以一指提之而上。視器如一升許，而二人飲之，終日不盡。長房遂欲求道，而顧家人爲憂。翁乃斷一青竹，度與長房身齊，使懸之舍後。家人見之，即長房形也，以爲縊死，大小驚號，遂殯葬之。長房立其傍而莫之見也。於是遂隨從入深山，踐荆棘於羣虎之中。留使獨處，長房不恐。又卧於空室，以朽索懸萬斤石於心上，衆蛇競來齧，索且斷，長房亦不移。翁還撫之曰：「子可教也。」復使食糞。糞中有三蟲，臭穢特甚，長房意惡之。翁曰：「子幾得道，恨於此不成，如何！」長房辭歸，翁與一竹杖曰：「騎此任所之，則自至矣。既至，可以杖投葛陂中也。」又爲作一符曰：「以此主地上鬼神。」長房乘杖，須臾來歸，自謂去家適經旬日，而已十餘年矣。即以杖投陂，顧視則龍也。

《後漢書·左慈傳》

左慈，字元放，廬江人也。少有神道。嘗在司空曹操坐，操從容顧衆賓曰：「今日高會，珍羞略備，所少吴松江鱸魚耳。」元放於下坐應曰：「此可得也。」因求銅盤貯水，以竹竿餌釣於盤中，須臾，引一鱸魚出。操大拊掌笑，會者皆驚。操曰：「一魚不周坐席，可更得乎？」放乃更餌釣沈之，須臾，

〔一〕原無「聽」字，據《史記》補之。

復引出，皆長三尺餘，生鮮可愛。操使目前鱠之，周浹會者。操又謂曰：「既已得魚，恨無蜀中生薑耳。」放曰：「亦可得也。」操恐其近即所取，因曰：「吾前遣人到蜀買錦，可過敕使者，增市二端。」語頃，即得薑還，并獲操使報命。後操使蜀反，驗問增錦之狀，及時日早晚，若符契焉。後操出近郊，士大夫從者百許人，慈乃爲齎酒一升，脯一斤，手自斟酌，百官莫不醉飽。操怪之，使尋其故，行視諸鑪，悉亡其酒脯矣。操懷不喜，因坐上收，欲〔一〕殺之，慈乃却入壁中，霍然不知所在。或見於市者，又捕之，而市人皆變形與慈同，莫知誰是。後人逢慈於陽城山頭，因復逐之，遂入走羊羣。操知不可得，乃令就羊中告之曰：「不復相殺，本試君術耳。」忽有一老羝屈前兩膝，人立而言曰：「遽如許。」即競往赴之。而羣羊數百皆變爲羝，並屈前膝人立云「遽如許」，遂莫知所取焉。

論文之戒律

《周易》有言：「師出以律。」近西人組織公事，評騭理由，動稱法人。文亦猶之法人也，一端有虧，全體減色。故行文之律，如行師之律，不可不嚴。矧當今之世，文體

〔一〕原「欲」與「收」二字倒置，據《史記》更之。

日益詭雜，涇渭不分，莠苗並長。一入俗流，則終身不能以自拔，良可惜已。亟爲諸生講戒律。

柳子厚云：「吾每爲文章，未嘗敢以輕心掉之，怠心易之；未嘗敢以昏氣出之，矜氣作之。」輕心怠心、昏氣矜氣，是爲戒律之第一。凡文之浮夸無當者，輕心怠心爲之也；晦澀多疵者，昏氣矜氣爲之也。治輕心怠心之法，莫如主恭敬；治昏氣矜氣之法，莫如節嗜欲。主恭敬，則其心廓然而大公；節嗜欲，則其氣清明而不雜。

吾輩爲文章，原將以信今而傳後，此作史之所以有取於三長也。然縱具三長，而或以私意參乎其間，則是非毀譽，即不免有失實之處。是非毀譽失實，尤爲律之所必戒。孔子曰：「誰毀誰譽，如有所譽，其有所試。斯民也，三代之所以直道而行也。」〔一〕自來惟直道而行之人，其文斯能行遠。今之爲文者，褒揚則動稱夔龍，貶斥則幾鄰檮杌，至於諛墓叙壽，累牘連篇，更多率意。先民有言：「信言不美，美言不信。」〔二〕諸生異日非特負修史修志之責，宜字字謹慎也。即尋常毀譽之間，務宜守孔門直道而行之指；亦

〔一〕《論語·衛靈公》載孔子語。
〔二〕《老子》第八十一章語。

非特論今之人宜語語謹慎也，即論古人，亦宜守孔門「其言也訒」之箴。

尤有進者曰砭俗。孔子曰：「惡鄭聲，恐其亂雅樂也。」〔一〕雅鄭之分，於文律中尤爲兢兢。往者吴摯甫先生謂：「近世之文，實化雅以入於俗。」又謂：「世人編造俚文以便初學，此廢棄中學之漸。」痛哉言乎！夫修辭而不雅，何遽爲廢棄中學？所以逆知其漸者，恐人皆束古聖賢之文而不讀也。且方今報館之文，何嘗不透快閎肆？小説之文，何嘗不奇險幽深？然大雅君子或不道者，惟其俗爾。古人云：「高文典册用相如。」諸生今日程度尚淺，於高文典册，或且懵焉，則莫如求先識字，與多讀古書。

識字以《説文》爲要，讀書以三代兩漢爲先。

尤有進者曰鍼僞。言僞行僞，《王制》所禁〔二〕。故爲人而行僞，爲法律所不容；爲文而飾僞，爲文律之大戒。夫「周誥殷槃，詰屈聱牙」，此由字訓之不同，與方言之互異。陋者不察，第求人之不解，於是襞績僻字以爲古，摭拾舊典以爲奇，而按之並無實理真氣運乎其間，譬諸東施效顰，優孟作劇，在無識者或驚怖其言，而識者早有

〔一〕《論語·陽貨》載孔子云：「惡紫之奪朱也，惡鄭聲之亂雅樂也，惡利口之覆邦家者。」

〔二〕《禮記·王制》言受刑罰之一爲：「行僞而堅，言僞而辯，學非而博，順非而澤。」

以窺其底藴之所存。故如明之七子，前七子爲李夢陽、何景明、徐禎卿、邊貢、王廷相、王九思、康海；後七子爲王世貞、李攀龍、徐中行、宗臣、吴國倫、梁有譽、謝榛。内以李夢陽、王世貞爲最。本朝之龔定盦，名自珍，有《定盦文集》。學者當慎擇焉，而不可爲所惑也。

此外更有宜慎者，若首尾横決，雜亂而無章，是謂無序。無序者宜戒。若有頭無尾，結處毫無精神，更爲大忌。或空疏孱淺，漫衍而鮮理，是謂無物。無物者宜戒。

又若性質寒儉，浸成蕭索之象，是謂村夫。村夫失態度宜戒。或則舉止粗率，僅成獷悍之形，是謂武夫。武夫尚野戰宜戒。以上各端，譬諸課心之學，不可不隨時惺惺，嚴自檢點也。

由前所陳，戒律大端已具，若瑣屑言之，則更累牘不能盡。要而言之，諸生如爲本原之計，惟有多讀古書，日以明理而養氣。讀書既富，理氣既充，則一切錮習，不拒自遠。譬之人身，正氣既充，外感自無由而乘。韓文公言：「荀與揚，大醇而小疵。」夫文家之有疵纇，亦文律所宜禁也。荀與揚且不免，況我輩乎！醇之又醇，是在有志文學〔二〕者。

〔二〕「文學」，民初本作「學文」。

古人論文大義

古人論文大義目録

古人論文大義下《高等學堂國文講義》

古人論文大義緒言

文字盛衰，胚於世運。是以放勳光被，煥乎其有文章。而未喪斯文，宣聖推之於天。文之關繫，詎不重耶？顧其升降之源流，宗派之遞嬗，陰陽剛柔之變遷，神理氣味之原質，要自有微文大義之所在；不徵於古，終無繇幾其徑塗。爰裒集古人論文都若干家，進諸生而口講之，指畫之。夫以鄙人之媕淺，詎有得於古人之萬一！然諸生誠能因古人所告語，而證以鄙人所講述，或者於文章之事，其有成功乎。

紀事提要，纂言鉤玄，實惟韓子，有開必先；答李與馮，希聖希賢，言宜氣盛，百禩所傳。述韓退之論文第一。

喜怒哀樂，愛惡悲傷，七情中節，發爲文章；王澤既竭，大雅云亡，孰揆所元，治亂之綱。述柳敬叔論文第二。

柳子錚錚，韓之畏友，答韋論師，左宜右有；本經參史，越犬狂走，形似古人，得毋苟否。述柳子厚論文第三。

三友巨擘，維李習之，創意造言，皆不相師；答王載言〔一〕，與弟正辭，是二書者，植文之基。述李習之論文第四。

文章先事，曰雄曰奇，不雄不奇，匪庸則支；持正持論，務以奇勝，出拔爲意，大本是定。述皇甫持正論文第五。

可之矜言，得文真訣，上溯昌黎，下來無擇；儲思必深，摛辭必高，倚天拔地，差足自豪。述孫可之論文第六。

子長高弟，韓歐二生，陰柔之美，歐得其情；大道奥闡，詔諸吴充，緣督學子，立德立功。述歐陽永叔論文第七。

適天下用，周萬事理，通難知意，發難顯旨；蓄道能文，是非綱紀，通聖法者，可與論史。述曾子固論文第八。

縱橫學家，類稱蘇氏，上書歐陽，自道厥旨；語約意盡，逌出孟子，惶然駴然，敝帚自侈。述蘇明允論文第九。

藐姑射山，神人斯遇，不食五穀，吸風飲露；行乎當行，止乎當止，萬斛泉源，奔

〔一〕「王載言」當作「朱載言」。民初本已將目録中之「王」字改作「朱」字，唯此處未更易。

騰千里。述蘇子瞻論文第十。

子瞻謙抑，謂弟勝兄，如驂之舞，擷文之精；浩然宏博，氣之所形，黄河華岱，供我經營。述蘇子由論文第十一。

臨川王氏，左右逢原，盤空奥衍，有韓一偏；長劍耿介，舞於曲旜，乃其商兑，要歸自然。述王介甫論文第十二。

東坡之徒，推張文潛，文主積理，如龍潛淵；汪洋沖澹，一唱三歎，決瀆求奇，盍沿河漢。述張文潛論文第十三。

明代開山，緊宋景濂，抉經之心，文原二篇；無意爲文，文自不刊，因文學道，浩浩其天。述宋景濂論文第十四。

蘇氏八世，岐嶷名孫，譬説染説，詞源瀾翻；明初四家，皆入於古，允兹亢宗，音清鳳舞。述蘇平仲論文第十五。

唐宋宗派，衍自鹿門，論定統系，八家始尊；抉微發幽，武進互競，祭海先河，登峰蹊徑。述茅鹿門論文第十六。

神明於法，吾家荆川，喉管聲氣，湮暢歇宣；以樂方文，得天始全，惜哉鑿空，語多逃禪。述唐荆川論文第十七。

朝宗豪氣，軼宕縱横，牙將健兒，一軍皆驚；春花爛漫，柔脆飄揚，壯不如人，悔名其堂。述侯朝宗論文第十八。

寧都三魏，叔子爲優，真氣駘宕，江海浮舟；二十四氣，得一以充，序述變化，至不可窮。述魏叔子論文第十九。

國朝文録，炳蔚可存，倚仰揖讓，應推青門；與叔子書，善言養氣，標榜聲華，塞源止沸。述邵子湘論文第二十。

操縱頓挫，開闔呼應，終雄且駿，千騎萬乘；徐而抑之，德性堅定，與子厚言，後先輝映。述汪堯峰論文第二十一。

桐城方氏，義法始詳，氣清體潔，大道康莊；後儒傚之，不涉披猖，宜矯其弱，庶用所長。述方望溪論文第二十二。

望溪之澤，一傳卯金，論文偶記，語瑣而深；河海浩渺，不擇細流，自古閎達，擇善從優。述劉海峰論文第二十三。

士夫天職，貴在尚志，豪傑凡民，惟所自寘；卓爾梅崖，陳誼特高，鳳凰千仞，絶負雲霄。述朱梅崖論文第二十四。

守先待後，曰姚郎中，義理考據，詞章之宗；陰陽奇耦，若牖我衷，復魯一書，昭兹無窮。述姚姬傳論文第二十五。

陽湖一派，子居裦然，遠祧眉山，氣象萬千；與紉之書，閎通恣肆，捭闔之家，是獲法嗣。述惲子居論文第二十六。

湘水炳靈，實生大儒，發爲文章，鬼策神驅；横掃百氏，涵蓋九區，予生也晚，未得爲徒。述曾滌笙論文第二十七。

文正之友，維吴南屏，品概粹潔，嶽峙淵渟；祛惑門户，致書篠岑，俯視梅管，可謂典型。述吴南屏論文第二十八。

湘鄉講學，於戎幄中，晦明風雨，濂亭相從；棄其所學，聊慮漢京，因聲求氣，讀法大明。述張廉卿論文第二十九。

張吴嶽嶽，近代鉅子，聿惟摯甫，得古神髓；與予論文，日之東京，扶桑一别，涕泗縱横。述吴摯甫論文第三十。

右文都三十家，非謂學文僅求兹三十家也，亦非謂論文止兹三十家也，亦非謂三十家之論文盡於此數首也，特以鄙人向所愛誦者，而爲諸生講貫之爾。夫今人之精神，豈能訢合於古人之精神？以古人之文章，而作我之講誼，則所講貫者，疏舛竭蹶，概可知已。然而諸生之會悟，則必有出我講貫之外者。《孟子》云：「豪傑之士，雖無文王猶興。」近今斯衰沉久矣，世有豪傑，獨無意乎？裒而集之，非獨以扶衰起廢，將冀國文之傳，永永於無窮也。諸生其亦知責任之鉅而傳授之重乎？

太倉唐文治蔚芝講授

古人論文大義上

《高等學堂國文講義》卷三

韓退之《答李翊書》

六月二十六日愈白李生足下：　生之書辭甚高，而其問何下而恭也！能如是，誰不欲告生以其道？道德之歸也有日矣，況其外之文乎？抑愈所謂望孔子之門牆而不入於其宫者，焉足以知是且非耶？雖然，不可不爲生言之。

生所謂立言者是也，生所爲者與所期者，甚似而幾矣。抑不知生之志，蘄勝於人而取於人耶？將蘄至於古之立言者耶？蘄勝於人而取於人，則固勝於人而可取於人矣；將蘄至於古之立言者，則無望其速成，無誘於勢利，養其根而竢其實，加其膏而希其光。根之茂者其實遂，膏之沃者其光曄，仁義之人，其言藹如也。

抑又有難者，愈之所爲，不自知其至猶未也。雖然，學之二十餘年矣。始者非三代兩漢之書不敢觀，非聖人之志不敢存，處若忘，行若遺，儼乎其若思，茫乎其若迷。當其取於心而注於手也，惟陳言之務去，戛戛乎其難哉！其觀於人，不知其非笑之爲非笑也。如是者亦有年，猶不改，然後識古書之正僞，與雖正而不至焉者，昭昭然白黑分矣，而務去之，乃徐有得也，當其取於心而注於手也，汩汩然來矣。其觀於人也，笑之則以爲喜，譽之則以爲憂，以其猶有人之説者存也。如是者亦有年，然後浩乎其沛然矣。吾又懼其雜也，迎而距之，平心而察之，其皆醇也，然後肆焉。雖然，不可以不養也。行之乎仁義之途，遊之乎《詩》《書》之源，無迷其途，無絶其源，終吾身而已矣。氣，水也；言，浮物也。水大而物之浮者大小畢浮，氣之與言猶是也。氣盛，則言之短長與聲之高下皆宜。

雖如是，其敢自謂幾於成乎？雖幾於成，其用於人也奚取焉？雖然，待用於人者，其肖於器邪？用與舍屬諸人，君子則不然，處心有道，行己有方，用則施諸人，舍則傳諸其徒，垂諸文而爲後世法。如是者，其亦足樂乎？其無足樂也。有志乎古者希矣，志乎古，必遺乎今，吾誠樂而悲之；亟稱其人，所以勸之，非敢褒其可褒，而貶其可貶也。問於愈者多矣，念生之言，不志乎利，聊相爲言之。愈白。

編者謹按：唐先生《韓退之〈答李翊書〉（太陰識度）》〔一〕講論本篇之義云：

姚惜抱先生謂「此文學《莊子》」，余嘗以其語細求之，有氣息逼近《莊子》者，如「無望其速成」以下一段、「氣，水也」以下一段，與「若是者其有足樂乎」以下一段是也。有造句倣《莊子》者，如「不知其非笑之爲非笑，以其猶有人之説者存」「水大，而物之浮者大小畢浮」，與「待用於

〔一〕文載《交通大學演講録》第一集下卷（文學類）第七期。

人者，其肖於器耶」等句是也。至其全篇，專用雖字、然字作綫索，愈轉愈深愈緊，亦純從《莊子》得來。昔人謂韓子喜學古人，能得其神髓而不襲其形貌〔一〕，可謂知言。韓文中學《莊子》者，以此篇與《送高閑上人序》爲最〔二〕。然送高序第一段與二段「不造其堂，不嚌其胾」、末段「泊與澹相遭」、「則其於書得無象之然乎」，則面貌亦稍稍露矣。《莊子》謂庖丁解牛，「以神遇不目視」，又謂「絶迹易，無行地難」，余謂惟以神遇，則自然無行地而絶迹矣。故學者學古人文，當專於神氣中求之。

古人論文書，以此篇與柳子厚《答韋中立論師道書》，最有深味。而此篇自道甘苦，尤極精純。「非三代兩漢之書不敢觀〔三〕」六句，是初學專心致志法。「行之乎仁義之途」四句，可見作文必先正心術、立品行，苟品不端、行不正，縱使言僞而辨，豈能信今而傳後乎？「氣，水也」一段，蓋由運氣進於鍊氣，由鍊氣進於養氣，實與《孟子》「至大至剛，配義與道」之説相合。學問之道，求其放心而已。心氣正而静，而文氣雄而直、和而雅。顧亭林先生謂：「作文之氣當與天地清明之氣相接也。」〔四〕首段「無誘於勢利」、末段「不志乎利」，二句尤精要。後人文氣所以

〔一〕黄淳耀《陳義扶近藝序》曰：「昌黎之文學孟子者也，歐陽子之文學韓子者也。二子之似古人者，神也，非貌也。」

〔二〕唐先生選録韓子《送高閑上人序》文，見載於《國文經緯貫通大義》卷四「倒捲珠簾法」中。

〔三〕「觀」字原誤作「讀」，據韓愈文爲正。

〔四〕語意出乾隆時彭紹升《亭林先生餘集序》，非顧氏原文，見《論讀文法》注。

昏庸者，皆由利心之窒塞也。戒之戒之。

「辨古書之真僞」，李漢序《韓集》，所謂「《書》《禮》剟其僞」是也，此蓋漢親聞於韓公者。按：《尚書》之僞古文，與《周禮》《禮記》中有後人羼入之語，宋朱子早疑之。清初方望溪先生暢論之，固已明白昭著，無庸再揚其波。經書中微言奥義，求之不能盡。且聖言各有所當，非一端而已。惟篤信始能好學，容詎吹毛求疵！乃近人專以搜剔古經爲事，妄摘一二語以爲攻擊之資，此《論語》所謂「侮聖人之言」、《王制》所謂「析言改作」者也。學者靡然從風，未讀經書，先已疑經詆經，遂致廢經叛經。失之毫釐，謬以千里。悲夫！（近代姚氏際恒《古今僞書考》頗詳備，然其中有是有非，宜辨析。）

「迎而距之」者，割愛法也。或疑即「陳言務去」，實則不然。曾文正所謂「冗意、陳言、類字盡芟」者〔一〕，乃在已屬稿時之芟法，非距法。退之所謂「迎距」者，當在將屬稿時，神思初萌，覺意與辭，或有膚淺駁雜者，則屏而不用，劉彦和《文心雕龍·神思篇》曰：「神思方運，萬塗競萌。規矩定位，刻鏤無形。」「方其搦翰，氣倍詞前，暨乎篇成，半折心始。何則？意翻空而易奇，言徵實而難巧也。」惟其迎距，故能翻空出奇。明此法，則命意佈局選詞，皆分外有精采。

〔一〕曾國藩日記（同治四年正月二十二日）《作文八字訣》文。

明王弇州謂退之最得割愛法，近桐城劉孟塗謂：「柳子厚錘煉詞采，但不能割愛。」〔一〕試以《封建論》與《原道》、以《乞巧文》與《送窮文》比，則子厚固不免有支詞矣，況其下焉者乎！然此爲程度最高者言，若初學，正宜細大不捐，鎔爲一爐，方能縱横馳驟。若遽講「迎距」之法，易入枯窘一路矣。

韓退之《答劉正夫書》

愈白進士劉君足下：辱牋教以所不及，既荷厚賜，且愧其誠然，幸甚幸甚！凡舉進士者，於先進之門，何所不往，先進之於後輩，苟見其至，寧可以不答其意耶？來者則接之，舉城士大夫，莫不皆然，而愈不幸獨有接後輩名，名之所存，謗之所歸也。

有來問者，不敢不以誠答。或問：「爲文宜何師？」必謹對曰：「宜師古聖賢人。」曰：「古聖賢人所爲書具存，辭皆不同，宜何師？」必謹對曰：「師其意，不師其辭。」又問曰：「文宜易宜難？」必謹對曰：「無難易，惟其是爾。」如是而已，非固開其爲此而禁其爲彼也。

夫百物朝夕所見者，人皆不注視也，及睹其異者，則共觀而言之。夫文豈異於是乎？漢朝人莫

〔一〕劉孟塗《與阮芸台論文書》文曰：「韓退之取相如之奇麗，法子雲之閎肆，故能推陳出新，徵引波瀾，鏗鏘鍠石，以窮極聲色。柳子厚亦知此意，善於造練，增益辭采，而但不能割愛。」

不能爲文，獨司馬相如、太史公、劉向、揚雄爲之最。然則用功深者，其收名也遠。若皆與世沉浮〔一〕，不自樹立，雖不爲當時所怪，亦必無後世之傳也。足下家中百物，皆賴而用也，然其所珍愛者，必非常物。夫君子之於文，豈異於是乎？今後進之爲文，能深探而力取之，以古聖賢人爲法者，雖〔二〕未必皆是，要若有司馬相如、太史公、劉向、揚雄之徒出，必自於此，不自於尋常之徒也。若聖人之道，不用文則已，用則必尚其能者。能者非他，能自樹立，不因循者是也。有文字來，誰不爲文？然其存於今者，必其能者也。顧常以此爲説耳。愈於足下，忝同道而先進者，又常從遊於賢尊給事，既辱厚賜，又安得〔三〕不進其所有以爲答也。足下以爲何如？愈白。

韓退之《答尉遲生書》

愈白尉遲生足下：夫所謂文者，必有諸其中，是故君子慎其實。實之美惡，其發也不掩，本深而末茂，形大而聲宏，行峻而言厲，心醇而氣和。昭晰者無疑，優遊者有餘；體不備不可以爲成人，辭不足不可以爲成文。愈之所聞者如是，有問於愈者，亦以是對。今吾子所爲皆善矣，謙謙然若不

〔一〕「沉浮」，民初本改作「浮沉」。
〔二〕「雖」，原作「義」，據韓集改。
〔三〕「得」字，民初本改作「敢」。

足而以徵於愈，愈又敢有愛於言乎？抑所能言者，皆古之道；古之道不足以取於今，吾〔一〕子何其愛之異也？賢公卿大夫在上比肩，始進之賢士在下比肩，彼其得之，必有以取之也。子欲仕乎？其往問焉，皆可學也。若獨有愛於是而非仕之謂，則愈也嘗學之矣，請繼今以言。

韓退之《與馮宿書》

辱示《初筮賦》，實有意思，但力爲之，古人不難到。但不知直似古人，亦何得於今人也？僕爲文久，每自測意中以爲好，則人必以爲惡矣。小稱意，人亦小怪之；大稱意，即人必大怪之也。時時應事作俗下文字，下筆令人慚，及示人，則人以爲好矣。小慚者，亦蒙謂之小好；大慚者，即必以爲大好矣。不知古文直何用於今世也，然以俟知者知耳。昔揚子雲著《太玄》，人皆笑之，子雲之言曰：「世不我知，無害也。後世復有揚子雲，必好之矣。」子雲死近千載，竟未有揚子雲，可歎也。其時桓譚亦以爲雄書勝《老子》。老子未足道也，子雲豈止與老子爭彊而已乎？此未爲知雄者。其弟子侯芭頗知之，以爲其師之書勝《周易》，然侯之他文不見於世，不知其人果何如耳。以此而言，作者不祈人之知也明矣。直百世以俟聖人而不惑，質諸鬼神而不疑耳，足下豈不謂然乎？近李翺從僕學文，頗有所得，然其人家貧多事，未能卒其業。有張籍者，年長於翺，而亦學於僕，其文與翺相上下，一二

〔一〕「吾」字，民初本改作「君」。

年業之，庶幾乎至也。然閔其棄俗尚而從於寂寞之道，以之〔一〕争名於時也。久不談，聊感足下能自進於此，故復發憤一道。愈再拜。

韓退之《上兵部李侍郎書》

十二月九日，將仕郎守江陵府法曹參軍韓愈，謹上書侍郎閣下：愈少鄙鈍，於時事都不通曉，家貧不足以自活，應舉覓〔二〕官，凡二十年矣。薄命不幸，動遭讒謗，進寸退尺，卒無所成。性本好文學，因困厄悲愁，無所告語，遂得究窮於經傳史記百家之説，沉潛乎訓義，反復乎句讀，礱磨〔三〕乎事業，而奮發乎文章。凡自唐、虞以來編簡所存，大之爲河海，高之爲山嶽，明之爲日月，幽之爲鬼神，纖之爲珠璣華實，變之爲雷霆風雨，奇辭奥旨，靡不通〔四〕達。惟是鄙鈍不通曉於時事，學成而道益窮，年老而智益困，私自憐悼，悔其初心；髮秃齒豁，不見知己。夫牛角之歌，辭鄙而義拙；堂下之言，不書於傳記。齊桓舉以相國，叔向携手以上，然則非言之難爲，聽而識之者難遇也。伏以閣下内仁而外義，行高而德鉅，尚賢而與能，哀窮而悼屈，自江而西，既化而行矣。今者入守内職，爲朝廷大

〔一〕「之」字，民初本删去。
〔二〕「舉覓」，民初本改作「覓舉」。
〔三〕「礱磨」，民初本改作「磨礱」。
〔四〕「通」字，民初本改作「過」。

臣，當天子新即位，汲汲於理化之日，出言舉事，宜必施設。既有聽之之明，又有振之之力，寧戚之歌，鬷明之言，不發於左右，則後而失其時矣。謹獻舊文一卷，扶樹教道，有所明白；南行詩一卷，舒憂娛悲，雜以瑰怪之言，時俗之好，所以諷於口而聽於耳也。如賜覽觀，亦有可采，干黷嚴尊，伏增惶恐。愈再拜。

柳敬叔《答荆南裴尚書論文書》

猥辱來問，曠然獨見，以爲齒髮漸衰，人情所惜也；親愛遠道，人情不忘也。大哉君子之言！有以見天地之心。夫天生人，人生情。聖與賢，在有情之内久矣。苟忘情於仁義，是殆於學也；忘情於骨肉，是殆於恩也；忘情於朋友，是殆於義也，此聖人盡知於斯，立教於斯。今之儒者，苟持異論，以爲聖人無情，誤也。故無情者，聖人見天地之心，知性命之本，守窮達之分，故得以忘情。明仁義之道，斯須忘之，斯爲過矣；骨肉之恩，斯須忘之，斯爲亂矣；朋友之義，斯須忘之，斯爲薄矣。此三者，發於情而爲禮，由於禮而爲教。故夫禮者，教人之情而已。丈人「志於道」，故來書盡於道，是合於情盡於禮至矣。昔顔回死，夫子曰：「天喪予。」子路死，夫子曰：「天喪予。」是聖人不忘情也久矣。丈人豈不謂然乎？如冕者，雖不得與君子同道，實與君子同心。相顧老大，重以離别，况在萬里，邈無前期，斯得忘情乎？古人云：「一日不見，如三秋兮。」况十年乎？

前所寄拙文，不爲文以言之，蓋有謂而爲之者〔一〕。堯舜歿，《雅》《頌》作；《雅》《頌》寢，夫子作；未有不因於教化，爲文章以成《國風》。是以君子之儒，學而爲道，言而爲經，行而爲教，聲而爲律，和而爲音，如日月麗乎天，無不照也；如草木麗乎地，無不章也；如聖人麗乎文，無不明也。故「在心爲志，發言爲詩」謂之文，兼三才而名〔二〕之曰儒。儒之用，文之謂也。言而不能文，君子耻之。及王澤竭而詩不作，騷人起而淫麗興，文與教分而爲二。以揚、馬之才，則不知教化；以荀、陳之道，則不知文章。以孔門之教評之，非君子之儒也。夫君子之儒，必有其道，有其道必有其文。道不及文則德勝，文不知道則氣衰。文多道寡，斯爲藝矣。《語》曰：「文質彬彬，然後君子。」兼之者，斯爲美矣。昔游、夏之文章與夫子之道通流，列於四科之末，此藝成而下也。苟言無文，斯不足徵。

小子志雖復古，力不足也；言雖近道，辭則不文；雖欲拯其將墜，末由也已。丈人儒之君子，曲垂見褒，反以自愧。冕再拜。

柳敬叔《答楊中丞論文書》

來書論文，盡養才之道，增作者之氣，推而行之，可以復聖人之教，見天地之心，甚善。嗟乎！天

〔一〕「者」字，民初本改作「昔」，並移至下句「堯、舜歿」之句首。
〔二〕「名」字疑本作「兩」。

地養才而萬物生焉，聖人養才而文章生焉，風俗養才而志氣生焉。故才多而養之，可以鼓天下之氣。天下之氣生，則君子之風盛。古者陳詩以觀人〔一〕風，君子之風，仁義是也；小人之風，邪佞是也。

風生於文，文生於質，天地之性也。止於經，聖人之道也；感於心，哀樂之音也。故觀乎志而知《國風》。逮德下衰，風雅不作，形似豔麗之文興，而雅頌比興之義廢。豔麗而工，君子恥之，此文之病也。嗟乎！天下之才少久矣，文章之氣衰甚矣，風俗之不養才病矣，才少而氣衰使然也。故當世君子，學其道，習其弊，不知其病也。所以其才日盡，其氣益衰，其教不興，故其人日野。如病者之氣，從壯得衰，從衰得老，從老得死，沈綿而去，終身不悟，非良醫孰能知之？

夫君子學文，所以行道。足下兄弟，今之才子，官雖不薄，道則未行，亦有才者之病。君子患不知之，既知之，則病不能無病。故無病則氣生，氣生則才勇，才勇則文壯，文壯然後可以鼓天下之動，此養才之道也，在足下他日行之。如老夫之文不近於道，老夫之氣已至於衰，老夫之心不復能勇，三者無矣，又安得見古人之文、論君子之道、近先王之教？斯不能必矣。冕白。

柳敬叔《與徐給事論文書》

文章本於教化，形於治亂，繫於國風；故在君子之心爲志，形君子之言爲文，論君子之道爲教。

〔一〕「人」字，民初本改作「民」。

《易》云：「觀乎人文，以化成天下。」此君子之文也。自屈、宋以降，爲文者本於哀豔，務於恢誕，亡於比興，失古義矣。雖揚、馬形似，曹、劉骨氣，潘、陸藻麗，文多用寡，則是一技，君子不爲也。昔武帝好神仙，而相如爲《大人賦》以諷，帝覽之，飄然有凌雲之氣，故揚雄病之曰：「諷則諷矣，吾恐不免於勸也。」蓋文有餘而質不足則流，才有餘而雅不足則蕩。流蕩不返，使人有淫麗之心，此文之病也。雄雖知之，不能行之。行之者惟荀、孟、賈生、董仲舒而已。

僕自下車，爲外事所感，感而應之，爲文不覺成卷。意雖復古而不逮古，則不足以議古人之文。噫！古人之文不可及之矣，得見古人之心，在於文乎？苟無文，又〔一〕不得見古人之心，故未能亡言，亦志之所之也。

柳敬叔《與滑州盧大夫論文書》

別後九年，年已老大，平生好文，老亦興盡。日爲外事所撓，有筆語兩大卷，或不得已而爲之，或有爲而爲之，既爲頗近教化，謹録呈上，望覽訖一笑。夫文生於情，情生於哀樂，哀樂生於治亂。故君子感哀樂而爲文章，以知治亂之本。屈、宋以降，則感哀樂而亡雅正。魏、晉以還，則感聲色而亡

〔一〕「又」字，民初本改作「及」。

風教。宋、齊以下，則感物色而亡興致。教化興亡，則君子之風盡，故淫麗形似之文，皆亡國哀思之音也。自夫子至梁、陳，三變以至衰弱。嗟乎！《關雎》興而周道盛，王澤竭而詩不作，作則王道興矣。天其或者肇往時之亂，爲聖唐之治，興三代之文者乎？老夫雖知之，不能文之；縱文之，不能至之。況已衰矣，安能鼓作者之氣，盡先王之教？在吾子復而行者，鼓而生之。冕頓首。

柳敬叔《答衢州鄭使君論文書》

專使至，辱書並歸拙文，如見君子。所褒過當，無德以當之。幸甚！門人云：「夫子之文章，可得而聞也；夫子之言性與天道，不可得而聞也。」即聖人道可企而及之者，文也；不可企而及之者，性也。蓋言教化發乎性情，繫乎國風者，謂之道。故君子之文必有其道，道有深淺，故文有崇替；時有好尚，故俗有雅鄭。雅之與鄭，出乎心而成風。昔游、夏之文，日月之麗也，然而列於四科之末，藝成而下也。苟文不足則人無取焉，故言而不能文，非君子之儒〔一〕也；文而不知道，亦非君子之儒也。

逮德下衰，其文漸替，惜乎王公大人之言，而溺於淫麗怪誕之説，非文之罪也，爲文者之過也。夫善爲文者，發而爲聲，鼓而爲氣；直則氣雄，精則氣生；使五彩並用，而氣行於其中。故虎豹之

〔一〕「儒」字，民初本改作「文」。

文，蔚而騰光，氣也；日月之文，麗而成章，精也。精與氣，天地感而變化生焉，聖人感而仁義行焉；不善爲文者反此，故變風變雅作矣。六義之不興，教化之不明，此文之弊也。

噫！文之道無窮，而人之才有限，苟力不足者，彊而爲文則蹶，彊而爲氣則竭，彊而爲智則拙。故言之彌多而去之彌遠，遠之便已，道則中廢，又君子所耻也，則不足見君子之道與君子之心。心有所感，文不可已，理有至精，詞不可逮，則不足當君子之褒。敬叔頓首。

柳子厚《柳宗直西漢文類序》

左右史混久矣，言事駁亂，《尚書》《春秋》之旨不立。自左丘〔一〕明傳孔氏，太史公述歷古今，合而爲《史記》，迄於今，交錯相紏，莫能離其説。獨《左氏》《國語》紀言不參於事，《戰國策》《春秋後語》頗本右史《尚書》之制。然無古聖人蔚然之道，大抵促數耗矣，而後之文者寵之。文之近古而尤壯麗，莫若漢之《西京》。班固書傳之，吾嘗病其畔散不屬，無以考其變。欲采比義，會年長疾作，駑墮愈日甚，未能勝也。幸吾弟宗直愛古書，樂而成之。搜討磔裂，攟摭融結；離而同之，與類推移；不易時月，而咸得從其條貫。森然炳然，若開羣玉之府。指揮聯累，圭璋琮璜之狀，各有列位，不失

〔一〕「丘」字，民初本改作「邱」。

其序，雖第其價可也。以文觀之，則賦頌、詩歌、書奏、詔策、辯論之辭畢具。以語觀之，則右史紀〔一〕言，《尚書》《國語》〔二〕《戰國策》成敗興壞之説大備，無不苞也。噫！是可以爲學者之端耶？

始吾少時，有路子者，自贊爲是書，吾嘉而叙其意，而其書終莫能具，卒俟宗直也。故删取其説繫於左，以爲《西漢文類》。首紀殷周之前，其文簡而野；魏晉已〔三〕降則蕩〔四〕而靡，得其中者漢氏。漢氏之東，則既衰矣。當文帝時，始得賈生明儒術，武帝尤好焉；而公孫弘、董仲舒、司馬遷、相如之徒作，風雅益盛，敷施天下，自天子至公卿大夫士庶人咸通焉。於是宣於詔策，達於奏議，諷於辭賦，傳於歌謠，由高帝迄於哀、平，王莽之誅，四方之文章蓋爛然矣。史臣班孟堅修其書，拔其尤者充於簡册，則二百三十年間，列辟之達道，名臣之大範，賢能之志業，黔黎之風習列焉。若乃合其英精，離其變通，論次其叙位，必俟學古者興行之。唐興，用文理。貞元間，文章特盛，本之三代，浹於漢氏，與之相準，於是有能者取孟堅書，類其文，次其先後，爲四十卷。

柳子厚《大理評事楊君文集後序》

文之用，辭令褒貶、導揚諷諭而已。雖其言鄙野，足以備於用，然而闕其文采，固不足以

〔一〕「紀」字，民初本改作「記」。
〔二〕「國語」二字原脱，據韓文補入。
〔三〕「已」字，民初本改作「以」。
〔四〕「蕩」字，民初本改作「盪」。

竦動時聽，誇示後學。立言而朽，君子不由也。故作者抱其根源，而必由是假道焉。作於聖，故曰經；述於才，故曰文。文有二道，辭令褒貶，本乎著述者也；導揚諷諭，本乎比興者也。著述者流，蓋出於《書》之謨、訓，《易》之象、繫，《春秋》之筆削，其要在於高壯廣厚，詞正而理備，謂宜藏於簡冊也。比興者流，蓋出於虞夏之詠歌、殷周之風雅，其要在於麗則清越，言暢而意美，謂宜流於謠誦也。兹二者，考其旨義，乖離不合，故秉筆之士，恒偏勝獨得，而罕有兼者焉。厥有能而專美，命之曰藝成，雖古文雅之盛世，不能並肩而生。

唐興以來，稱是選而不作者，梓潼陳拾遺。其後燕文貞以著述之餘，攻比興而莫能極；張曲江以比興之隟，窮著述而不克備；其餘各探一隅，相與背馳於道者，其去彌遠。文之難兼，斯亦甚矣。若楊君者，少以篇什著聲於時，其炳耀尤異之詞，諷誦於文人，盈滿於江湖，達於京師。晚節偏悟文體，尤邃叙述；學富識遠，才湧未已，其雄傑老成之風，與時增加。既獲是，不數年而夭。其季年所作尤善，其爲《鄂州新城頌》《諸葛武侯傳論》，《餞送梓潼陳衆甫》《汝南周願〔一〕》《河東裴泰》《武都符義府》《泰山羊士諤》《隴西李鍊》凡六序，《廬山禪居記》《辭李常侍啓》《遠遊賦》《七夕賦》，皆人文之選已。用是陪陳君之後，其可謂具體者歟？

〔一〕「願」字，民初本改作「愿」。

嗚呼！公既悟文而疾，既即功而廢，廢不逾年，大病及之，卒不得究〔一〕其工、竟其才，遺文未克流於世，休聲未克充於時。凡我從事於文者，所宜追惜而悼慕也！宗元以通家修好，幼獲省謁，故得奉公元兄命，論次篇簡，遂述其製作之所詣，以繫於後。

柳子厚《答韋中立論師道書》

二十一日宗元白。辱書云欲相師。僕道不篤，業甚淺近，環顧其中，未見可師者。雖常好言論，爲文章，甚不自是也。不意吾子自京師來蠻夷間，乃幸見取。僕自卜固無取，假令有取，亦不敢爲人師。爲衆人師且不敢，況敢爲吾子師乎？

孟子稱：「人之患，在好爲人師。」由魏晉氏以下，人益不事師。今之世不聞有師。有，輒譁笑之，以爲狂人。獨韓愈奮不顧流俗，犯笑侮，收召後學，作《師説》，因抗顔而爲師。世果羣怪聚駡，指目牽引，而增與爲言詞。愈以是得狂名，居長安，炊不暇熟，又挈挈而東，如是者數矣。屈子賦曰：「邑犬羣吠，吠所怪也。」僕往聞庸蜀之南，恒雨少日，日出則犬吠，予以爲過言。前六七年，僕來南。二年冬，幸大雪，逾嶺被南越中數州，數州之犬皆蒼黄吠噬，狂走者累日，至無雪乃已，然後始信前所聞者。今韓愈既自以爲蜀之日，而吾子又欲使吾爲越之雪，不以病乎？非獨見病，亦以病吾子。然

〔一〕「究」字，民初本改作「窮」。

雪與日豈有過哉？顧吠者犬耳。度今天下不吠者幾人，而誰敢衒怪於羣目，以召鬧取怒乎？

僕自謫過以來，益少志慮。居南中九年，增脚氣病，漸不喜鬧，豈可使呶呶者，早暮咈吾耳、騷吾心？則固僵仆煩憒，愈不可過矣。平居望外遭齒舌不少，獨欠爲人師耳。抑又聞之，古者重冠禮，將以責成人之道，是聖人所尤用心者也。數百年來，人不復行。近有孫昌胤者，獨發憤行之。既成禮，明日造朝，至外廷薦笏，言於卿士曰：「某子冠畢。」應之者咸憮然。京兆尹鄭叔則怫然曳笏卻立，曰：「何預我耶？」廷中皆大笑。天下不以非鄭尹而快孫子，何哉？獨爲所不爲也。今之命師者大類此。

吾子行厚而辭深，凡所作皆恢恢然有古人形貌；雖僕敢爲師，亦何所增加也？假而以僕年先吾子，聞道著書之日不後，誠欲往來言所聞，則僕固願悉陳中所得者。吾子苟自擇之，取某事，去某事，則可矣；若定是非以教吾〔一〕子，僕才〔二〕不足，而又畏前所陳者，其爲不敢也決矣。吾子前所欲見吾文，既悉以陳之，非以耀明於子，聊欲以觀子氣色，誠好惡如何也。今書來，言者皆大〔三〕過。吾子誠非佞譽誣諛之徒，直見愛甚故然耳。

始吾幼且少，爲文章，以辭爲工。及長，乃知文者以明道，是固不苟爲炳炳烺烺，務采色，誇聲音

〔一〕「吾」字，民初本改作「我」。
〔二〕「才」字，民初本改作「材」。
〔三〕「大」字，民初本改作「太」。

而以爲能也。凡吾所陳，皆自謂近道，而不知道之果近乎遠乎？吾子好道而可吾文，或者其於道不遠矣。故吾每爲文章，未嘗敢以輕心掉之，懼其剽而不留也；未嘗敢以怠心易之，懼其弛而不嚴也；未嘗敢以昏氣出之，懼其昧没而雜也；未嘗敢以矜氣作之，懼其偃蹇而驕也。抑之欲其奥，揚之欲其明，疏之欲其通，廉之欲其節；激而發之欲其清，固而存之欲其重：此吾所以羽翼夫道也。本之《書》以求其質，本之《詩》以求其恒，本之《禮》以求其宜，本之《春秋》以求其斷，本之《易》以求其動，此吾所以取道之原也。參之穀梁氏以厲其氣，參之《孟》《荀》以暢其支，參之《莊》《老》以肆其端，參之《國語》以博其趣，參之《離騷》以致其幽，參之太史以著其潔，此吾所以旁推交通而以爲之文也。

凡若此者，果是耶非耶？有取乎？抑其無取乎？吾子幸觀焉擇焉，有餘以告焉。苟亟來以廣是道，子不有得焉，則我得矣，又何以師云爾哉？取其實而去其名，無招越、蜀吠怪而爲外廷所笑，則幸矣。宗元復白。

李習之《答朱〔一〕載言書》

翱頓首。足下不以翱卑賤無所可，乃陳詞〔二〕屈慮，先我以書，且曰：「余之藝及心，不能棄於

〔一〕「朱」字，民初本改作「王」。
〔二〕「詞」字，民初本改作「辭」。

時，將求知者，問誰可？則皆曰其李君乎！」告足下者，過也；足下因而信之，又過也。果若來陳，雖道德備具，猶〔一〕不足辱厚命，況如翱者，多病少學，其能以此堪足下所望博大而深宏者耶？雖然，盛意不可以不答，故敢略陳其所聞。

蓋行己莫如恭，自責莫如厚，接衆莫如宏，用心莫如直，進道莫如勇，受益莫如擇友，好學莫如改過，此聞之於師者也。相人之術有三，迫之以理而審其邪正，設之以事而察其厚薄，問之以謀而觀其智與不才，賢不肖分矣，此聞之於友者也。

列天地，立君臣，親父子，別夫婦，明長幼，浹朋友，六經之旨也。浩浩乎若江海，高乎若邱山，赫乎若日火，包乎若天地，掇章稱詠，津潤怪麗，六經之詞也。創意造言，皆不相師。故其讀《春秋》也，如未嘗有《詩》也；其讀《詩》也，如未嘗有《易》也；其讀《易》也，如未嘗有《書》也；其讀屈原、莊周也，如未嘗有六經也。故義深則意遠，意遠則理辯，理辯則氣直，氣直則辭盛，辭盛則文工。如山有恒、華、嵩、衡焉，其同者高也，其草木之榮，不必均也。如瀆有淮、濟、河、江焉，其同者出源到海也，其曲直淺深、色黄白，不必均也。如百品之雜焉，其同者飽於腹也，其味鹹酸苦辛，不必均也。此因學而知者也，此創意之大歸也〔二〕。

〔一〕「猶」字，民初本其上增「且」字。
〔二〕「也」字，民初本删去。

天下之語文章，有六説焉：其尚異者，則曰文章辭句，奇險而已；其好理者，則曰文章叙意，苟通而已；其溺於時者，則曰文章必當對；其病於時者，則曰文章不當對；其愛難者，則曰文章宜深不當易；其愛易者，則曰文章宜通不當難。此皆情有所偏，滯而不流，未識文章之所主也。義不深，不至於理；言不信，不在於教勸，而詞句怪麗者有之矣，《劇秦美新》、王褒《僮約》是也；其理往往有是者，而詞章不能工者有之矣，劉氏《人物表》、王氏《中説》、俗傳《太公家教》是也。

古之人能極於工而已，不知其詞之對與否、易與難也。《詩》曰：「憂心悄悄，愠於羣小。」此非對也；又曰：「遘閔既多，受侮不少。」此非不對也。《書》曰：「朕堲讒説殄行，震驚朕師。」《詩》曰：「菀彼桑柔，其下侯旬，捋採其劉，瘼此下人。」此非易也；《書》曰：「允恭克讓，光被四表，格於上下。」《詩》曰：「十畝之間兮，桑者閑閑兮，行與子旋兮。」此非難也。學者不知其方，而稱説云云如前所陳者，非吾之敢聞也。

六經之後，百家之言興，老聃、列禦寇、莊周、鶡冠、田穰苴、孫武、屈原、宋玉、孟軻、吴起、商鞅、墨翟、鬼谷子、荀況、韓非、李斯、賈誼、枚乘、司馬遷、相如、劉向、揚雄，皆足以自成一家之文，學者之所師歸也。故義雖深，理雖當，詞不工者不成文，宜不能傳也。文、理、義三者兼并，乃能獨立於一時，而不泯滅於後代，能必傳也。仲尼曰：「言之無文，行之不遠。」子貢曰：「文猶質也，質猶文也，虎豹之鞟猶犬羊之鞟。」此之謂也。陸機曰：「怵他人之我先。」韓退之曰：「唯陳言之務去。」假令述笑哂之狀曰「莞爾」，則《論語》言之矣；曰「啞啞」，則《易》言之矣；曰「粲然」，則穀梁子言之矣；曰

「攸爾」，則班固言之矣；曰「覼然」，則左思言之矣。吾復言之，與前文何以異也？此造言之大歸也。

吾所以不協於時而學古文者，悦古人之行也。悦古人之行者，愛古人之道也。故學其言，不可以不行其行；行其行，不可以不重其道；重其道，不可以不循其禮。古之人相接有等，輕重有儀，列於經傳，皆可詳引。如師之於門人則名之，於朋友則字而不名，稱之於師，則雖朋友亦名之。子曰「吾與回言」，又曰「參乎，吾道一以貫之」，又曰「若由也，不得其死然」，是師之名門人驗也。夫子於鄭兄事子産，於齊師事晏嬰平仲，《傳》曰「子謂子産有君子之道四焉」〔一〕，又曰「晏平仲善與人交」〔二〕，子夏曰「言游過矣」〔三〕，子張曰「子夏云何」〔四〕，曾子曰「堂堂乎張也」〔五〕，是朋友字而不名驗也。子貢曰「賜也何敢望回」〔六〕，又曰「師與商也孰賢」〔七〕，子游曰「有澹臺滅明者，行不由徑」〔八〕，是稱於師雖朋友亦名驗也。孟子曰：「天下之達尊三，曰：德、爵、年，惡得

〔一〕《論語·公冶長》文。
〔二〕《論語·公冶長》文。
〔三〕《論語·子張》文。
〔四〕《論語·子張》文。
〔五〕《論語·子張》文。
〔六〕《論語·公冶長》文。
〔七〕《論語·先進》文。
〔八〕《論語·雍也》文。

有其一以慢其二哉？」[一]足下之書曰「韋君詞、楊君潛」，足下之德與二君未知先後也，而足下齒幼而位卑，而皆名之，《傳》曰：「吾見其與先生並行，非求益者，欲速成也[二]。」[三]竊懼足下不思，乃陷於此。韋踐之與翺書，亟叙足下之善，故敢盡辭，以復足下之厚意，計必不以爲犯。李翺頓首。

李習之《寄從弟正辭書》

知爾京兆府取解，不得如其所懷念，勿在意。凡人之窮達，所遇亦各有時爾，何至於賢丈夫而反無其時哉？此非吾徒之所憂也。其所憂者何？畏吾之道未能到於古之人爾。其心既自以爲到且無謬，則吾何往而不得所樂？何必與夫時俗之人，同得失憂喜而動於心乎？借如用汝之所知，分爲十焉，用其九學聖人之道而知其心，使餘者以與時世進退俯仰，如可求也，則不啻富且貴矣；如非吾力也，雖盡用其十，祇益勞其心矣，安能有所得乎？

汝勿信人號文章爲一藝。夫所謂一藝者，乃時世所好之文，或有盛名於近代者是也。其能到古

[一]《孟子·公孫丑下》文。
[二]「也」字，民初本删去。
[三]《論語·憲問》文。

人者，則仁義之辭也，惡得以一藝而名之哉？仲尼、孟子〔一〕殁千餘年矣，吾不及見其人，吾能知其聖且賢者，以吾〔二〕讀其辭而得之者也。後來者不可期，安知其讀吾辭也，而不知吾心之所存乎？亦未可誣也。

夫性於仁義者，未見其無文也；有文而能到者，吾未見其不力於仁義也。由仁義而後文者性也，由文而後仁義者習也，猶誠明之必相依爾。貴〔三〕與富，在乎外者也，吾不能知其有無也，非吾求而能至者也，吾何愛而屑屑於其間哉？仁義與文章，生乎内者也，吾知其有也，吾能求而充之者也，吾何懼而不爲哉？汝雖性過於人，然而未能浩浩於〔四〕其心，吾故書其所懷以張汝，且以樂言吾道云爾〔五〕。

李習之《答皇甫湜書》

辱書。覽所寄文章，詞高理直，歡悦無量，有足發予者。自别足下來，僕口不曾言文，非不好也，

〔一〕「子」字，民初本改作「軻」。
〔二〕「吾」字，民初本改作「爲」。
〔三〕「貴」字，民初本改作「賜」。
〔四〕「於」字，民初本删去。
〔五〕「爾」字，民初本改作「耳」。

言無所益，衆亦未信，衹足以招謗忤物，於道無明，故不言也。僕到越中，得一官三年矣，材〔一〕能寡薄，澤不被物，月費官錢，自度終無補益〔二〕，累求罷去，尚未得，以爲愧。僕性不解諂佞，生不能曲事權貴，以故不得齒於士林，而足下亦抱屈在外，故略有所説。

凡古賢聖得位於時，道行天下，皆不著書，以其事業存於制度，足以自見故也。其著書者，蓋道德充積，阨摧於時，身卑處下，澤不潤物，耻灰泯而燼滅，又無聖人爲之發明，故假空言是非一代，以傳無窮，而自光耀於後。故或往往有著書者，僕近寫得《唐書》，史官才薄，言詞鄙淺，不足以發明〔三〕高祖、太宗列聖明德，使後之觀者，文采不及周漢之書。僕以爲西漢十一帝，高祖起布衣，定天下，豁達大度，東漢所不及。其餘惟文、宣二帝爲優，自惠、景以下，亦不皆明於東漢明、章兩帝。而前漢事迹，灼然傳在人口者，以司馬遷、班固叙述高簡之工，故學者悦而習焉，其讀之詳也。足下讀范曄《後漢書》、陳壽《三國志》、王隱《晉書》，生熟何如左丘明、司馬遷、班固書之温習哉？故温習者事迹彰，而罕讀者事迹晦，讀之疏數，在詞之高下，理必然也。

唐有天下，聖明繼於周、漢，而史官叙事，曾不如范曄、陳壽所爲，況足擬望左丘明、司馬遷、班固

〔一〕「材」字原誤作「行」。
〔二〕「益」字，民初本删去。
〔三〕「明」字，民初本改作「揚」。

之文哉！僕所以爲耻。當茲得於時者，雖負作者之才〔一〕，其道既能被物，則不肯著書矣。僕竊不自度，無位於朝，幸有餘暇，而詞句足以稱讚明盛，紀一代功臣賢士行迹，灼然可傳於後代，自以爲能不滅者，不敢爲讓。故欲筆削國史，成不刊之書，用仲尼褒貶之心，取天下公是公非以爲本。羣黨之所謂爲〔二〕是者，僕未必以爲是；羣黨之所謂非者，僕未必以爲非。使僕書成而傳，則富貴而功德不著者，未必聲名於後；貧賤而道德全者，未必不烜赫於無窮。韓退之所謂「誅奸諛於既死，發潛德之幽光」，是翺心也。僕文采雖不足以希左丘明、司馬子長，足下視僕叙高愍女、楊烈婦，豈盡出班孟堅、蔡伯喈之下耶？

仲尼有言曰〔三〕：「不有博弈者乎？爲之，猶賢乎已。」僕所爲雖無益於人，比之博弈，猶爲勝也。古之賢聖，「當仁不讓於師」，仲尼則曰：「文王既没，文不在茲乎？」又曰：「予〔四〕欲無言。天何言哉？」孟子〔五〕則曰：「吾〔六〕之不遇魯侯，天也。臧氏之子安能使予不遇乎〔七〕？」司馬遷則曰：「成

〔一〕「才」字，民初本改作「材」。
〔二〕「爲」字，民初本删去。
〔三〕「曰」字，民初本删去。
〔四〕「予」字，民初本改作「余」。
〔五〕「子」字，民初本改作「軻」。
〔六〕「吾」字，民初本改作「余」。
〔七〕「乎」字，民初本改作「哉」。

一家之言，藏之名山，以俟後聖人君子。」僕之不讓，亦非大過也，幸無怪。翺再拜。

皇甫持正《答李生書》

辱書。適曛黑，使者立復，不果一二。承來意之厚，《傳》曰言及而不言，失人。粗書其愚，爲足下答。

幸察來書所謂今之工文或先於奇怪者，顧其文工與否耳。夫意新則異於常，異於常則怪矣；詞高則出於衆，出於衆則奇矣。虎豹之文不得不炳於犬羊，鸞鳳之音不得不鏘於烏鵲，金玉之光不得不炫於瓦石，非有意於先之也，乃自然也。必崔嵬然後爲嶽，必滔天然後爲海，明堂之棟必撓雲霓，驪龍之珠必錮〔一〕深泉。足下以少年氣盛，固當以出拔爲意，學文之初，且未自盡其才，何遽稱力不能哉？

圖王不成，其弊猶可以霸；其僅自見也，將不勝弊矣。孔子譏其身不能者，幸勉而思進之也。來書所謂浮豔聲病之文，耻不爲者，雖誠可耻，但慮足下方今不爾，且不能自信其言也。何者？足下舉進士，舉進士者，有司高張科格，每歲聚者試之，其所取乃足下所不爲者也。工欲善其事，必先利其器。足下方伐柯而舍其斧，可乎哉？耻之，不當求也；求而耻之，惑也。今吾子求之矣，是徒涉而

〔一〕「錮」字，民初本改作「固」。

恥濡足也，寧能自信其言哉？

來書所謂汲汲于立法寧人者，迺在位者之事，聖人得勢所施爲也，非詩賦之任也。功既成，澤既流，詠歌紀述，光揚之作作焉。聖人不得勢，方以文詞行於後。今吾子始學未仕而急其事，亦太早計矣。凡來書所謂數者，似言之未稱，思之或過，其餘則皆善矣。既承嘉惠，敢自疏怠，聊復所謂，俟見方盡。湜再拜。

皇甫持正《答李生第二書》

湜白：生之書辭甚多，志氣甚横流，論説文章不可謂無意。若僕愚且困，乃生詞競於此，固非宜。雖然，惡言無從，不可不卒，勿恡。夫謂之奇則非正矣，然亦無傷於正也；謂之奇即非常矣；非常者，謂不如常者。謂不如常，乃出常也。無傷於正，而出於常，雖尚之亦可也。此統〔一〕論奇之體耳，未以文言之，失也。

夫文者非他，言之華者也，其用在通理而已，固不務奇，然亦無傷於奇也。使文奇而理正，是尤難也。生意便其易者乎？夫言亦可以通理矣，而以文爲貴者，非他，文則遠，無文即不遠也。以非常之文，通至正之理，是所以不朽也，生何嫉之深耶？夫繪事後素，既謂之文，豈苟簡而已哉？

〔一〕「統」字原誤作「絶」。

聖人之文，其難及也，作《春秋》，游、夏之徒不能措一辭，吾何敢擬議之哉？秦漢以來至今，文學之盛，莫如屈原、宋玉、李斯、司馬遷、相如、揚雄之徒，其文皆奇，其傳皆遠。生書文亦善矣，比之數子，似猶未勝，何必心之高乎？《傳》曰：「言之不出，耻躬之不逮也。」生自視何如哉？

《書》之文不奇，《易》之文可謂〔一〕奇矣，豈礙理傷聖乎？如「龍戰於野，其血玄黄」「見豕負塗，載鬼一車」「突如其來如，焚如死如棄如」，此何等語也？生輕宋玉而稱仲尼、班、馬、相如爲文學。按：司馬遷傳屈原曰：「雖與日月争光可矣。」生當見之乎？若相如之徒，即祖習不暇者也。豈生稱誤耶？將識分有所至極耶？將彼之所立卓爾，非强爲所庶幾，遂讎嫉之耶？其何傷於日月乎？

生笑「紫貝闕兮珠宫」，此與《詩》之「金玉其相」何異？天下人有金玉爲之質者乎？「被〔二〕薜荔兮帶女蘿」，此與「贈之以芍藥」何異？文章不當如此説也。豈爲怒三四而喜四三，識出之白而性入之黑乎？生云虎豹之文非奇。夫長本非長，短形之則長矣；虎豹之形於犬羊，故不得不奇也，他皆仿此。生云自然者非性，不知天下何物非自然乎？生又云物與文學不相侔。此喻也，凡喻必以非類，豈可以彈喻彈乎？是不根者也。

生稱以知難而退爲謙。夫無難而退，謙也；知難而退，宜也，非謙也，豈可見黄門而稱貞哉？生

〔一〕「謂」字，民初本改作「爲」。
〔二〕「被」字，民初本改作「披」。

以一詩一賦爲非文章，抑不知一之少便非文章耶？直詩賦不是文章耶？如詩賦非文章，《三百篇》可燒矣；如少非文章，湯之《盤銘》是何物也？孔子曰〔一〕：「先行其言。」既爲甲賦矣，不得稱不作聲病文也。孔子曰：「必也正名乎？」生既不以一第爲事，不當以進士冠姓名也。夫煥乎郁郁乎之文謂制度，非止文詞也。前者捧卷軸而來，又以浮豔聲病爲説，似商量文詞，當與制度之文異日言也。

近風教偷薄，進士尤甚，迺至有一謙三十年之説，争爲虛張，以相高自謾。詩未有劉長卿一句，已呼阮籍爲老兵矣；筆語未有駱賓王一字，已罵宋玉爲罪人矣；書字未識偏傍，高談稷、契；讀書未知句度，下視服、鄭。此時之大病，所當嫉者，生美才，勿似之也。《傳》曰：「惟善人能受盡言。」〔二〕孔子曰：「君子無所争，必也射乎？」〔三〕問於湜者多矣，以生之有心也，聊有復，不能盡，不宣。湜再拜。

孫可之《與王霖秀才書》

太原君足下：《雷賦》逾六千〔四〕言，推之《大易》，參之元〔五〕象，其旨甚微，其辭甚奇。如觀駭濤

〔一〕「曰」字，民初本改作「云」。
〔二〕《國語·周語下》文。
〔三〕《論語·八佾》文。
〔四〕「六千」，民初本改作「千六」。
〔五〕「元」字，民初本改作「玄」。

於重溟，徒知褫魄眙目，莫得畔岸，誠謂足下怪於文。方舉降旗，將大誇朋從間，且疑子雲復生。無何，足下繼以《翼旨》及《雜題》十七篇，則與《雷賦》相闊數百里。足下未到其壼，則非樵所敢與知；既〔一〕入其城，設不如意，亦宜上下銖兩，不當如此懸隔。不知足下以此見嘗耶？抑以背時戾衆，且欲餔粕啜醨，以期苟合耶？何自待則淺，而徇人反深？

鸞鳳之音必傾聽，雷霆之聲必駭心。龍章虎皮，是何等物？日月五星，是何等象？儲思必深，摛詞必高，道人之所不道，到人之所不到，趨怪走奇，中病歸正，以之明道則顯而微，以之揚名則久而傳，前輩作者正如是。譬玉川子《月蝕詩》、楊司城《華山賦》、韓吏部《進學解》、馮常侍《清河壁記》，莫不拔地倚天，句句欲活；讀之如赤手捕長蛇，不施控騎生馬，急不得暇，莫可捉搦；又似遠人入太興城，茫然自失，詎比十家縣，足未及東郭，目已極西郭耶？

樵嘗得爲文真訣於來無擇，來無擇得之於皇甫持正，皇甫持正得之於韓吏部退之。然樵未始與人言及文章，且懼得罪於時。今足下有意於此，而自疑尚多，其可無言乎？樵再拜。

孫可之《與友人論文書》

嘗與足下評古今文章，似好惡不相闊者。然不有所竟，顧樵何所得哉！古今所謂文者，辭必高

〔一〕「既」，原作「直」，據孫集改。

然後爲奇，意必深然後爲工，焕然如日月之經天也，炳然如虎豹之異犬羊也。是故以之明道則顯而微，以之揚名則久而傳。

今天下以文進取者，歲叢試於有司，不下八百輩。人人矜執，自大所得，故其習於易者則斥澀艱之辭，攻於難者則鄙平淡之言，至有破句讀以爲工，摘俚句〔一〕以爲奇。秦漢已降，古人所稱工而奇者，莫如〔二〕揚、馬。然吾觀其書，乃與今之作者異耳。豈二子所工，不及今之人乎？此樵所以惑也。當元和、長慶之間，達官以文馳名者，接武於朝，皆開設户牖，主張後進，以磨定文章，故天下之文，薰然歸正。洎李御史甘以樂進後士，飄然南遷。由是達官皆闔關齰〔三〕舌，不敢上下後進。宜其爲文者得以盛任其意，無所取質，此誠可悲也。

足下才力雄健，意語鏗耀。至於發論，尚往往爲時俗所拘，豈所謂以黄金注者昏耶？顧〔四〕頑樸〔五〕無所知曉，然嘗得爲文之道於來公無擇，來公無擇得之皇甫公持正，皇甫持正得之韓先生退之。其所聞者，如前所述，豈樵所能臆説乎？

〔一〕「句」字，民初本改作「語」。
〔二〕「如」字，民初本改作「若」。
〔三〕「齰」字，民初本改作「齚」。
〔四〕「顧」字，民初本其上增「自」字。
〔五〕「樸」字，民初本改作「朴」。

歐陽永叔《答吴充秀才書》

修頓首白先輩吴君足下。前辱示書及文三篇，發而讀之，浩乎若千萬言之多，及少定而視焉，才〔一〕數百言爾。非夫辭豐意雄，霈然有不可御之勢，何以至此？然猶自患倀倀莫有開之使前者，此好學之謙言也。修材不足用於時，仕不足榮於世，其毁譽不足輕重，氣力不足動人。世之欲假譽以爲重，借力而後進者，奚取於修焉？先輩學精文雄，其施於時，又非待假譽而爲重、借力而後進者也。然而惠然見臨，若有所責，得非急於謀道，不擇其人而問焉者歟？

夫學者未始不爲道，而至者鮮焉。非道之於人遠也，學者有所溺焉爾。蓋文之爲言，難工而可喜，易悦而自足。世之學者往往溺之，一有工焉，則曰：「吾學足矣。」甚者至棄百事不關於心，曰：「吾文士也，職於文而已。」此其所以至之鮮也。

昔孔子老而歸魯，六經之作，數年之頃爾。然讀《易》者如無《春秋》，讀《書》者如無《詩》，何其用功少而能極其至也！聖人之文雖不可及，然大抵道勝者文不難而自至也。故孟子皇皇不暇著書，荀卿蓋亦晚而有作。若子雲、仲淹，方勉焉以模言語，此道未足而彊言者也。後之惑者，徒

〔一〕「才」字，民初本改作「纔」。

見前世之文傳，以爲學者文而已，故愈用力勤〔一〕而愈不至。此足下所謂「終日不出於軒序，不能縱横高下皆如意」者，道未足也。若道之充焉，雖行乎天地，入於淵泉，無不之也。

足下之文浩乎霈然，可謂善矣。而又志於爲道，猶自以爲未廣，若不止焉，孟、荀可至而不難也。修學道而不至者，然幸不甘於所悦而溺於所止，因吾子之能不自止，又以勵修之少進焉。幸甚。修白。

歐陽永叔《與黄校書論文章書》

修頓首啓。蒙問及丘舍人所示雜文十篇，竊嘗覽之，驚歎不已。其《毁譽》等數短篇尤爲篤論，然觀其用意，在於策論，此古人之所難工，是以不能無小闕。其救弊之説甚詳，而革弊未之能至。見其弊而識其所以革之者，才識兼通，然後其文博辯而深切，中於時病而不爲空言。蓋見其弊，必見其所以弊之因，若賈生論秦之失，而推古養太子之禮，此可謂知其本矣。然近世應科目文辭，求若此者蓋寡，必欲其極致，則宜少加意，然後焕乎其不可禦矣。文章繫乎治亂之説，未易談，況乎愚昧，惡能當此？愧畏愧畏！修謹白。

〔一〕「愈用力勤」，民初本改作「用力愈勤」。

歐陽永叔《與樂秀才第一書》

某白秀才樂君足下。昨者舟行往來，皆辱見過，又蒙以所業一册，先之啓事，宛然如後進之見先達之儀。某年始三十矣，其不從鄉進士之後者於今纔七年，而官僅得一縣令，又爲有罪之人，其德、爵、齒三者，皆不足以稱足下之所待，此其所以爲慚。自冬涉春，陰洩不止，夷陵水土之氣，比頻作疾，又苦多事，是以闕。

然聞古人之於學也，講之深而言〔一〕之篤，其充於中者足，而後發乎外者大以光。譬夫金玉之有英華，非由磨飾染濯之所爲，而由其質性堅實，而光輝之發自然也。《易》之《大畜》曰：「剛健篤實，輝光日新。」謂夫畜於其内者實，而後發爲光輝者日益新而不竭也。故其文曰：「君子多識前言往行，以畜其德。」此之謂也。古人之學者非一家，其爲道雖同，言語文章未嘗相似。孔子之繫《易》，周公之作《書》，奚斯之作《頌》，其辭皆不同，而各自以爲經。子游、子夏、子張與顔回同一師，其爲人皆不同，各由其性而就於道耳。今之學者或不然，不務深講而篤信之，徒巧其詞以爲華，張其言以爲大。夫强爲則用力艱，用力艱則有限，有限則易竭。又其爲辭不規模於前人，則必屈曲變態以隨時俗之所好，鮮克自立。此其充於中者不足，而莫自知其所守也。

〔一〕「言」字，民初本改作「信」。

竊讀足下之所爲高健，志甚壯而力有餘。譬夫良駿之馬，有其質矣，使駕大輅而王良馭之，節以和鑾而行大道，不難也。夫欲充其中，由講之深；至其深，然後知自守。能如是矣，言出其口而皆文。修見惡於時，棄身此邑，不敢自齒於人。人所共棄而足下過禮之，以賢明方〔一〕正見待，雖不敢當，是以盡所懷爲報，以塞其慚。某頓首。

曾子固《南齊書目録序》

《南齊書》，八紀，十一志，四十列傳，合五十九篇，梁蕭子顯撰。始江淹已爲十志，沈約又爲《齊紀》，而子顯自表武帝，别爲此書。臣等因校正其訛謬，而叙其篇目曰：

將以是非得失、興壞理亂之故而爲法戒，則必得其所託，而後能傳於久，此史之所以作也。然而所託不得其人，則或失其意，或亂其實，或析理之不通，或設辭之不善，故雖有殊功韙德非常之迹，將暗而不章，鬱而不發，而檮杌嵬瑣奸回凶慝之形，可幸而掩也。嘗試論之，古之所謂良史者，其明必足以周萬事之理，其道必足以適天下之用，其智必足以通難知之意，其文必足以發難顯之情，然後其任可得而稱也。何以知其然邪？昔者，唐、虞有神明之性，有微妙之德，使由之者不能知，知之者不能名，以爲治天下之本；號令之所布，法度之所設，其言至約，其體至備，以爲治天下之具，而爲二

〔一〕「方」字，民初本改作「巧」。

《典》者。推而明之，所記者獨其迹邪？並與其深微之意而傳之。小大精粗，無不盡也；本末先後，無不白也。使誦其説者如出乎其時，求其指者如即乎其人。是可不謂明足以周萬事之理，道足以適天下之用，智足以通難知之意，文足以發難顯之情者乎？則方是之時，豈特任政者皆天下之士哉？蓋執簡操筆而隨者，亦皆聖人之徒也。兩漢以來爲史者，去之遠矣。司馬遷從五帝三王既歿數千載之後，秦火之餘，因散絶殘脱之經，以及傳記百家之説，區區掇拾，以集著其善惡之迹，興廢之端，又創己意，以爲本紀、世家、八書、列傳之文，斯亦可謂奇矣。然而蔽害天下之聖法，是非顛倒而采摭謬亂者，亦豈少哉？是豈可不謂明不足以周萬事之理，道不足以適天下之用，智不足以通難知之意，文不足以發難顯之情者乎？

夫自三代以後爲史者如遷之文，亦不可不謂俊偉拔出之材、非常之士也，然顧以謂明不足以周萬事之理，道不足以適天下之用，智不足以通難知之意，文不足以發難顯之情者，何哉？蓋聖賢之高致，遷固有不能純〔一〕達其情而見之於後者矣〔二〕，以故不得而與之也。遷之得失如此，況其他邪？至於宋、齊、梁、陳、後魏、後周之書，蓋無以議爲也。子顯之於斯文，喜自馳騁，其更改破析、刻雕藻績之變尤多，而其文益下，豈夫材固不可以强而有邪？數世之史既然，故其事迹曖味〔三〕，雖有隨世

〔一〕「純」字，民初本删之。
〔二〕「矣」字，民初本删之。
〔三〕「味」字，民初本改作「昧」。

以就功名之君，相與合謀之臣，未有赫然得〔一〕傾動天下之耳目，播天下之口者也。而一時偷奪傾危、悖理反義之人，亦幸而不暴著於世，豈非所托不得其人故邪？可不惜哉？蓋史者所以明夫治天下之道也，故爲之者亦必天下之材，然後其任可得而稱也。豈可忽哉！豈可忽哉！

蘇明允《上歐陽内翰書》

洵布衣窮居，嘗竊自歎，以爲天下之人不能皆賢，不能皆不肖；故賢人君子之處於世，合必離，離必合。往者天子〔二〕方有意於治，而范公在相府，富公爲樞密副使，執事與余公、蔡公爲諫官，尹公馳騁上下，用力於兵革之地。方是之時，天下之人，毛髮絲粟之才，紛紛然而起，合而爲一；而洵也，自度其愚魯無用之身，不足以自奮於其間，退而養其心，幸其道之將成，而可以復見於當世之賢人君子。

不幸道未成，而范公西，富公北，執事與余公、蔡公分散四出，而尹公亦失勢，奔走於小官。洵時在京師，親見其事，忽忽仰天歎息，以爲斯人之去，而道雖成，不復足以爲榮也。既復自思念，往者衆君子之進於朝，其始也必有善人焉推之，今也亦必有小人焉間之。今之世無復有善人也則已矣。如

〔一〕「得」字，民初本其下增「其」字。
〔二〕「子」字，民初本改作「下」。

其不然也，吾何憂焉。姑養其心，使其道大有成，而待之何傷？退而處十年，雖未敢自謂其道有成矣，然浩浩乎其胸中若與曩者異。而余公適亦有成功於南方，執事與蔡公復相繼登於朝，富公復自外入爲宰相，其勢將復合爲一。喜且自賀，以爲道既已粗成，而果將有以發之也。

既又反而思其向之所慕望愛悦之而不得見之者，蓋有六人焉。今將往見之矣，而六人者已有范公、尹公二人亡焉，則又爲之潸然出涕以悲。嗚呼！二人者不可復見矣！而所恃以慰此心者，猶有四人也，則又以自解。思其止於四人也，則又汲汲欲一識其面，以發其心之所欲言。而富公又爲天子之宰相，遠方寒士未可遽以言通於其前。而余公、蔡公遠者又在萬里外，獨執事在朝廷間，而其位差不甚貴，可以叫呼扳援而聞之以言。而饑〔一〕寒衰老之病，又痼而留之，使不克自至於執事之庭。夫以慕望愛悦其人之心，十年而不得見，而其人已死，如范公、尹公二人者，則四人之中，非其勢不可遽以言通者，何可以不能自往而遽已也？

執事之文章，天下之人莫不知之，然竊自以爲洵之知之特深，愈於天下之人。何者？孟子之文，語約而意盡，不爲巉刻斬絶之言，而其鋒不可犯。韓子之文，如長江大河，渾浩流轉，魚黿蛟龍，萬怪惶惑，而抑遏蔽掩，不使自露，而人望見其淵然之光、蒼然之色，亦自畏避，不敢近〔二〕視。

〔一〕「饑」字，民初本改作「下」。
〔二〕「近」字，民初本改作「迫」。

執事之文，紆餘委備，往復百折，而條達疏暢，無所間斷；氣盡語極，急言竭論，而容與閑易，無艱難勞苦之態，此三者亦斷然自爲一家之文也。惟李翺之文，其味黯然而長，其光油然而幽，俯仰揖讓，有執事之態。陸贄之文，遺言措意，切近的當，有執事之實。而執事之才，又自有過人者，蓋執事之文，非孟子、韓子之文，而歐陽子之文也。

夫樂道人之善而不爲諂者，以其人誠足以當之也。彼不知者，則以爲譽人以求其悦己也。夫譽人以求其悦己，洵亦不爲也，而其所以道執事光明盛大之德，而不自知止者，亦欲執事之知其知我也。雖然，執事之名滿於天下，雖不見其文，而固已知有歐陽子矣。而洵也不幸墮在草野泥塗之中，而其知道之心，又近而粗成。而欲徒手奉咫尺之書，自托於執事，將使執事何從而知之，何從而信之哉？

洵少年不學，生二十五年，始知讀書，從士君子遊。年既已晚，而又不遂刻意厲行，以古人自期，而視與己同列者皆不勝己，則遂以爲可矣。其後困益甚，然後取古人之文而讀之，始覺其出言用意與己大異。時復内顧，自思其才，則又似夫不遂止於是而已者。由是盡燒其曩時所爲文數百篇，取《論語》《孟子》《韓子》及其他聖人賢人之文，而兀然端坐，終日以讀之者七八年矣。方其始也，入其中而惶然，博觀於其外而駭然以驚。及其久也，讀之益精，而其胸中豁然以明，若人之言固當然者，然猶未敢自出其言也。時既久，胸中之言日益多，不能自制，試出而書之，已而再三讀之，渾渾乎覺其來之易矣，然猶未敢以爲是也。近所爲《洪範論》《史論》凡七篇，執事觀其如何？嘻！區區而自言，不知者又將以爲自譽以求人之知己也。惟執事思其十年之心，如是之不偶然也而察之。

蘇明允《仲兄字文甫説》

洵讀《易》至《涣》之六四曰「涣其羣，元吉」，曰：「嗟夫！羣者，聖人所欲涣以混一天下者也。蓋余仲兄名涣而字公羣，則是以聖人之所欲解散滌蕩者以自命也，而可乎？」他日以告，兄曰：「子可無爲我易之？」洵曰：「唯。」既而曰：「請以文甫易之，如何？」

且兄嘗見夫水之與風乎？油然而行，淵然而留，渟洄汪洋，滿而上浮者，是水也，而風實起之。蓬蓬然而發乎太空，不終日而行乎四方，蕩乎其無形，飄乎其遠來，既往而不知其迹之所存者，是風也，而水實行之。今夫風水之相遭乎大澤之陂也，紆餘委虵，蜿蜒淪漣，安而相推，怒而相凌，舒而如雲，蹙而如鱗，疾而如馳，徐而如徊〔一〕，揖讓旋辟，相顧而不前，其繁如縠，其亂如霧，紛紜鬱擾，百里若一，汩乎順流，至乎滄海之濱，磅礴洶湧，號怒相軋，交横綢繆，放乎空虚，掉乎無垠，横流逆折，潰旋傾側，宛轉膠戾，回者如輪，縈者如帶，直者如燧，奔者如焰，跳者如鷺，躍者如鯉，殊狀異態，而風水之極觀備矣！故曰：「風行水上，涣。」此亦天下之至文也。

然而此二物者，豈有求乎文哉？無意乎相求，不期而相遭而文生焉。是其爲文也，非水之文也，

〔一〕「徊」字，原作「緬」，據蘇集改。

非風之文也，二物者非能爲文而不能不爲文也。物之相使而文出於其間也，故曰此〔一〕天下之至文也。今夫玉非不温然美矣，而不得以爲文；刻鏤組繡，非不文矣，而不可以論乎自然。故夫天下之無營而文生之者，唯水與風而已。

昔者君子之處於世，不求有〔二〕功，不得已而功成，則〔三〕天下以爲賢；不求有言，不得已而言出〔四〕，則〔五〕天下以爲口實。嗚呼！此不可與他人道之，唯吾兄可也。

蘇子瞻《答謝民師書》

軾啓。近奉違，亟辱問訊，具審起居佳勝，感慰深矣。軾受性剛簡，學迂材下，坐廢累年，不敢復齒縉紳。自還海北，見平生親舊，惘然如隔世人，況與〔六〕左右無一日之雅，而敢求交乎？數賜見臨，傾蓋如故，幸甚過望，不可言也。

所示書教及詩賦雜文，觀之熟矣，大略如行雲流水，初無定質，但常行於所當行，常止於不可不

〔一〕「此」字，民初本删去。
〔二〕「有」字，民初本改作「其」。
〔三〕「則」字，民初本删去。
〔四〕「出」字，民初本删去。下句「著」字移於上句末。
〔五〕「則」字，原作「著」，據蘇集改。
〔六〕「與」字，民初本改作「於」。

止，文理自然，姿〔一〕態横生。孔子曰：「言之不文，行之不遠。」又曰：「辭達而已矣。」夫言止於達意，疑若不文，是大不然。求物之妙，如繫風捕影，能使是物了然於心者，蓋千萬人而不一遇也，而況能使了然於口與手者乎？是之謂辭達。辭至於能達，則文不可勝用矣。揚雄好爲艱深之辭，以文淺易之説，若正言之，則人人知之矣。此正所謂雕蟲篆刻者，其《太玄》《法言》皆是物也，而獨悔於賦，何哉？終身雕蟲，而獨變其音節，便謂之經，可乎？屈原作《離騷經》，蓋《風》《雅》之再變者，雖與日月争光可也，可以其似賦而謂之雕蟲乎？使賈誼見孔子，升堂有餘矣，而乃以賦鄙之，至與司馬相如同科。雄之陋如此比者甚衆，可與知者道，難與俗人言也。因論文偶及之耳。歐陽文忠公言：「文章如精金美玉，市有定價，非人所能以口舌定貴賤也。」紛紛多言，豈能有益於左右，愧悚不已。

蘇子瞻《答張文潛書》節録

軾〔二〕頓首，文潛縣丞張君足下。……惠示文編，三復感嘆。甚矣！君之似子由也。子由之文實勝僕，而世俗不知，乃以爲不如，其爲人深，不願人知之；其文如其爲人，故汪洋澹泊，有一唱三嘆之聲，而其秀傑之氣，終不可没。作《黄樓賦》乃稍自振厲，若欲以警發憒憒者。而或者便謂僕代作，

〔一〕「姿」字，民初本改作「恣」。
〔二〕「軾」字，民初本删去。

此尤可笑，是殆見吾善者機也。

文字之衰，未有如今日者也，其源實出於王氏。王氏之文，未必不善也，而患在於好使人同己。自孔子不能使人同，顔淵之仁，子路之勇，不能以相移，而王氏欲以其學同天下！地之美者，同於生物，不同於所生，惟荒瘠斥鹵之地，彌望皆黄茅白葦，此則王氏之同也。

近見章子厚言先帝晚年甚患文字之陋，欲稍變取士法，特未暇耳。議者欲稍復詩賦，立《春秋》學官，甚美。僕老矣，使後生猶得見古人之大全者，正賴黄魯直、秦少游、晁無咎、陳履常與君等數人耳。如〔一〕聞君作太學博士，願益勉之。「德輶如毛，民鮮克舉之。我儀圖之，愛莫助之。」

蘇子由《上韓太尉書》

太尉執事。轍生好爲文，思之至深，以爲文者氣之所形，然文不可以學而能，氣可以養而致。孟子曰：「我善養吾浩然之氣。」今觀其文章，寬厚宏博，充乎天地之間，稱其氣之小大。太史公行天下，周覽四海名山大川，與燕、趙間豪俊交遊，故其文疏蕩，頗有奇氣。此二子者，豈嘗執筆學爲如此之文哉？其氣充乎其中，而溢乎其貌，動乎其言，而見乎其文，而不自知也。

轍生年十有九矣。其居家所與遊者，不過其鄰里鄉黨之人，所見不過數百里之間，無高山大野

〔一〕「如」字，民初本删去。

可登覽以自廣。百氏之書雖無所不讀，然皆古人之陳迹，不足以激發其志氣。恐遂汩没，故決然捨去，求天下奇聞壯觀，以知天地之廣大。過秦漢之故都，恣觀終南、嵩、華之高；北顧黄河之奔流，慨然想見古之豪傑。至京師，仰觀天子宫闕之壯，與倉廩府庫、城池苑囿之富且大也，而後知天下之巨麗。見翰林歐陽公，聽其議論之宏辯，觀其容貌之秀偉，與其門人賢士大夫遊，而後知天下之文章聚乎此也。太尉以才略冠天下，天下之所恃以無憂，四裔之所憚以不敢發。入則周公、召公，出則方叔、召虎，而轍也未之見焉。且夫人之學也，不志其大，雖多而何爲？轍之來也，於山見終南、嵩、華之高；於水見黄河之大且深；於人見歐陽公，而猶以爲未見太尉也！故願得觀賢人之光耀，聞一言以自壯，然後可以盡天下之大觀，而無憾者〔一〕矣。

轍年少，未能通習吏事。嚮之來，非有取於斗升之禄。偶然得之，非其所樂。然幸得賜歸待選，使得優游數年之閑，將以益治其文，且學爲政。太尉苟以爲可教而辱教之，又幸矣！

王介甫《上人書》

嘗謂文者，禮教治政云爾。其書諸策而傳之人，大體歸然而已。而曰「言之不文，行之不遠」云者，徒謂辭之不可以已也，非聖人作文之本意也。

〔一〕「者」字，民初本删去。

自孔子之死久，韓子作，望聖人於百千年中，卓然也。獨子厚名與韓並。子厚非韓比也，然其文卒配韓以傳，亦豪傑可畏者也。韓子嘗語人以文矣，曰云云，子厚亦曰云云。疑二子者，徒語人以其辭耳，作文之本意不如是其已也。孟子曰：「君子欲其自得之也。自得之則居之安，居之安則資之深；資之深，則取諸左右逢其原。」孟子之云爾，非直施於文而已，然亦可托以爲作文之本意。

且所謂文者，務爲有補於世而已矣。所謂辭者，猶器之有刻鏤繪畫也。誠使巧且華，不必適用；誠使適用，亦不必巧且華。要之，以適用爲本，以刻鏤繪畫爲之容而已。不適用，非所以爲器也。不爲之容，其亦若是乎？否也。然容亦未可已也，勿先之其可也。

某學文久，數挾此説以自治。始欲書之策而傳之人，其試於事者則有待矣。其爲是非邪，未能自定也。執事正人也，不阿其所好者，書雜文十篇獻左右，願賜之教，使之是非有定焉。

張文潛《答李推官書》

足下之文，可謂奇矣。捐去文字常體，力爲瑰奇險怪，務欲使人讀之，如見數千歲前科斗鳥迹所記、弦匏之歌、鐘鼎之文也。足下之所嗜者如此，固無不善者，抑耒之所聞所謂能文者，豈謂其能奇哉？能文者，固不專以能奇爲主也。

夫文何爲而設也？知理者不能言。世之能言者多矣，而文者獨傳。豈獨傳哉？因其能文也而言益工，因其言工也而理益明，是以聖人貴之。自六經以下，至於諸子百氏、騷人辯士論述，大抵皆將以爲寓理之具也。

是故理解者，文不期工而工；理愧者，巧爲粉澤而隙間百出。此猶兩人持牒而訟：直者操筆，不待累累，讀之如破竹，橫斜反覆，自中節目；曲者雖使假詞於子貢，問字於揚雄，如列五〔一〕味而不能調和，食之於口，無一可愜，況可〔二〕使人玩味之乎？故學文之端，急於明理。夫不知爲文者，無所復道。如知文而不務理，求文之工，世未嘗有是也。

夫決水於江淮河海也，水順道而行，滔滔汩汩，日夜不止，衝砥柱，絶吕梁，放於江河而納之海，其舒之爲淪漣，鼓之爲波濤，激之爲風飆，怒之爲雷霆，蛟龍魚黿〔三〕，噴薄出没，是水之奇變也。而水初豈如此哉？是〔四〕順道而決之，因其所遇而變生焉。溝瀆東決而西竭，下滿而上虛，日夜激之，欲見其奇，彼其所至者，蛙蛭之玩耳。江淮河海之水，理達之文也，不求奇而奇至矣。激溝瀆而求水之奇，此無見於理，而欲以言語句讀爲奇之文也。

六經之文，莫奇於《易》，莫簡於《春秋》，夫豈以奇與簡爲務哉？勢自然耳。《傳》曰：「吉人之辭

〔一〕「五」字，民初本改作「八」。
〔二〕「況可」，民初本改作「何況」。
〔三〕「黿」字，民初本改作「鼃」。
〔四〕「是」字，民初本删去。

寡。」〔一〕彼豈惡繁而好寡哉？雖欲爲繁而不可得也。

自唐以來至今，文人好奇者不一。甚者或爲缺句斷章，使脈理不屬；又取古人訓詁希於見聞者，衣被而説合之，或得其字不得其句，或得其句不知其章，反覆咀嚼，卒亦無有，此最文之陋也。足下之文雖不若此，然其意靡靡，似主於奇矣，故預爲足下陳之，願無以僕之言質俚而不省也。

宋景濂《文原》

（上篇）人文之顯，始於何時？實肇於庖羲之世。庖羲仰觀俯察，畫奇偶以象陰陽，變而通之，生生不窮，遂成天地自然之文。非惟至道含括無遺，而其制器尚象，亦非文不能成，如垂衣裳而治，取諸乾坤；上棟下宇，而取諸大壯。書契之造而取諸夬，舟楫牛馬之利而取諸涣、隨，杵臼、棺槨之制而取諸小過、大過，重門擊柝而取諸豫，弧矢之用而取諸睽，何莫非粲然之文？自是推而存之，天衷民彝之叙，禮樂刑政之施，師旅征伐之法，井牧州里之辨，華夷内外之别，復皆則而象之。故凡有關民用，及一切彌綸範圍之具，悉囿乎文，非文之外别有其他也。然而事爲既著，無以紀載之，則不能以行遠，始託之辭翰以昭其文，略舉一二言之。

禹敷土，隨山刊木，奠高山大川，既成功矣，然後筆之爲《禹貢》之文。周制聘覲、燕享、餽食、昏

〔一〕《易·繫辭下》文。

喪諸禮，其升降揖讓之節，既行之矣，然後筆之爲《儀禮》之文。孔子居鄉黨，容色言動之間，從容中道，門人弟子既習見之矣，然後筆之爲《鄉黨》之文。其他格言大訓，亦莫不然，必有其實，而後文隨之，初未嘗以徒言爲也。譬猶聆衆樂於洞庭之野，而後知聲音之抑揚，綴兆之舒疾也；習大射於矍相之圃，而後知觀者如堵牆，序點之揚觶也，苟逾度而臆決之，終不近也。昔者游、夏以文學名，謂觀其會通而酌其損益之宜而已，非專指乎辭翰之文也。嗚呼！吾之所謂文者，天生之，地載之，聖人宣之，本建則其末治，體著則其用彰，斯所謂秉陰陽之大化，正三綱而齊六紀者也。亘宇宙之終始，類萬物而周八極者也。嗚呼！非知經天緯地之文者，烏足以語此？

（下篇）爲文必在養氣，氣與天地同，苟能充之，則可配序三靈，管攝萬彙。不然，則一介之小夫爾〔一〕！君子所以攻內不攻外，圖大不圖小也。力可以舉鼎，人之所難也，而烏獲能之，君子不貴之者，以其局乎小也。智可以搏虎，人之所難也，而馮婦能之，君子不貴之者，以其鶩乎外也。氣得其養，無所不周，無所不極也。攬而爲文，無所不參，無所不包也。

九天之屬，其高不可窺；八柱之列，其厚不可測，吾文之量得之。規燬魄淵，運行不息，基地萬熒，纏次弗紊，吾文之焰得之。昆崙玄圃之崇清，層城九重之嚴邃，吾文之峻得之。南桂北瀚，東瀛

〔一〕「爾」字，民初本改作「耳」。

西溟，杳渺而無際，函〔一〕負而不竭，魚龍生焉，波濤興焉，吾文之深得之。雷霆鼓舞之，風雨翕張之，雨露潤澤之，鬼神恍惚，曾莫窮其端倪，吾文之變化得之。上下之間，自色自形，羽而飛，足而奔，潛而泳，植而茂，若洪若纖，若高若卑，不可以數計，吾文之隨物賦形得之。

嗚呼！斯文也，聖人得之則傳之萬世爲經，賢者得之則放諸四海爲準，輔相天地而不過，昭明日月而不忒，調燮四時而無愆，此豈非文之至者乎？天德湮微，文氣日削，騖乎外而不攻其内，局乎小而不圖其大。此無他，四瑕八冥九蠹有以累之也。

何謂四瑕？雅鄭不分之謂荒，本末不比之謂斷，筋骸不束之謂緩，旨趨〔二〕不超之謂凡。是四者，賊文之形也。

何謂八冥？訐者將以賊乎誠，椭者將以蝕夫圜，庸者將以混夫奇，瘠者將以勝夫腴，犓者將以亂乎精，碎者〔三〕將以害乎完，陋者將以革夫博，昧者將以損夫明。是八者，傷文之膏髓也。

何謂九蠹？滑其真，散其神，糅其氛，徇其私，滅其智，麗其蔽，違其天，昧其幾，爽其貞。是九者，死文之心也。有一於此，則心受死而文喪矣。

春葩秋卉之争麗也，鷗號林而蛩吟砌也，水湧蹄涔而火炫螢尾也，衣被土偶而不能聽視也，蟣蠓

〔一〕「函」字，民初本改作「涵」。
〔二〕「趨」字，民初本改作「趣」。
〔三〕「者」字，原誤作「意」，據宋集改。

死生於甕盎，不知四海之大，六合之廣也，斯皆不知養氣之故也。嗚呼！人能養氣，則情深而文明，氣盛而化神，當與天地同功也。與天地同功，而其智卒歸之一介小夫，不亦可悲哉？

（原跋）予既作《文原》上下篇，言雖大而非夸，唯智者能擇焉。去古既遠，世之論文者有二，曰載道，曰紀事。紀事之文，當本之司馬遷、班固，而載道之文，舍六籍將焉從？雖然，六籍者本與根也，遷、固者枝與葉也，此近代唐子西之論，而予之所見，則有異於是也。六籍之外，當以孟子爲宗，韓子次之，歐陽子又次之，此則國之通衢，無荆榛之塞，無蛇虎之禍，可以直趨聖賢之大道。去此，則曲狹僻徑耳，犖确邪蹊耳，胡可行哉？予竊怪世之爲文者不爲不多，騁新奇者，鉤摘隱伏，變更庸常，甚至不可句讀，且曰不詰曲聱牙，非古文也；樂陳腐者，一假場屋委靡之文，紛揉龐雜，不見端緒，且曰不淺易輕順，非古文也。予皆不知其何説。大抵爲文者，欲其辭達而道明耳。吾道既明，何問其餘哉？雖然，道未易明也，必能知言養氣始爲得之。予復悲世之爲文者，不知其故，頗能操觚遺詞，毅然以文章家自居，所以益摧落而不自振也。一二三子所學日進於道，聊一言之。

宋景濂《文説》

明道之謂文，立教之謂文，可以輔俗化民之謂文。斯文也，果誰之文也？聖賢之文也。非聖賢之文也，聖賢之道充乎中，著乎外，形乎言，不求其成文而文生焉者也。不求其成文而文生焉者，文之至也。故文猶水與木然，導川者不憂流之不延，而恐其源之不深；植木者不憂其枝之不蕃，而慮其本之不培。培其本，深其源，其延其蓄也孰禦？聖賢未嘗學爲文也，沛然而發之，卒然而書之，而天下之學爲文者，莫能過焉，以其爲本昌、爲源博也。

彼人曰「我學爲文也」，吾必知其不能也。夫文烏可以學爲哉？彼之以句讀順適爲工，訓詁艱深爲奇，窮其力而爲之，至於死而後已者，使其能至焉，亦技而已矣，況未必至乎！聖賢非不學也，學其大不學其細也。窮乎天地之際，察乎陰陽之妙，遠求乎〔一〕千載之上，廣索乎四海之内，無不知矣，無不盡矣，而不特乎〔二〕此也；反之於身以觀其誠，養之於心而欲其明，參之於氣而致其平，推之爲道而驗其恒，蓄之爲德而俟其成。德果成矣〔三〕，視於其身，儼乎其有威，確乎其有儀，左禮而右樂，圓規而方矩，皆文也。聽乎其言，温恭而不卑，皎厲而不亢，大綱而纖目，中律而成章，亦皆文也。察乎其政，其政莫非文也；徵乎其家，其家莫非文也。夫如是，又從而文之，雖不求其文，文其可掩乎？此聖賢之文，所以法則乎天下，而教行乎後世也。今之爲文者則不然。僞焉以馳其身，昧焉以汩其心，擾焉以乖其氣，其道德蔑如也，其言行棼如也；家焉而倫理謬，官焉而政教泯，而欲攻乎虚辭，以自附乎古，多見其不察諸本而不思也。

文者果何由而發乎？發乎心也。心烏在？主乎身也。身之不修而欲修其辭，心之不和而欲和

〔一〕「乎」字，民初本改作「也」。
〔二〕「乎」字，民初本删去。
〔三〕「矣」字，民初本其下增「哉」字。

其聲，是猶擊缶而求合乎宮商，吹折葦而冀同乎有虞氏之《簫韶》也，決不可致矣。曷爲不思乎聖賢與我無異也？聖賢之文若彼，而我之文若是，豈我心之不若乎？氣之不若乎？否也，特心與氣失其養耳！

聖賢之心，浸灌乎道德，涵泳乎仁義。道德仁義積而氣因以充，氣充欲其文之不昌，不可遏也。今之人不能然，而欲其文之類乎聖賢，亦不可得也。嗚呼！盛矣今之人之惑也！聖賢之爲學，自心而身，自身而家，其爲事亦多矣，而未嘗敢先乎文。今之人未暇及乎他，自幼以至壯，一惟文焉是學，宜乎今之文勝於古之聖賢，而終不及者，豈無其故邪？不浚其源而揚其瀾，不培其本而抽其枝，弗至於槁且涸不止也。然則何爲而後可爲文也？蓋有方焉。

聖賢不可見矣，聖賢之爲人，其道德仁義之説存乎書，求而學焉，不徒師其文而師其行，不徒識諸心而徵諸身。小則文一家、化一鄉，大則文被乎四方，漸漬生民，賁及草木，使人人改德而易行，親親而尊尊，宣之於簡册，著之於無窮，亦庶幾明道而立教，輔俗而化民者乎！

嗚呼！吾何由而見斯人於斯世也！吾何爲而不思夫聖賢之盛也！

虎林王生黼年甚少，讀《春秋》而好爲文，問法於予。予美其有志也，以其大者語之。

宋景濂《曾助教文集序》

臨川曾先生旦所爲文若干篇，其門人某類編成書，而以首簡請余序。序曰：

天地之間萬物，有條理而弗紊者莫非文，而三綱九法，尤爲文之著者。何也？君臣父子之倫，禮樂刑政之施，大而開物成務，小而淑身繕性，本末之相涵，終始之交貫，皆文之章章者也。所以唐、虞之時，其文寓於欽天勤民、明物察倫之具；三代之際，其文見於子丑寅之異建，貢助徹之殊賦。載之於籍，行之於世，其大本既備，而節文森然可觀。《傳》有之：「三代無文人，六經無文法。」無文人者，動作威儀，人皆成文；無文法者，物理即文，而非法之可拘也。秦漢以下則大異於斯，求文於竹帛之間，而文之功用隱矣。

雖然，此以文之至者言之爾，文之爲用，其亦溥博矣乎！何以見之？施之朝廷則有詔誥册祝之文，行之師旅則有露布符檄之文，託之國史則有記表誌傳之文；他如序記銘箴、贊頌歌吟之屬，發之性情，接之事物，隨其洪纖，稱其美惡，察其倫品之詳，盡其彌綸之變，如此者要不可一日無也。然亦豈易致哉？必也本之於至静之中，參之於欲動之際，有弗養焉，養之無弗充也；有弗審焉，審之無不精也。然後嚴體裁之正，調律吕之和，合陰陽之化，攝古今之事，類人己之情，著之篇翰，辭旨皆無所畔背，雖未造於至文之域，而不愧於適用之文矣。嗚呼文乎！其可易言矣乎？

今先生淹貫羣經，所謂三綱九法，其文理之粲然者，加體索而擴充焉。嘗以《春秋》貢於鄉。科目既廢，益寓意於古文辭，用功於動静者久，聲光煒然起矣。余取讀之，藻火黼黻之交輝〔一〕，金聲玉

〔一〕「輝」字，民初本改作「煇」。

振之迭奏，魚龍波濤之驚迅，一一可以適於世用。信夫萬物各有條理者，於先生之文，亦可以見之。余在詞林，先生方助教成均，朝夕論文甚驩。因其門人所請，推原文之至者而爲之序，著源委之真，欲體用之兼舉也。

宋景濂《朱葵山文集序》

文不貴乎能言，而貴於不能不言。日月之昭然，星辰之煒然，非故爲是明也，不能不明也；江河之流，草木之茂，非欲其流且茂也，不能不流且茂也：此天地之至文，所以不可及也。惟聖賢亦然。三代之《書》《詩》，四聖人之《易》，孔子之《春秋》，曷嘗求其文哉？道充於中，事觸於外而形乎言，不能不成文耳！故四經之文，垂百世而無謬，天下則而準之。自夫斯道不明，學者觀聖賢之文而悦其不朽，於是始摹倣其語言以爲工，而文愈削矣。夫天之生此人也，則有是道也；有是道也，則有此文也。苟能明道而發乎文，則將孰禦乎？而能者寡矣，斯後世之文所以不逮古也。後世之文，加之以百言而不知其有餘，損其十言而不見其不足，以不本於道故耳，此非發於不能不言而强言之弊也。聖賢之經，其所不言也，益以片辭則多矣；其所言也，删其一言則略矣，以其不志於文，此文所以卒莫能過也。故志於文者，非能文者也，惟志於道者能之。

元之末，莆田有朱先生文霆，以治經取顯官，有政事，人皆知之；而其所爲文，世則鮮知之。其孫進士灊近以示余，其言醇而理彰，於理不合，雖强之言，不言，其所言者，未嘗不本諸道。惟其志於道而不以文名，故言文者失之。嗚呼！人能因余言以求先生之文，庶幾得其所存。

先生字原道，以泉州路總管致仕。其歷官政事，見余所撰墓銘，故不著。

蘇平仲《空同子瞽説》選自第十二首

尉遲楚好爲文，謂空同子曰：「敢問文有體乎？」曰：「何體之有？《易》有似《詩》者，《詩》有似《書》者，《書》有似《禮》者，何體之有？」

「有法乎？」曰：「初何法？典謨訓誥，國風雅頌，初何法？」

「難乎易乎？」曰：「吾將言其難也，則古詩三百篇，多出於小夫婦人；吾將言其易也，則成一家言者，一代不數人。」

「宜繁宜簡？」曰：「不在繁，不在簡，狀情寫物在辭達。辭達則二三言而非不足，辭未達則千百言而非有餘。」

「宜何如？」曰：「如江河。」

「何也？」曰：「有本也。如鍵之於管，如樞之於户，如將之於三軍，如腰領之於衣裳。」

「何也？」曰：「有統攝也。如置陣，如構居第，如建國都。」

「何也？」曰：「謹佈置也。如草木焉，根而幹，幹而枝，枝而葉而葩。」

「何也？」曰：「條理精暢而皆〔一〕有附麗也。如手足之十二脈焉，各有起，有出，有循，有注，有會。」

「何也？」曰：「支分派〔二〕別而榮衛流通也。如天地焉，包涵六合而不見端倪。」

「何也？」曰：「氣象沉鬱也。如漲海焉，波濤湧而魚龍張。」

「何也？」曰：「浩汗詭怪也。如日月焉，朝夕見而令人喜。」

「何也？」曰：「光景常新也。如煙霧舒而雲霞布。」

「何也？」曰：「動蕩而變化也。如風霆流而雨雹集。」

「何也？」曰：「神聚而冥會也。如重林，如邃谷。」

「何也？」曰：「深遠也。如秋空，如寒冰。」

「何也？」曰：「潔浄也。如太羹，如玄酒。」

「何也？」曰：「雋永也。如瀨之旋，如馬之奔。」

「何也？」曰：「回復馳騁也。如羊腸，如鳥道。」

「何也？」曰：「縈迂曲折也。如孫、吴之兵。」

〔一〕「皆」字，民初本删去。
〔二〕「派」字，民初本改作「脈」。

「何也?」曰:「奇正相生也。如常山之蛇。」

「何也?」曰:「首尾相應也。如父師之臨子弟,如孝子仁人之處親側,如元夫碩士,端冕而立乎宗廟朝廷。」

「何也?」曰:「端嚴也,温雅也,正大也。如楚莊王之怒,如杞梁妻之泣,如昆陽城之戰,如公孫大娘之舞劍〔一〕。」

「何也?」曰:「激切也,雄壯也,頓挫也。如菽粟,如布帛,如精金,如美玉,如出水芙蓉。」

「何也?」曰:「有補於世也,不假磨礱雕琢也。」

「將烏乎以及此也?」曰:「《易》《詩》《書》二《禮》《春秋》所載,左丘明、高、赤所傳,孟、荀、老、莊之徒所著,朝焉夕焉,諷焉味〔二〕焉習焉,斯得之矣。雖然,非力之可爲也。聖賢道德之光華,積于中而發乎外,故〔三〕其言不期文而文。譬猶天地之化,雨露之潤,物之魂魄,以生華蔓毛羽〔四〕,極人力所不能爲,孰非自然哉? 故學於聖人之道,則聖人之言,莫之致而致之矣;學於聖人之言,非惟不得其道,並其所謂言,亦且不能至矣。」

〔一〕「舞劍」,民初本改作「劍舞」。
〔二〕「味」字,民初本改作「詠」。
〔三〕「故」字,民初本删去。
〔四〕「毛羽」,民初本改作「羽毛」。

尉遲楚出以告公乘丘曰：「楚之於文也，其猶在山徑之間歟！微空同子導吾出也，吾不知大道之恢恢。於是盡心焉，將於文憪焉無難能者矣。」

蘇平仲《染説》

凡染，象天象地，象東方、象南方、象西方、象北方，象草木，象翟、象雀，以爲色；取蜃、取梔、取藍，取茅蒐、取槖盧，取豕首，取象斗、取丹秫、取涚水，取欄之灰以爲材；熾之，漚之，暴之，宿之，淫之，沃之，塗之，揮之，漬之以爲法；一入再入，三入五入七入以爲候。天下染工一也。於此有布帛焉，衆染工染之，其材之分齊同，其法之節制同，其候之多寡同，其色之淺深明暗、枯澤美惡則不同。其深而明、澤而美者，必其工之善者也。其淺而暗、枯而惡者，必其工之不善者也。蓋天下之技，莫不有妙焉。染之妙得之心，而後色之妙應於手。染至於妙，則色不可勝用矣。夫安得不使人接於目而愛玩之乎？此惟善工能之，非不善工可能也。

夫工於染者之所染，與不工於染者之所染，其色固有間矣；然雖工者所染之布帛，與天地四方草木翟雀，其色則又有間矣。無他，天地四方草木翟雀之色，二氣之精華，天之所生也，天下之至色也；布帛之色，假乎物采，人之所爲也，非天下之至色也。學士大夫之於文亦然。經之以杼軸，緯之以情思，發之以議論，鼓之以氣勢，和之以節奏，人人之所同也。出於口而書於紙，而巧拙見焉。巧者有見於中，而能使了然於口與手，猶善工之工於染也；拙者中雖有見，而詞則不能達，猶不善工之不工於染也。天下之技，莫不有妙焉，而況於文乎？不得其妙，未有能入其室者也。

是故三代以來，爲文者至多，尚論臻其妙者，春秋則左丘明，戰國則荀況、莊周、韓非，秦則李斯，漢則司馬遷、賈誼、董仲舒、班固、劉向、揚雄，唐則韓愈、柳宗元、李翺，宋則歐陽修、王安石、曾鞏，及吾祖老泉、東坡、潁濱，上下數千百年間，不過二十人爾！豈非其妙難臻，故其人難得歟？雖然，之二十人者之於文也，誠至於妙矣，其視六經，豈不有逕庭也哉？

六經者，聖人道德之所著，非有意於爲文，天下之至文也，猶天地四方草木翟雀之爲色也。左丘明之徒，道德不至，而其意皆存於爲文，非天下之至文也，猶布帛之爲色也。學者知詞氣非六經不足以言文，玄非天，黄非地，青非東方，赤非南方，白非西方，黑非北方，夏非翟，緅非雀，紅緑非草木，不足以言色，可不汲汲於道德，而惟文辭之孜孜乎？

天台方希直，從太史宋公學爲文章，其年甚少，而其文甚工。今將歸其鄉，大肆其力於文，故因以此勉焉。（下略）

茅鹿門《漢書評林序》

凌太學曩抱先大夫藻泉公所手次諸家讀《史記》者之評，屬予序而梓之，已盛行於世矣。世之縉紳先生嘉其梓之工，與其所採諸家者之評，或稍稍概於心也。復促之并《漢書》爲一編，工既竣，復來屬予序之。予覽而告之曰：

太史公與班掾之材，固各天授，然《史記》以風神勝，而《漢書》以矩矱勝。惟其以風神勝，故其遒逸疏宕，如餐霞，如齧雪，往往自眉睫之所及，而指次心思之所不及，令人讀之解頤不已。惟其以矩矱勝，故其規畫布置，如繩引，如斧剸，往往於其複雜龐亂〔一〕之間，而有以極其首尾節腠之密，令人讀之鮮不擢〔二〕筋而洞髓者。予嘗譬之治兵者，太史公則韓、白之兵也，批亢擣虚，無留行，無列壘，鼓鉦所嚮，川谷沸平。乃若班掾，則趙充國之困先零，諸葛武侯之出祁山也，嚴什伍，飽餱糧，謹間諜，審嚮導，先爲不可勝，以待敵之可勝；故其動如山，其静如陰，攻圍擊刺，百不失一。兩家之文，並千古絶調也。然其間創述難易，敻自不同。太史公則剷去史氏編年以來之舊，突起門户，首爲傳記，且以一人之見而上下數千百年之間，故其文已散亡而所聞易汩，所自表見者固多，而其所蔽且舛者，亦時有之。班掾則僅起漢氏，非其里巷長老之所傳習，即其令甲耳目之所睹記；況武帝以前則按《史記》故本，爲之表裏。夫既綴其所長而避其所短，而昭、宣以後，則又有劉向《東觀漢書》爲之旁佐，羽翼其際，補其闕遺，而懲其固陋。此則兩家者所值之異也。

太學君博蒐諸家之説，鐫引之，間有醇疵，相參於班掾之旨，或合或不合者，君並櫛而釐之，故君之所自疏者爲獨多。予雖不能遍讀以印可否，而抑可謂勤也已。雖然，聞之先輩，嘗有考《史》《漢》

〔一〕「複雜龐亂」，民初本改作「龐複亂雜」。
〔二〕「擢」字，民初本改作「濯」。

異同者。予竊謂古之善相馬者，於牝牡驪黄之外；而善讀古傳記者，亦不當於其區區句字幅尺之間求之，苟能於其同也而特察其所以異，於其異也而又善悟其所以同，而於兩家之所爲風神、爲矩矱，參互而獨得其深，斯則謂之今之九皋氏亦可也。予獨嘉之，以請於世之善讀兩家之書者。

茅鹿門《八大家文鈔總序》

孔子之繫《易》曰：「其旨遠，其辭文。」斯其所以教天下後世爲文者之至也。然而及門之士，顔淵、子貢以下，並齊、魯間之秀傑也，或云身通六藝者七十餘人，文學之科並不得與，而所屬者僅子游、子夏兩人焉。何哉？蓋天生賢哲，各有獨禀，譬則泉之温，火之寒，石之結緑，金之指南。人於其間，以獨禀之氣，而又必爲之專一以致其至。伶倫之於音，裨竈之於占，養由基之於射，造父之於御，扁鵲之於醫，僚之於丸，秋之於弈，彼皆以天縱之智，加之以專一之學，而獨得其解。斯固以之擅當時而名後世，而非他所得而相雄者。

孔子没而游、夏輩各以其學，授之諸侯之國，已而散逸不傳；而秦人焚經坑學士，而六藝之旨幾輟矣。漢興招亡經，求學士，而晁錯、賈誼、董仲舒、司馬遷、劉向、揚雄、班固輩，始乃〔一〕稍稍出；而西京之文，號爲爾雅。崔、蔡以下，非不矯然龍驤也，然六藝之旨漸流失。魏、晉、宋、齊、梁、陳、隋、

〔一〕「乃」字，民初本改作「及」。

唐之間，文日以靡，氣日以弱，强弩之末，且不及魯縞矣，而况於穿札乎？

昌黎韓愈，首出而振之，柳柳州又從而和之，於是始知非六經不以讀，非先秦兩漢之書不以觀；其所著書論、序記、碑銘、頌辯諸什，故〔一〕多所獨開門户，然大較並尋六藝之遺，略相上下而羽翼之者。貞元以後，唐且中墜。沿及五代，兵戈之際，天下寥寥矣。宋興百年，文運天啓，於是歐陽公修從隋州故家覆瓿中，偶得韓愈書，手讀而好之，而天下之士，始知通經博古爲高，而一時文人學士彬彬然附離而起。蘇氏父子兄弟及曾鞏、王安石之徒，其間材旨小大、音響緩亟，雖屬不同，而要之於孔子所删六藝〔二〕之遺，則共爲家習而户眇之者也。

由今觀之，譬則世之走騕褭騏驥於千里之間，而中及二百里、三百里，而輟者有之矣，謂塗之薊而轅之粤則非也。世之操觚者，往往謂文章與時相高下，而唐以後，且薄不足爲。噫！抑不知文特以道相盛衰，時，非所論也。其間工不工，則又係乎斯人者之禀，與其專一之致否何如耳！如所云，則必太羹玄酒之尚，茅茨土簋之陳；而三代而下，明堂玉帶、雲罍犧樽之設，皆駢枝也已。孔子之所謂「其旨遠」，即不詭於道也；「其辭文」，即道之燦然，若象緯者之曲而布也；斯固庖犧以來，人文不易之統也，而豈世之云乎哉！

〔一〕「故」字，民初本改作「固」。
〔二〕「藝」字，民初本改作「藉」。

我明弘治、正德間，李夢陽崛起北地，豪儁輻湊，已振詩聲，復揭文軌，而曰「吾《左》吾《史》與《漢》」矣。已而又曰「吾黄初、建安」矣。以予觀之，特所謂詞林之雄耳，其於古六藝之遺，得無湛淫滌濫而互相剽裂已乎？予於是手掇韓公愈、柳公宗元、歐陽公修，蘇公洵、軾、轍，曾公鞏、王公安石之文，而稍爲〔一〕批評之，以爲操觚者之券，題之曰《八大家文鈔》，家各有引，條疏如左。嗟乎！之八君子者，不敢遽謂盡得古六藝之旨，而予所批評，亦不敢自以得八君子者之深。要之大義所揭，指次點綴，或於道不相盭已。謹書之以質世之知我者。

茅鹿門《史記鈔引》

予少好讀《史記》，數見縉紳學士摹畫《史記》爲文辭，往往專求之句字響之間，而不得其解；譬之寫像者，特於鬚眉顴頰耳目口鼻，貌之外見者耳！而其中之神，所當怒〔二〕裂眥，喜而解頤，悲而疾首，思而撫膺，孝子慈孫之所睹而潸然涕洟，騷人墨士之所憑而淒然弔且賦者，或耗焉未之及也。予獨疑而求之，求之而不得，數手其書而鐫注之三四過。已而移官南省時，予頗喜自得其解，稍稍詮次，輒爲好事者所携去，遂失故本。頃罷官歸，復以督訓兒輩爲文辭，其所鐫注者如此。予按：太

〔一〕「爲」字，民初本刪去。
〔二〕「怒」字，民初本其下增「而」字。

史公所爲《史記》百三十篇，除世所傳褚先生别補十一篇外，其他帝王世系或多舛訛，制度沿革，或多遺佚，忠賢本末，或多放失，其所論大道而折衷於六藝之至，固不能盡如聖人之旨，而要之指次古今，出入風騷，譬之韓、白提兵而戰河山之間，當其壁壘部曲，旌旗鉦鼓，左提右挈，中權後勁，起伏翱翔，倏忽變化，若一夫劍舞於曲旃之上，而無不如意者，西京以來，千年絶調也。即如班掾《漢書》，嚴密過之。而所當疎宕遒逸，令人讀之杳然神遊〔一〕雲幢羽衣之間，所可望而不可挹者，予竊疑班掾猶不能登其堂而洞其竅也，而況其下者乎？

唐以來，獨韓昌黎爲文，極力鑱畫，不可不謂之同工也。間按《順宗皇帝實録》與《秦始皇紀》，讀之敻不相及，抑可概見其微矣。予嘗夢共太史公抽書石室中，面爲指畫，夢中若解，已而夢醒，則亦了無一言於眉睫之間者，予愧今所鐫引，殆亦説夢之餘者耳。揚子雲嘗謂顔子苦孔之卓，嗟乎！予於公欲求其苦之卓也，且不可得矣，而敢他望乎？予姑刻而存之齋中，以俟後之好讀其書而能求其至者。鈔凡若干卷，按故本特什之七，詳見凡例中，故不贅。

茅鹿門《與蔡白石書》節録

自罪黜以來，恐一旦露零於茂草之中，誰爲弔其衷而憫其知，以是益發憤爲文辭，而上採漢馬

〔一〕「遊」字，民初本其下增「於」字，並跟下句連接無停頓。

遷、相如、劉向、班固，及唐韓愈、柳宗元，宋歐陽修、曾鞏、蘇氏兄弟，與同時附離而起，所爲諸家之旨而揣摩之；大略琴瑟柷敔，調各不同，而其中律一也。律者，即僕曩所謂「萬物之情，各有〔二〕其至」者也。

近代以來，學士大夫之操觚爲文章，無慮數十百家。其以雲吻霧噏、虎噬鷙攫之材，揚聲藝林者，亦星見踵出；然於其所謂「萬物之情，各有其至」者，或者置而未及也。近獨從荆川唐司諫上下其論，稍稍與僕意相合。僕少喜爲文，每謂當跌宕激射，似司馬子長，字而比之，句而億之，苟一字一句不中其纍黍之度，即慘惻悲悽也；唐以後若薄，不足爲者。獨怪荆川疾呼曰：「唐之韓猶漢之馬遷，宋之歐、曾、二蘇猶唐之韓子，不得致其至，而何輕議爲也？」僕聞而疑之，疑而不得，又蓄之於心而徐求之，今且三年矣。近迺取百家之文之深者按覆之，卧且唫而餐且噎焉。然後徐得其所謂「萬物之情，自各有其至」，而因悟曩之所謂司馬子長者，眉也髮也，而唐司諫及僕所自持，始兩相印而無復同異。今僕不暇博舉，姑取司馬子長之大者論之。今人讀《游俠傳》即欲舍生，讀《屈原賈誼傳》即欲流涕，讀《莊周魯仲連傳》即欲遺世，讀《李廣傳》即欲力鬥，讀《石建傳》即欲俯躬，讀《信陵平原君傳》即欲好士，若此者何哉？蓋各得其物之情，而肆於心故也，而固非區區句字之激射者。

〔二〕「各有」，原作「各自」，據茅集改。

昔人嘗謂：「善詩者畫，善畫者詩。」僕謂其於文也亦然。今夫天地〔一〕之間，山川之所以寥廓，日月之所以升沉，神鬼之所以幽眇，草木之所以蕃翳，鼪鼯之所以悲嘯，九州之所以聲名文物，四裔之所以椎髻被髮，以及聖帝明王、忠賢孝子、羈臣寡婦、讒夫佞倖、幽人處士、釋友仙子之異其行，禮樂律曆、兵革封禪、天官卜筮、農書稗史之異其術，宴歌遊覽、行旅蒐狩、問釋譏嘲、咏物賦情、弔古傷今、成敗得失之異其感，彼皆各有其至，而非借耳傭目所可紊亂增葺於其間者。學者苟各得其至，合之於大道而迎之於中，出而肆焉，則物無逆於其心，心無不解於其物，而譬釋氏之説佛法，種種色色，逾玄逾化矣。嗚呼盛矣！此庖羲氏畫卦以來相傳之祕，所謂「其旨遠，其辭文，其言〔二〕曲而中」，固非專一以致其至者，不可與言也。

茅鹿門《與王敬所少司寇書》

僕不量，少好著文章，及繇吏部左遷，稍益發憤，間陳古六藝及莊、荀、晁、賈、百家之言而伏讀之，妄謂文以載道，道也者，庖羲氏以來不易之旨也。而〔三〕孔、孟没而聖學微，於是六藝之旨散逸不傳。漢興鑒秦，招亡經，求學士，雖不敢望聖學，秦之所燔，始稍稍出，共爲因言析義，考究異同，故西

〔一〕「地」字原誤作「他」。
〔二〕「言」字原作「文」，據《易傳》爲正。
〔三〕「而」字，民初本删去。

京之文號爲爾雅。而魏晉以還，惟唐韓昌黎愈、柳柳州宗元、宋歐陽學士修及蘇氏父子兄弟、曾鞏、王安石輩，之八君子者，賦材不同，然要之並按古六藝，及西京以來之遺響而揣摩之者，其在孔門，不敢當游、夏列，而大略因文見道，就中擘理。

蓋嘗就世之所稱正統者論之。六經者，譬則唐、虞、三王也，西京而下韓昌黎輩，譬則由漢而唐而宋間及西蜀東晉是也。世固有盛衰，文亦有高下，然於國之正統，或爲偏安，或爲播遷，語所謂寖微寖昌，不絶如帶是也。其他雖富如崔、蔡，藻如顏、謝，譬則草莽之裂土而王是已，況於近代聞人學士乎哉！僕間嘗手評次之爲八大家，如別册，妄臆鄙度，已載總序及諸引中，不審公謂然否？

僕嚮嘗共公論本朝之文，如王文成公《論學》諸書，程、朱所欲爲而不能者，諫佛辭爵江西田州諸疏，《漢書》以來未之睹也。公獨點頭，而海内學士大夫之好文而雄者，聞予言頗共非笑，以爲無當。予故於《八大家·凡例》末稍爲及之。而姪桂讀其書，頗篤好，而欲梓而傳之，欲借公一言冠之首，以爲重於世。公倘無拒，非獨八君子者大振斯世，予譾陋或得併附以見，而斯文之未墜於地，亦可獵襟而卜也已。

唐荆川《文編序》

歐陽子述揚子雲之言曰：「斷木爲棋，梡革爲鞠，莫不有法，而況於書乎？」然則又況於文乎？

以爲神明乎吾心而止矣，則☰之畫亦贅〔一〕矣。然而畫非贅也，神明之用所不得已也。畫非贅，則所謂「一與言〔二〕爲二，二與一爲三」〔三〕，自兹以往，巧歷〔四〕不能盡，而文不可勝窮矣。文而至於不可勝窮，其亦有不得已而然者乎？然則不能無文，而文不能無法。是編者文之工匠，而法之至也。聖人以神明而達之於文，文士研精於文，以窺神明之奥；其窺之也有偏有全，有小有大，有駁有醇，而皆有得也，而神明未嘗不在焉。所謂法者，神明之變化也。《易》曰：「剛柔交錯，天文也。文明以止，人文也。」學者觀之，可以知所謂法矣。

唐荆川《董中峰文集序》

喉中以轉氣，管中以轉聲。氣有湮而復暢，聲有歇而復宣。闔之以助開，尾之以引首。此皆發於天機之自然，而凡爲樂者，莫不皆然也。最善爲樂者則不然，其妙常在於喉管之交，而其用常潛乎聲氣之表。氣轉於氣之未湮，是以湮暢百變，而常若一氣；聲轉於聲之未歇，是以歇宣萬殊，而常若一聲。使喉管聲氣，融而爲一，而莫可以窺，蓋其機微矣。然而其聲與氣之必有所轉，而所謂開闔首

〔一〕「贅」字，原誤作「質」。
〔二〕「言」字原誤作「二」，據《莊子·齊物論》改之。
〔三〕《莊子·齊物論》文。
〔四〕「歷」字，民初本改作「曆」。

尾之節，凡爲樂者莫不皆然者，則不容異也。使不轉氣與聲，則何以爲樂？使其轉氣與聲而可以窺也，則樂何以爲神？有賤工者，見夫善爲樂者之若無所轉，而以爲果無所轉也，於是直其氣與聲而出之，戛然一往而不復，是擊腐木濕鼓之音也，言文者何以異此？

漢以前之文未嘗無法，而未嘗有法。法寓於無法之中，故其爲法也密而不可窺。唐與近代之文，不能無法，而能毫釐不失乎法，以有法爲法，故其爲法也，嚴而不可犯。密則疑於無所謂法，嚴則疑於有法而可窺，然而文之必有法，出乎自然而不可易者，則不容異也。且夫不能有法，而何以議於無法？有人焉，見夫漢以前之文疑於無法，而以爲果無法也，於是率然而出之，決裂以爲體，餖飣以爲詞，盡去自古以來開闔首尾、經緯錯綜之法，而別爲一種臃腫、佶澀、浮蕩之文，其氣離而不屬，其聲離而不節，其意卑，其語澀，以爲秦與漢之文如是也，豈不猶腐木濕鼓之音，而且詫曰吾之樂合乎神。嗚呼！今之言秦與漢者，紛紛是矣。知其果秦乎漢乎否也。

中峰先生之文，未嘗言秦與漢，而能盡其才之所近。其守繩墨謹而不肆，時出新意於繩墨之餘，蓋其所自得而未嘗離乎法。其記與序，文章家所謂法之甚嚴者，先生尤長。先生在翰林三十餘年，嘗有聞於弘治以前諸先輩老儒，而潛思以至之，故其所爲若此。然今之爲先生之文者蓋少，其知先生之文而好之者，又少矣！

唐荆川《與茅鹿門書》

夫兩漢而下，文之不如古者，豈其所謂繩墨轉折之精之不盡如哉？秦漢以前，儒家者有儒家本色，至如〔一〕老莊家有老莊本色，縱橫家有縱橫本色，名家、墨家、陰陽家皆有本色。雖其爲術也駁，而莫不皆有一段千古不可磨滅之見。是以老家必不肯勦儒家之説，縱橫家必不肯借墨家之談，各自其本色而鳴之爲言。其所言者，其本色也，是以精光注焉，而其言遂不泯於世。

唐宋而下，文人莫不語性命，談治道，滿紙炫然，一切自託於儒家。然非其涵養畜聚之素，非真有一段千古不可磨滅之見，而影響勦説，蓋頭竊尾，如貧人借富人之衣，莊農作大賈之飾，極力裝做，醜態盡露。是以精光枵焉，而其言遂不久湮廢。然則秦漢而上，雖其〔二〕老、墨、名、法、雜家之説而猶傳，今〔三〕諸子之書是也；唐宋而下，雖其一切語性命、談治道之説而亦不傳，歐陽永叔所見唐四庫書目百不存一焉者是也。後之文人，欲以立言爲不朽計者，可以知所用心矣。

唐荆川《記李方叔〔四〕論文語》

文章之不可無者有四，一曰體，二曰志，三曰氣，四曰韻。

〔一〕「如」字，民初本改作「於」。

〔二〕「其」字，民初本改作「已」。

〔三〕「今」字，原誤作「乃」。

〔四〕宋人李廌（1059—1109），字方叔，號太華逸民、濟南先生，陝西華州人，以文章受知蘇軾，屢試不舉，遂絶意仕進。唐順之所記，此所載者，乃李氏《答趙士舞德茂宣義宏詞書》文（載《蘇門六君子文粹》卷四七《濟南文粹》五），非唐氏之文，故曰記，乃記録之意。

述之以事，本之以道，考其理之所在，辨其義之所宜，卑高巨細，包括并載而無所遺，左右上下，各在有職而不亂者，體也。

體立於此，折衷其是非，去取其可否，不徇於流俗，不謬於聖人，抑揚損益以稱其事，彌縫貫穿以足其言；行吾學問之力，從吾制作之用者，志也。

充其體於立意之始，從其志於造語之際；生之於心，應之於言；心在和平則温厚典雅，心在安敬則矜莊威重。大焉可使如雷霆之奮，鼓舞萬物；小焉可使如脈絡之行，出入無間者，氣也。

如金石之有聲，而玉之聲清越；如草木之有華，而蘭之臭芬薌；如鷄鶩之間而有鶴，清而不羣；麟〔一〕，仁而不猛；如登培塿〔二〕之丘，以觀崇山峻嶺之秀色；涉潢汙之澤，以觀寒溪澄潭之清流；如朱絃之有遺音，太羹之有遺味者，韻也。

文章之無體，譬之無耳目口鼻，不能成人。

文章之無志，譬之雖有耳目口鼻，而不知視聽臭味所能，若土木偶人，形質皆具，而無所用之。

文章之無氣，譬之雖知視聽臭味，而血氣不充於内，手足不衛於外，若奄奄病人，支離顛頓，生意消削。

〔一〕「麟」字，民初本其上增「犬羊之間而有」六字。
〔二〕「培塿」，民初本改作「塿培」。

文章之無韻，譬之壯夫，其軀幹枵然，骨氣雖盛，而神色昏瞢，言動凡濁，則庸俗鄙人而已。有體有志，有氣有韻，夫是之謂成全。四者成全，然於其間，各因天資才品以見其情狀。故其言迂疎矯厲，不切事情，此山林之文也；其人不必居藪澤，其間不必論巖谷也，其氣與韻則然也。其言鄙俚猥近，不離塵垢，此市井之文也；其人不必坐廛肆，其間不必論財利也，其氣與韻則然也。

其言豐容安豫，不儉不陋，此朝廷卿士之文也；其人不必列官守，其間不必論職業也，其氣與韻則然也。

其言寬仁忠厚，有任重容天下之風，此廟堂公輔之文也；其人不必位臺鼎，其間不必論相業也，其氣與韻則然也。

正直之人，其文敬以則；邪諛之人，其言夸以浮；功名之人，其言激以毅；苟且之人，其言懦以愚；捭〔一〕闔縱横之人，其言辨以私；刻核忮忍之人，其言深以盡。則士欲以文章傳後世者，不可不謹其所言之文，不可不謹乎所養之德也。

〔一〕「捭」字，民初本改作「排」。

古人論文大義下

《高等學堂國文講義》卷四

侯朝宗《與任王谷書》

僕少年溺於聲伎，未嘗刻意讀書，以此文章淺薄，不能發明古人之旨。然其大畧，亦頗聞之矣。大約秦以前之文主骨，漢以後之文主氣；秦以前之文若六經，非可以文論也；其他如老、韓諸子，《左傳》《戰國策》《國語》，皆斂氣於骨者也。漢以後之文，若《史》若《漢》若八家，最擅其勝，皆運骨於氣者也。

斂氣於骨者，如泰華三峰，直與天接，層嵐危磴，非仙靈變化，未易攀陟，尋步計里，必蹶其趾。姑舉明文如李夢陽者，亦所謂蹶其趾者也。

運骨於氣者，如縱舟長江大海間，其中煙嶼星島，往往可自成一都會；即颶風忽起，波濤萬狀，東泊西注，未知所底；苟能操柁覘星，立意不亂，亦可自免漂溺之失，此韓、歐諸子，所以獨嵯峨於中流也。

六朝《選》體之文，最不可恃。士雖多而將囂，或進或止，不按部位。譬如用兵者，調遣旗幟聲援，但須知此中尚有小心，行陣遥相照應，未必全無益。至於摧鋒陷敵，必更有牙隊健兒，銜枚而前。

若徒恃此，鮮有不敗。今之爲文，解此者罕矣。高者又欲舍八家，跨《史》《漢》而趨先秦，則是不筏而問津，無羽翼而思飛舉，豈不怪哉！

頃見足下所爲杜、周、張、湯諸論，奇確圓暢，若有餘力，僕目中所僅見，殫思著述，必當成名。然亦少有失，覺引天道報施湯、周處，稍涉覼縷。行文之旨，全在裁制，無論細大，皆可驅遣。當其閑漫纖碎處，反宜動色而陳，鑿鑿娓娓，使讀者見其關係，尋繹不倦。至大議論，人人能解者，不過數語發揮，便須控馭，歸於含蓄。若當快意時，聽其縱横，必一潟〔一〕無復餘地矣。辟如渴虹飲水，霜隼摶空，瞥然一見，瞬息滅没，神力變態，轉更夭矯，足下以爲何如？

僕十五歲時，學爲文，金沙蔣黄門鳴玉方爲孝廉，有盛名，每見必稱佳。僕竊自喜，又得同學吴君伯裔日來逼索，盡日且酬和數首，以此得不廢。然皆從嬉遊之餘，縱筆出之，以博稱譽，塞詆讓；間有合作，亦不過春花爛熳，柔脆飄揚，轉目便蕭索可憐。近得賈君開宗、徐君作肅共相磋磨，乃覺文章有分毫進益。賈精於論，徐老於法，二君嘗言：「此係何等事？君不慘淡經營，便輕率命筆。」僕佩其言，不敢忘。足下當行文快意時，每一回思之，必賞此言之不謬也。

魏叔子《學文堂文集序》

陳子椒峰既成進士，益好古學，所爲古文日益多。世之成進士者，甫棄帖括，則輒爲古文，人亦

〔一〕「潟」字，民初本改作「瀉」。

輒以古文譽之，縉紳先生莫不裒然有文集，蓋百餘年相循成風尚，莫有知其非者。椒峰文成而好學問不倦，宜其日進未有已也。椒峰之論文曰：「世人於唐宋大家學大家，所以終其身不能至。五經而下，秦漢而上，皆大家所自出，逐其流而遺其源，固未有能達者。」椒峰由唐宋溯秦漢以上，故其文有源本，格調所成，恢恢乎入古人之室。

然吾以爲格調者，文之繪事後素者也。文以意爲先，而一篇必有一意，則能文者夫人而知之。蓋君子之立言與立身立事，皆必有其大意。大意既定，則無往不得其意。辟如治軍，汾陽之寬，臨淮之嚴，自決機兩陣，至一令一號，皆終身行其意所獨得，故皆足成功。否則因題命意，緣事以起論，其前後每自相牴牾。而觀者回惑捍格，無所得其根本。

椒峰言依仁義，雖小文雜記，恒取有關勸懲。至其叙事之文，凡忠臣孝子、義士節婦，必勤勤懇懇爲文傳之。而其間有難言者，尤必委曲隱紆，求其可傳而後已。嗚呼！椒峰少負文名，早貴，意氣揚揚，揮擲萬物，無不可快所欲言，而顧勤勤於此。古今論詩，貴忠厚惻怛，得三百篇之意。夫忠厚惻怛，五經、四子〔一〕之文莫不皆然，豈獨三百篇哉！而世人往往以刻薄背義之言，著之文章，求當於目前，而不顧後世之譏議。使見椒峰文，其能無反面而却走也矣〔二〕！夫不得椒峰之好學問與其意，

〔一〕「四子」即《四書》，蓋以《論語》《孟子》分别載孔、孟之言，又子思傳《中庸》，曾子傳《大學》，故取「四子」以爲名。
〔二〕「矣」字，民初本改作「歟」。

而徒欲以格調名文章，吾不知其自命於古大家者，果何如也？

魏叔子《論世堂文集序》

地縣於天中，萬物畢載，然上下無所附，終古而不墜，所以舉之者氣也。人之能載萬物者莫如文章。天之文，地之理，聖人之道，非文章不傳，然而無以舉之，則文之散滅也已久。故聖人不作，六經之文絶，然其氣未嘗絶也。聖人之氣，如天之四時，分之而爲十有二月，又分之而爲二十有四氣，得其一氣，則莫不可以生物。六經以下，爲周諸子，爲秦漢，爲唐宋大家之文，苟非甚背於道，則其氣莫不載之以傳。

《書》《詩》《易》《禮》《春秋》之氣，得其一皆足以自名。而世之言氣，則惟以浩瀚蓬勃，出而不窮，動而不止者當之。於是而蘇軾氏乃以氣特聞。子瞻之自言曰：「吾文如萬斛泉源，不擇地皆可出，在平地一日千里無難。及其與山石曲折，隨物賦形而不自知也。行乎其所當行，止乎其所不得不止。」而乃以氣特聞。氣之静也必資於理，理不實則氣餒；其動也挾才以行，才不大則氣狹隘。然而才與理者，氣之所馮，而不可以言氣。才於氣爲尤近，能知乎才與氣者之爲異者，則知文矣！吹毛而駐於空，吹不息，則毛不下；土石至實，氣絶而朽壞，則山崩。夫得其氣則泯小大、易彊弱，禽獸木石，可以相爲制，而況載道之文乎！

視之以形而不見，誦之以聲而不聞，求之規矩而不得其法，然後可以舉天下之物而無所撓敗。

琅霞〔一〕龔子之言文，主乎氣者也。其文浩瀚蓬勃，出而不窮，動而不止，依乎六經而不背於道，雖欲不以氣許之，夫焉得不以氣許之也？

魏叔子《惲遜菴文集序》

毘陵高士惲遜菴先生，有文集若干卷，藏於家。其言學爲一書，在江東、閩海；言事爲一書，雜文爲一書，詩爲一書。辛亥，余客毗陵，先生與爲忘年交，出文集示余而命之序。

惟文章以明理適事，無當於理與事，則無所用文，故曰文者載道之器。言事莫尚漢，言理莫尚宋。該事者每謬於理，宗理者迂闊不切事，其實相乖離，其文亦終無有能合者。先生以宋爲體，以漢爲氣，深切明剛，皆足見諸行事，以正人心之惑溺，而救國家之敗，此非可以文章求也。然有其志無其學，有其學無其識，有其識無其事，則文皆弗極於工。有志而無學，猶耕者之冀總稭而不菑畬也，是謂虛而不實；有學而無識，猶作室者固垣墉而不牖户也，是謂塞而不通；有識而無事，猶浮海者之望三神山不至而返也，是謂似而不真。虛而不實者其文疏，不足以徵事；塞而不通者其文密，不足以達意；似而不真者其文疑，不足以適用天下之文。得其一，失其一，故其爲合也甚難。非不知也，才短而學薄，不足於識，不鍊於事，志之而弗能故也。

〔一〕「霞」字，民初本改作「琊」。

先生少負才，四十不遇，受業山陰劉念臺先生之門。世亂，挈其子隱天台山中，揣摩當世之務。適閩，親在行間，歷艱危患難，瀕於九死。其講理也精，鍊於事久，是以極微芒得失之數，而一著於文章。嗚呼！其不幸不見用，幸而見用，吾不知所成當何如。而徒以文章見，又使不得盡見於世，則亦爲可悲矣乎！先生世變後逃乎禪，或者非之。余以爲合義，蓋僧服而蔬食，不交當世者垂三十年。仲子格，抗志養親，工於詩而以畫名，予與爲紀羣交。先生性巖巖，與人寡合，年逾七十，志不挫，獨好吾兄弟，以爲可與言。雖然，先生高士，非隱者也，是亦惟吾兄弟知之。

魏叔子《宗子發文集序》

今天下治古文衆矣。好古者株守古人之法，而中一無所有，其弊爲優孟之衣冠；天資卓犖者，師心自用，其弊爲野戰無紀之師，動而取敗。蹈是二者，而主以自滿假之心，輔以流俗諛言，天資學力所至，適足助其背馳，乃欲卓然並立於古人，嗚呼難哉！雖然，師心自用，其失易明，好古而終無所有，其故非一二言盡也。

吾則以爲養氣之功，在於集義；文章之能事，在於積理。今夫文章，六經、四書而下，周秦諸子、兩漢百家之書，於體無所不備。後之作者，不之此則之彼。而唐宋大家，則又取其書之精者，參和雜糅，鎔鑄古人以自成，其勢必不可以更加。故自諸大家後，數百年間，未有一人獨創格調，出古人之外者。然文章格調有盡，天下事理日出而不窮。識不高於庸衆，事理不足關係天下國家之故，則雖有奇文，與《左》《史》、韓、歐陽並立無二，亦可無作。古人具在，而吾徒似之，不過古人之再見，顧必多其篇牘，以勞苦後世耳口，何爲也！

且夫理固非取辦臨文之頃，窮思力索，以求其必得。鍾太傅學書法曰：「每見萬彙，皆畫象之。」〔一〕韓退之稱：「張旭書，變動猶鬼神，不可端倪，天地事物之變，可喜可愕，一寓於書。」人生平耳目所見聞、身所經歷，莫不有其所以然之理，雖市儈優倡、大猾逆賊之情狀，竈婢丐夫、米鹽凌雜鄙褻之故，必皆深思而謹識之，醞釀蓄積，沈浸而不輕發。及其有故臨文，則小大淺深，各以類觸，沛乎若決陂池之不可禦。辟之富人積財，金玉、布帛、竹頭、木屑、糞土之屬，無不豫貯，初不必有所用之，而當其必需，則糞土之用，有時與金玉同功。

吾蓋嘗見及於是，恨力薄不能造其藩籬，自易堂諸子外，不敢輕語人。而長安王築夫、寶應朱秋厓、興化宗子發，嘗相與反覆。一日子發持其文屬予叙，論旨原本六經，高者規矩兩漢，與歐陽、蘇、曾相出入。子發持高節，獨行古道，而虛懷善下人。他日所極，吾烏能測其涯涘！故爲述平日所與論議者，以弁其端。嗚呼！天下之可語於此者，蓋多乎哉？

〔一〕鍾繇之語，載南朝宋羊欣《筆陣圖》，後又載於宋代陳思《秦漢魏四朝用筆法》。又按諸本所録，「彙」字皆作「類」。

魏叔子《研隣偶存序》

古今之文，有有意爲之而工，有無意爲之而工。古人有言：「文至無心乃傳。」其説何也？天下未有以無心而爲文者，故曰言者心之聲〔一〕，使其無心，則文之可不作也久矣，而惡乎勤勤然著之爲書，且以傳於天下後世。然後知所謂無心乃傳，無意於傳之，而非無意於作之也。有意於必傳，則將歆然有求知於天下後世之心。求知於天下後世，則其爲文也，必將就其所好，避其所惡，而不敢毅然孤行其意於天地；又或故爲詭特駭異之説，以懾天下後世之人。嗟乎！是二者之文，雖使幸傳於世，而自有道之士視之，則亦猶夫駢枝贅疣之附於身已矣。

研隣之文曰「偶存」，是無心於傳者也。然而風之行於空也，草木爲之傳其聲；水行於地，而山石曲折寫其形，故曰：「風水相遭而文生焉。」夫以是爲偶然之事爾，而數者之於天地，則固已長存而不滅。蘇子瞻之文，古今稱絶作，其與人書，予多不取。獨李端叔、王定國諸篇，風期自然，無意而極工，雖尋常凌雜之言，無不可深味而久傳者，爲韓、歐諸家所未有。嘗讀研隣與子弟書、昏友聞問之作，則不特無意於傳之，而抑若無心作之，其殆庶幾者歟！研隣好客，負氣矜，喜施〔二〕與，表章古今

〔一〕揚雄《法言·問神》云：「言者，心之聲也。」

〔二〕「喜施」，民初本改作「施喜」。

人文章，久而不懈，以賢豪聞天下，乃其文則又已若是矣！研隣者，泰和蕭子孟昉讀書處也。

魏叔子《甘健齋軸園稿序》

程山甘子健齋，學道而能文章者也。自六經、孔、孟之文不可復作，天下聰明好古之士，其言或醇或雜，莫不求工於文，成一家之言，以傳於後世。於是文日盛而真意消亡，實學中絶。至於宋明儒者，則又以文章爲玩物喪志而不屑。自二三大儒外，類取足道其意而止，卑弱膚庸、漫衍拘牽之病，隨在而有，讀者不數行輒擲去，或相與揶揄厭薄之以爲戒。然吾嘗爲之求其理，初無悖於六經，考其生平，不可謂非聖賢之徒，而顧令天下後世厭絶其文，至如饐餲之食魚肉之餒敗之陳於其前，嗚呼！則亦不文之過也矣。

孔子曰：「言之不文，行之不遠。」於《易》曰：「脩辭立其誠。」立誠以爲質，修之而後言可文也。聖人之於文，蓋惓惓矣。昔者先王之制禮也，敬而已矣。必且辨爲度數、品物、儀飾之節，有所謂以多貴者，有所謂以少貴者，有所謂以大、以小、以高、以下、以文、以素貴者，聖人之於文亦然。文以明道，而繁簡、華質、洪纖、夷險、約肆之故，則必有其所以然。蓋禮不如是，不足將其敬；文不如是，不可以明道。孔子曰：「辭達而已矣。」辭之不文，則不足以達意也。而或者以爲不然，則請觀於六經、孔子、孟子之文，其文不文，蓋可覩矣！

余愧不能學道，竊謂今天下之志於道者，既心體而躬行之，必達當世之務以適於用，必工於文章，使其言可法而可傳。嘗與易堂丘而康論文，而康今之有志學道者也，禧之言曰：「簡勁明切，作家之文也；波瀾激蕩，才士之文也；紆徐敦厚，儒者之文也。爲儒者之文，當先去其七弊：可深樸而不可晦重，可詳復而不可煩碎，可寬博而不可泛衍，可正大而不可方堵，可和柔而不可靡弱，語可以不驚人而不可襲古聖賢之常言，其旨可原本先聖先儒而不可搖筆伸紙輒以聖人大儒爲發語之端。」匡山宋先生見而非之曰：「若是則教儒者以作文矣！」先生蓋學道而有成者。嗚呼！此予所以懼夫道學之不振也，非不振於文之爲不工，而其得失，可推而知也。

甘子少多才，風流跳蕩，善歌曲，至不嫌以身試優伶。壯而好經世之務，嘗自區畫邑田賦上下，有司行之毋少變。建議勦山賊，爲圖策，口手指畫大吏前，潛身走賊砦下，以知其險易而爲之計。既又慕其素所親善友謝約齋先生，翻然委贄爲弟子，篤行誼，以聖賢爲歸。近五六年，又好與易堂諸子講求文章，而其文亦日以益進。今夫甘子凡三變至於學道，而後加意於文章，其爲人甚奇，其文當必有倜儻超拔、不可羈絏之氣。乃讀《軸園稿》，朗暢和平，沖然多菽粟布帛之味；而其《正統論》《文帝短喪辨》《子奚家廟》《通濟橋記》諸篇，則又高勁有法度，爲近世能文者所難及。己酉四月，甘子以書來，命予叙其文。予以甘子有兼人之才，固當於予平日所論議者合而致之，以振今日學道之衰，而爲之叙之如此。

魏叔子《文瀫叙》

水生於天而流於地，風發於地而行於天。生於天而流於地者，陽下濟而陰受之也。發於地而行於天者，陰上升而陽畜〔一〕之也。陰陽互乘，有交錯之義，故其遭也而文生焉，故曰風水相遭而成文。然其勢有彊弱，故其遭有輕重，而文有大小。洪波巨浪，山立而洶湧者，遭之重者也；淪漣漪瀫，皴蹙而密理者，遭之輕者也。重者人驚而快之，發豪士之氣，有鞭笞四海之心；輕者人樂而玩之，有遺世自得之慕。要爲陰陽自然之動，天地之至文，不可以偏廢也。

無錫錢子礎日，博學好古，既自以其文章名天下，復取天下文甲乙而選輯之，命曰《文瀫》。夫瀫，文之小者也，礎日其何以是名？吾覽其書，有忠臣孝子、義士節婦之文，足以震動天地，摇撼山嶽，若黑風白浪之起於晝日，而蛇龍鯤鱷，怒跳嬉擲於其間。顧退托於瀫，以自名其謙謙之志，固有然與。然吾嘗泛大江，往返十餘適，當其解維鼓枻，輕風揚波，細瀫微瀾，如抽如織，樂而玩之，幾忘其有身。及夫天風怒號，帆不得輒下，檝不得暫止，水駭舟立，舟中皆無人色。而吾方倚舷而望，且怖且快，攬其奇險雄莽之狀，以自壯其志氣。然且登舟之初，風水所遭遽若是，則必不敢解維鼓檝，蹈危險以自快。夫世之樂小言而畏大文也久矣，故錢子以瀫導之與！

錢子之選，有忠孝、道德、經濟之文以爲洪波，蕭閑之文以爲漪瀫，静深之文以爲寒潭，縟藻之文以爲麗水。鼹鼠夸父，各滿其腹，若是則已矣。予姑妄言之，以塞弁首之責。

〔一〕「畜」字，民初本改作「蓄」。

魏叔子《俞右吉文集叙》

才足任天下事者肆應不窮，整暇而若無事，然必剛氣以爲之本。無剛氣而自托和平，即不爲鄉愿，必且萎薾游移，臨大節不能守，當大難不能濟，遇大疑不能決。至於見善人而用之不力，見惡人而去之不盡。人於文章亦然。文以宣道義，著事功，其論旨必歸和平。夫和平者，剛氣之盡也。竹箭之生，直幹挺利，其質可以陷堅，矢人則爲之相笴察羽，均其燥濕輕重，使和平焉而用之。若揉蒿以貫蹲甲，雖良工必不能。予持是相天下士，論士之能文章者，雖或以論不純粹，不合於儒者，而吾終不可得變。

辛亥，客嘉興，交俞子右吉，愛其人，數與言議。其於人賢不肖無所私，予以剛許之。讀其《漸川文集》，議論踔厲，有毅然不撓之氣，其色凜凜，若不可犯。予生平論文，主有用於世，而右吉亦曰：「吾頗不好考據訓詁之學，雖曆象、聲律、數算，意不樂爲。以謂窮年矻矻，於天下事少所補，不如觀大略，使坐可言，起可見諸行事。」嗟乎！右吉少以文章名天下，志意奮發，不在鄉里善士，脱令得志，可使朝無僉人。予每與抗談，夜至聞雞聲不輟。竊用相傷悼，讀其文，廢卷而歎也。嘉興余多君子交，於右吉尤篤。而右吉方授徒，嘗輟課誦相過從，或同扁舟，訪友百里内外。

嗚呼！世道之衰，生於人心陂僻，而和平者，又萎薾游移而不剛。至於見善人好之不力，欲合其交，懼世俗之譏議，逡巡而不敢斷，則天下且何望哉！此吾於叙右吉之文，不禁慷慨及之也。

邵子湘《與魏叔子書》

某頓首。叔子先生足下：向辱示論文數書，學者作文之法綦備。獨疑於文章之源，尚蓄而未發，意善《易》者不譚《易》耶？抑有所祕也？僕於文，亦學之而未至者，顧衷所自志，敢一質之左右。

聞之先輩曰：「夫文者，非僅辭章之謂也，聖賢之文以載道，學者之文蘄弗畔道，故學文者，必先濬文之源，而後究文之法。濬文之源者何？在讀書，在養氣。夫六經，道之淵藪也，故讀書先於治經。」愚意欲晝以歲月，《易》象《詩》《書》《春秋》《三禮》諸書，以漸而及，不必屑屑拘牽注疏，務融液其大指所在。然後綜貫諸史，以驗其廢興治忽之由，以參其邪正得失之故。又恐力不能兼營，史自左氏、司馬、班、范、三國、南北、五代而外，子自莊、列、荀、揚〔一〕、韓非、呂氏、賈、董而外，集自韓、柳、歐、蘇、曾、王而外，或畧加節抄，可備采擇。此讀書之漸也。

韓愈氏有言：「氣，水也；言，浮物也。水大而物之浮者，大小畢浮。」是故其氣盛者，其文暢以醇；其氣舒者，其文疏以達；其氣矜者，其文礪以紕；其氣恧者，其文詖以刓；其氣撓者，其文剽以瑕。是故涵泳道德之塗，菑畬六藝之圃，以充吾氣也；泊乎寡營，浩乎自得，以舒吾氣也；植聲氣，急標榜，矜吾氣者也；投贄干謁，蠅附蟻營，恧吾氣者也；應酬轇轕，諛墓擪金，撓吾氣者也。此養

〔一〕「揚」字，民初本改作「楊」。

氣之説也，二者所以濬文之源也。

至於文之法，有不變者，有至變者。文體有二，曰叙事，曰議論，是謂定體。辭斷意續，筋絡相束，奔放者忌肆，雕刻者忌促，深賾者忌詭，敷演者忌俗，是謂定格。言道者必宗經，言治者必宗史，導情欲婉而暢，述事欲法而明，是謂定理。此法之不變者也。若夫川横馳騖，變化百出，各視功力之所及，巧拙不相師，後先不相襲，此法之至變者也。吾得其所爲不變者，不左、史，不班、范，不韓、柳、歐、蘇，而不可駭其創也。吾得其所爲至變者，即左、史，即班、范，即韓、柳、歐、蘇，而不可訾其襲也。二者所以究文之法也。

是故不濬其源而言文，譬之揚蹄涔之波者，不識渤澥之廣；炫螢尾之照者，不覩日月之明，幾文之成不能也。不究其法而言文，譬之聚新羈之駟，而弛其銜轡；操匠郢之斤，而輟其規矩，幾文之成不能也。

僕持此説，藏胸中久，與流俗人言，未免疑駭譏笑。唯先生爲當今文匠，而又疑向者之論尚有所祕也，輒敢竭其愚陋，冀相叩質。雖然，僕僅能言之耳，僕才氣蹇劣，又苦人事，雖心蘄其至是，力不能赴，歲月荏苒，恐遂無成，亦何敢望與先生抗衡哉！養由基射楊葉於百步之外，不失一焉；張七屬之甲，一發而洞胸貫札，此其於藝至精也。而支離疏攘臂其旁，談縱送之法，剌剌不休，試令之操弓挾矢，則捫指退〔一〕矣。僕論文大類是，唯先生進而教之。

〔一〕「退」字，民初本改作「追」。

汪堯峰《答陳靄公書》

琬啓。前倉猝報書，愧無以仰副足下之意。兹者休沐少暇，故願更竭其愚。來書論文以明道立説，僕一讀再讀，歎爲知言。竊意足下於此，必當上述孔、孟，次陳濂、洛、關、閩之書，最下亦當旁採前明薛文清、王文成、陳公甫、羅達夫諸賢之説，爲之折中其異同，研晰其醇駁，而相與致辨於微芒疑似之間，庶乎於道無負矣。而不虞書末，乃泛及於晚近諸君子也。然則足下之意，固不在於道，亦止以其文而已。

如以文言之，則大家之有法，猶弈師之有譜，曲工之有節，匠氏之有繩度，不可不講求而自得也。後之作者，惟其知字而不知句，知句而不知篇，於是有開而無闔，有呼而無應，有前後而無操縱頓挫，不散則亂。譬如驅烏合之市人，而思制勝於天下，其不立敗者幾希。古人之於文也，揚之欲其高，斂之欲其深，推而遠之欲其雄且駿。其高也如垂天之雲，其深也如行地之泉，其雄且駿也如波濤之洶湧，如萬騎千乘之奔馳。而及其變化離合，一歸於自然也，又如神龍之蜿蜒，而不露其首尾。蓋凡開闔呼應、操縱頓挫之法，無不備焉，則今之所傳唐宋諸大家，舉如此也。

前明二百七十餘年，其文嘗屢變矣，而中間最卓卓知名者，亦無不學於古人而得之。羅圭峰，學退之者也；歸震川，學永叔者也；王遵巖，學子固者也；方正學、唐荆川，學二蘇者也；其他楊文貞、李文正、王文恪，又學永叔、子瞻而未至者也。前賢之學於古人者，非學其詞也，學其開闔呼應、操縱頓挫之法，而加變化焉，以成一家者是也。後生小子，不知其説，乃欲以剽竊模擬當之，而古文於是乎亡矣！

今足下之言曰：「無寄託而專求之章法詞令，則亦木偶之形、支離之音。」是見後生之剽竊模擬，而故爲有激之言也。由僕觀之，非窮愁不能著書。古人之文，安得有所謂無寄託者哉？要當論其工與否耳！工者傳，不工者不傳也；又必其尤工者，然後能傳數千百年，而終於不可磨滅也。孔子曰：「言之無文，行而不遠。」〔一〕夫有篇法，又有字句之法，此即其言而文者也，雖聖人猶取之，而足下顧得用支離、木偶相鄙薄乎？噫！何其過論也！僕不佞，不足與知乎此，語狂且直，祈賜裁答。

方望溪《古文約選序例》

古文所從來遠矣，六經、《語》《孟》，其根源也。得其支流，而義法最精者，莫如《左傳》《史記》，然各自成書，具有首尾，不可以分剟。其次《公羊》《穀梁傳》《國語》《國策》，雖有篇法可求，而皆通紀數百年之言與事，學者必覽其全而後可取精焉。惟兩漢書疏及唐宋八家之文，篇各一事，可擇其尤，而所取必至約，然後義法之精可見。故於韓取者十二，於歐十一，餘六家，或二十三十而取一焉；兩漢書疏，則百之二三耳。學者能切究於此，而以求《左》《史》《公》《穀》《語》《策》之義法，則觸

〔一〕《左傳》襄公二十五年所記孔子語。

類而通,用爲制舉之文,敷陳論策,綽有餘裕〔一〕矣。雖然,此其末也。先儒謂韓子因文以見道,而其自稱則曰:「學古道,故欲兼通其辭。」羣士果能因是以求六經、《語》《孟》之旨,而得其所歸,躬蹈仁義,自勉於忠孝,則立德立功,以仰答我皇上愛育人材之至意者,皆基於此。是則余爲是編,以助流政教之本志也夫。

一、三傳、《國語》《國策》《史記》爲古文正宗,然皆自成一體,學者必熟復全書,而後能辨其門徑,入其窔突。故是編所録,惟漢人散文及唐宋八家專集,俾承學治古文者,先得其津梁,然後可溯流窮源,盡諸家之精藴。

一、周末諸子,精深閎博,漢、唐、宋文家皆取精焉。但其著書,主於指事類情,汪洋自恣,不可繩以篇法。其篇法完具者,間亦有之,而體製亦别,故概弗採録,覽者當自得之。

一、在昔議論者,皆謂古文之衰,自東漢始,非也。西漢惟武帝以前之文,生氣奮動,倜儻徘宕,不可方物,而法度自具。昭、宣以後,則嶄覺繁重滯澀,惟劉子政傑出不羣,然亦繩趨尺步,盛漢之風,邈無存矣。是編自武帝以後至蜀漢,所録僅三之一,然尚有以事宜講問,過而存之者。

一、韓退之云:「漢朝人無不能爲文。」今觀其書疏吏牘,類皆雅飭可誦。兹所録僅五十餘篇,蓋以辨古文氣體,必至嚴乃不雜也。既得門徑,必縱横百氏,而後能成一家之言。退之自言「貪多務

〔一〕「用爲制舉之文,敷陳論策,綽有餘裕」三句脱,據方氏原文補入。

得，細大不捐」是也。

一、古文氣體，所貴澄清無滓。澄清之極，自然而發其光精，則《左傳》《史記》之瑰麗濃郁是也。始學而求古求典，必流爲明七子之僞體，故於《客難》《解嘲》《答賓戲》《典引》之類，皆不録，雖相如《封禪書》，亦姑置焉。蓋相如天骨超俊，不從人間來，恐學者無從窺尋，而妄摹其字句，則徒敝精神於塞淺耳。

一、子長《世表》《年表》《月表序》，義法精深變化，退之、子厚讀經子，永叔史志論，其源並出於此。孟堅《藝文志·七略序》，淳實淵懿，子固序羣書目録，介甫序《詩》《書》《周禮義》，其源並出於此。概勿編輯，以《史記》《漢書》，治古文者必觀其全也。獨録《史記·自序》，以其文雖載家傳後，而别爲一篇，非《史記》本文耳。

一、退之、永叔、介甫，俱以誌銘擅長。但序事之文，義法備於《左》《史》。退之變《左》《史》之格調，而陰用其義法；永叔摹《史記》之格調，而曲得其風神；介甫變退之之壁壘，而陰用其步伐。學者果能探《左》《史》之精藴，則於三家誌銘，無事規橅，而自與之並矣。故於退之誌銘，奇崛高古精深者，皆不録。録《馬少監》《柳柳州》二誌，皆變調，頗膚近。蓋誌銘宜實徵事迹，或事迹無可徵，乃叙述久故交親，而出之以感慨，《馬誌》是也；或别生議論，可興可觀，《柳誌》是也。於永叔獨録其叙述親故者，於介甫獨録其别生議論者，各三數篇，其體製皆師退之，俾學者知所從入也。

一、退之自言所學在「辨古書之正僞，與雖正而不至焉者」，蓋黑之不分，則所見爲白者，非真白也。子厚文筆古雋，而義法多疵，歐、蘇、曾、王，亦間有不合，故略指其瑕，俾瑜者不爲揜耳。

一、《易》《詩》《書》《春秋》及四書，一字不可增減，文之極則也。降而《左傳》《史記》、韓文，雖長篇，句字可薙芟者甚少。其餘諸家，雖舉世傳誦之文，義枝辭冗者，或不免矣。未便削去，姑鈎劃於旁，俾觀者別擇焉。

方望溪《書韓退之平淮西碑後》

碑記墓誌之有銘，猶史有贊論。義法創自太史公，其指意辭事，必取之本文之外。班、史以下，有括終始事迹以爲贊論者，則於本文爲複矣。此意唯韓子識之，故其銘辭，未有義具於碑誌者。或體製所宜，事有覆舉，則必以補本文之間缺。如此篇兵謀戰功詳於序，而既平後情事則以銘出之，其大指然也。前幅蓋隱括序文，然序述比數世亂，而銘原亂之所生。序言官怠，而銘兼民困；序載戰降之數，銘具出兵之數；序標洄曲、文城收功之由，而銘備時曲、陵雲、邵陵、郾城、新城比勝之迹。至於師道之刺、元衡之傷、兵頓於久屯、相度之後至，皆前序所未及也。歐陽公號爲入韓子之奧窔，而以此類裁之，頗有不盡合者；介甫近之矣，而氣象則過隘。夫秦周以前，學者未嘗言文，而文之義法，無一之不備焉。唐宋以後，步趨繩尺，猶不能無過差。東鄉艾氏乃謂「文之法至宋而始備」，所謂强不知以爲知者耶！

方望溪《書柳文後》

子厚自述爲文皆取原於六經，甚哉其自知之不能審也！彼言涉於道，多膚末支離，而無所歸宿，且承用諸經字義，尚有未當者。蓋其根源，雜出周秦、漢魏、六朝諸文家，而於諸經特用爲彩色聲音之助爾。故凡所作效古而自汩其體者，引喻凡猥者，辭繁而蕪、句佻且稚者，記序、書説、雜文皆有之，不獨碑誌仍六朝、初唐餘習也。其雄厲悽清醲郁之文，世多好者，然辭雖工，尚有町畦，非其至也。惟讀《魯論》、辨諸子、記柳州近治山水諸篇，縱心獨往，一無所依藉，乃信可肩隨退之，而嶢然於北宋諸家之上，惜乎其不多見耳！退之稱子厚文必傳無疑，乃以其久斥之後爲斷。然則諸篇蓋其晚作與？子厚之斥也年長矣，乃能變舊體以進於古；假而其始學時，即知取道之原，而終也天假之年，其所至可量也哉？

方望溪《與孫以寧書》

昔歸震川嘗自恨足迹不出里閈，所見聞無奇節偉行可紀。承命爲徵君作傳，此吾文所託以增重也，敢不竭其愚心。所示羣賢論述，皆未得體要，蓋其大致不越三端，或詳講學宗旨及師友淵源，或條舉平生義俠之迹，或盛稱門牆廣大，海内嚮仰者多：此三者皆徵君之末節也，三者詳而徵君之志事隱矣。

古之晰於文律者，所載之事，必與其人之規模相稱。太史公傳陸賈，其分奴婢裝資，瑣瑣者皆載焉；若蕭曹世家，而條舉其治績，則文字雖增十倍，不可得而備矣。故嘗見義於《留侯世家》曰：「留侯所從容與上言天下事甚衆，非天下所以存亡，故不著。」此明示後世綴文之士，以虛實詳略之權度也。

宋元諸史，若市肆簿籍，使覽者不能終篇。坐此義不講耳。徵君義俠，舍楊、左之事，皆鄉曲自好者所能勉也。其門牆廣大，乃度時揣己，不敢如孔、孟之拒孺悲、夷之，非得已也。至論學則爲書甚具，故並弗採著於傳上，而虛言其大略。昔歐陽公作《尹師魯墓誌》，至以文自辨。而退之之誌李元賓，至今有疑其太略者，夫元賓年不及三十，其德未成，業未著，而銘辭有曰：「才高乎當世，而行出乎古人。」則外此尚安有可言者乎？

僕此傳出，必有病其太略者。不知往者羣賢所述，唯務徵實，故事愈詳而義愈陋。今詳者略，實者虛，而徵君所藴蓄，轉似可得之意言之外。他日載之家乘，達於史官，慎毋以彼而易此。惟足下的然昭晰，無惑於羣言，是徵君之所賴也，於僕之文無加損焉。如別有欲商論者，則明以喻之。

方望溪《答友人書》

來示乞賢尊表誌或家傳，賢尊事迹著見者，唯以某事屈廷議，宜別記其事，而以本議附焉，傳誌非所宜也。蓋諸體之文，各有義法。表誌尺幅甚狹，而詳載本議，則臃腫而不中繩墨。若約略翦截，俾情事不詳，則後之人無所取鑒，而當日忘身家以排廷議之義，亦不可得而見矣。《國語》載齊姜語晉公子重耳，凡數百言，而《春秋傳》以兩言代之，蓋一國之語可詳也，傳《春秋》總重耳出亡之迹，而獨詳於此，則義無取。今試以姜語備入傳中，其前後尚能自運掉乎？世傳《國語》亦丘明所述，觀此可得其營度爲文之意也。家傳非古也，必阨窮隱約，國史所不列，文章之士，乃私録而傳之。獨宋范文正公、范蜀公有家傳，而爲之者張唐英、司馬温公耳！此兩人故非文家，於文律或未審。若八家則無爲達官私立傳者，韓退之傳陸贄、陽城，載《順宗實録》。順宗在位未逾年，而以贄與城之傳附焉，非所安也。而退之以附焉者，以附《實録》之不安，尚不若入私集之必不可也。以是裁之，必别記其事，具載羣議，以俟史氏之採擇，於義法乃安。凡此類唐宋雜家多不講，有明諸公亦習而不察。足下審思而詳論之，則知非僕之臆説也。

方望溪《答申謙居書》

李渭占至京師，見足下所爲《聖木行狀》，無世俗蕪濁之氣，因謂如此人，當益勸學，俾治古文。適得來示，乃復記臆丙戌之春，聖木爲言生徒中有秀出者，即足下也。

僕聞諸父兄，藝術莫難於古文。自周以來，各自名家者，僅十數人，則其艱可知矣。苟無其材，雖務學，不可强而能也；苟無其學，雖有材，不能驟而達也。有其材、有其學，而非其人，猶不能以有立焉。蓋古文之傳，與詩賦異道。魏晉以後，奸僉污邪之人，而詩賦爲衆所稱者有矣，以彼瞑瞞於聲色之中，而曲得其情狀，亦所謂誠而形者也，故言之工而爲流俗所不棄。若古文則本經術，而依於事物之理，非中有所得，不可以爲僞。故自劉歆承父之學議禮稽經而外，未聞奸僉污邪之人。而古文爲世所傳述者，韓子有言：「行之乎仁義之途，游之乎《詩》《書》之源。」兹乃所以能約六經之旨以成文，而非前後文士所可比並也。姑以世所稱唐宋八家言之。韓及曾、王，並篤於經學，而淺深廣狹，醇駁等差各異矣。柳子厚自謂取原於經，而掇拾於文字間者，尚或不詳；歐陽永叔粗見諸經之大意，而未通其奧賾；蘇氏父子則概乎其未有聞焉。此核其文，而平生所學，不能自掩者也。

韓、歐、蘇、曾之文，氣象各肖其爲人。子厚則大節有虧，而餘行可述；介甫則學術雖誤，而内行無頗；其他雜家小能以文自襮者，必其行能少異於衆人者也。非然則一事一言偶中於道而不可廢，如劉歆是也，然若歆者亦僅矣。以是觀之，苟志乎古文，必先定其祈嚮，然後所學有以爲基，匪是則勤而無所。若夫《左》《史》以來相承之義法，各出之徑涂，則期月之間，可講而明也。

劉海峰《論文偶記》六則 照原本略加歸併

行文之道，神爲主，氣輔之。曹子桓、蘇子由論文，以氣爲主，是矣。然氣隨神轉，神渾則氣灝，神遠則氣逸，神偉則氣高，神變則氣奇，神深則氣静。故神爲氣之主，至專以理爲主，則未盡其妙。蓋人不窮理讀書，則出詞鄙倍空疏；人無經濟，則言雖累牘，不適於用。故義理書卷經濟者，行文之材料，神氣音節者，行文之能事也。

文章最要氣盛，然無神以主之，則氣無所附，蕩乎不知其所歸。神氣者，文之最精處也；音節者，文之稍粗處也；字句者，文之最粗處也。然予謂論文而至於字句，則文之能事盡矣。蓋音節者，神氣之迹也；字句者，音節之規也。神氣不可見，於音節見之；音節無可準，於字句準之。

音節高則神氣必高，音節下則神氣必下，故音節爲神氣之迹。一句之中，或多一字，或少一字；一字之中，或用平聲，或用仄聲；同一平字仄字，或用陰平、陽平、上聲、去聲、入聲，則音節迥異。故字句爲音節之矩，積字成句，積句成章，積章成篇。合而讀之，音節見矣，歌而詠之，神氣出矣。近人論文，不知有所謂音節者，至語以字句，必笑以爲末事，此論似高實謬。作文若字句安頓不妙，豈復有文字乎？

凡行文，字句短長，抑揚高下，無一定之律，而有一定之妙，可以意會，不可以言傳。學者求神氣而得之於〔一〕音節，求音節而得之於字句，則〔二〕思過半矣。其要只在讀古人文字時，設以此身代古人説話，一吞一吐，皆由彼而不由我。爛熟後，我之神氣，即古人之神氣，古人之音節都在

〔一〕「於」字脱，下句同。
〔二〕「則」字脱。

我喉吻間，合我喉吻者，便是與古人神氣音節相似處，久之〔一〕自然鏗鏘發金石〔二〕。

唐人之體，較之漢人，微露圭角，少渾噩之象，然陸離璀璨，猶似夏商彝鼎。宋人文雖佳，而萬怪惶惑處少矣。荆川云：「唐之韓猶漢之班、馬，宋之歐、曾、二蘇，猶唐之韓。」此自其同者言之耳。然氣味有厚薄，力量有大小，時代使然，不可强也。然學者宜先求其同，而後别其異，不宜伐其異而不知其同耳。

文貴奇。所謂「珍愛者，必非常物」〔三〕，然有奇在字句者，有奇在意思者，有奇在筆者，有奇在丘壑者，有奇在氣者，有奇在神者。字句之奇，不足爲奇，氣奇則真奇矣。神奇則古來亦不多見。次第雖如此，然字句亦不可不奇。揚子《太玄》《法言》，昌黎甚好之，故昌黎之文奇。奇氣最難識，大約忽起忽落，其來無端，其去無迹。〔四〕讀古人文，於起滅轉接之間，覺有不可測識處，便是奇氣。

文貴高。窮理則識高，立志則骨高，好古則調高。

文貴大。道理博大，氣脈洪大，丘壑遠大。丘壑中必峰巒高大，波瀾闊大，乃可謂之遠大。

文貴遠。遠必含蓄，或句上有句，或句下有句，或句中有句，或句外有句；説出者少，不説出者

〔一〕「久之」二字脱。
〔二〕「石」字，民初本其下增「聲」字。
〔三〕李斯《諫逐客書》語。
〔四〕自「神奇則古來亦不多見」至「其去無迹」數句，原闕，今補之。

多，乃可謂遠。

文貴簡。凡文，筆老則簡，意真則簡，辭切則簡，理當則簡，味淡則簡，氣蘊則簡，品貴則簡，神遠而含藏不盡則簡，故簡爲文章盡境。

文貴疏。凡文，力大則疏。宋畫密，元畫疏；顔、柳字密，鍾、王字疏；孟堅文密，子長文疏。凡文，氣疏則縱，密則拘；神疏則逸，密則勞。疏則生，密則死。

文貴變。《易》曰：「虎變文炳，豹變文蔚。」又曰：「物相雜，故曰文。」故文者，變之謂也。一集之中，篇篇變；一篇之中，段段變；一段之中，句句變。神變，氣變，境變，音變，節變，句變，字變，惟昌黎能之。

文貴瘦。須從瘦出而不宜以瘦名，蓋文至瘦，則筆能屈曲盡意，而言無不達。然以瘦名，則文必狹隘，《公》《穀》《韓非》、王半山之文，極高峻難識，學之有得，便當捨去。

文貴華。華正與樸相表裏，以其華美，故可貴重。所惡於華者，恐其近俗耳；所取於樸者，謂其不著粉飾耳。不著粉飾，而精彩濃麗，自《左傳》《莊子》《史記》而外，其妙不傳。

文貴參差。天之生物，無一無偶，而無一齊者。故雖排比之文，亦以隨勢屈曲貫注爲佳。

文貴去陳言。昌黎論文，以去陳言爲第一要義。《樊宗師誌銘》云：「惟古於詞必己出，降而不能乃剽賊。後皆指前公相襲，自漢迄今用一律。」今人行文，反以用古人成語，自謂有出處，自矜爲典雅，不知其爲襲也，剽賊也。文字是日新之物，若陳陳相因，安得不爲腐臭！原本古文意義，到行文時，却須重加鑄造一樣言語，不可便直用古人，此謂去陳言。未嘗不换字，却不是换字法。

行文最貴品藻。無品藻不成文字，如曰渾、曰浩、曰雄、曰奇、曰頓挫、曰跌宕之類，不可勝數。然有神上事，有氣上事，有體上事，有色上事，有聲上事，有味上事，有識上事，有情上事，有才上事，有格上事，有境上事，須辨之甚明。文章品藻最貴者，曰雄曰逸。歐陽子逸而未雄，昌黎雄處多，逸處少；太史公雄過昌黎，而逸處更多於雄處，所以爲至。

朱梅崖《答李礎玉書》

讀書一節，近市囂鄙，在先高其志，務潔其心，不以外之聞見動吾耳目，然後有以自置。自置者，世慮屏而心漸同乎古人也。漸同古人，則必漸異今人。漸異今人，人必漸怪之。懼其怪而徙志易心，則至古人也無日矣，混混焉，與世相濁而已，如是而其文何自而高？使其心有以自置，則吾心古心也。以觀古人之言，猶吾言也。然後辨其是非焉，察其盈虧焉，究其誠僞焉，判其高下焉，如黑白之皎於前矣。於是順其節次焉，還其訓〔一〕詁焉，沈潛其義藴焉，調合其心氣焉。於是則而法之，役而就之，久則自然合之，又久則變化生之。於是而其文之高也，如累土之成臺，如鴻漸之在天，有莫知其所以然者。所謂自置者，志也。古人入學先辨志，子曰：「吾十有五而志於學。」孟子亦言「尚

〔一〕「訓」字，民初本改入「順」。

志」。故志者，學之幹，言之本也。所謂讀書作文之法，如此而已。至其他各言所得，皆枝葉耳，非其本幹所在，今故不以瀆陳也。

朱梅崖《答王西莊書》

熟復大集，穿穴經史，剖别精核，其記序、銘誌、歌詩，法度不失，而風趣尤勝，欽服何似。承詢以仕琇所處，拘墟之見，豈敢上陳！要亦循古人所云「力體之，時憂其不足」耳。古人所云多矣，體之無不驗者，而大旨則韓子所謂無人之見〔一〕者是也。

一技之微，古人嘗遺耳！目爵賞非譽以求之，及其至也，皆與道通，故曰「百工之事，皆聖人之作也」〔二〕。伯牙學琴，成連棲之海上以移其情，以海上者，無人之處也，精神寂寞，百感皆息，而真者出焉，而琴以名。斯其爲學之要耶！若文者，古人所以自著也。揚子雲曰：「言，心聲也。」蘇子由曰：「文者，氣之所形。」太史公曰：「讀其書，未嘗不想見其人。」孟子曰：「頌其詩，讀其書，不知其人可乎？」故韓子曰：「君子慎其實。」柳子曰：「文以行爲本。」斯其爲文之要耶！誠知二者之爲要而力

〔一〕無人之見，指韓愈《答李翊書》自言學古之立言者之精神進境，其云初則「處若忘，行若遺，儼乎其若思，茫乎其若迷」，終則「昭昭然黑白分」「浩乎其沛然」，此跟下文成連「精神寂寞，百感皆息，而真者出焉」之精神境界相類。

〔二〕《周禮·冬官·考工記》文。

體之，其必有自知者矣。

夫子曰：「人不知而不愠。」斯又君子之所以自立也。古之垂教者，聖人不具論，其有言立於此，而後事自應，世世可稱者，若遲任、史佚、臧文仲、子産、叔向之流是也。他若百家雜術，孫武之論兵，靈素之醫經，皆非有所專主也，然百世莫能外焉。至眉山蘇氏，於仁廟時爲興作之言，神宗時則進休養之説，皆隨時爲之辭，而學者或以病其言之不純信。他若劉歆、陳元、賈逵，古學見排。桓譚、鄭興，非讖爲罪。韓愈以諱辨，史册垂譏。歐陽修、韓琦持濮議，貽誚學者。是非之難定也如此，則所云切於時者，亦豈易言也哉！

仕琇辱閣下下意援接，故敢悉其愚。竊見近時人不説學，士多疏陋，故豪傑之士，率以博覽自喜。夫經言精奥，史籍紛繁，加人自爲之書，與世而增，雖有上智，豈能徧理！至傳聞回互，文義點竄，先後相積，疑竇牛毛，但當存而不論，豈能窮其自出！古人於事訛誤未有折衷者，但云當考，或云慎取，如是而已，其言誠有味也。夫子曰：「我知之矣，如爾所不知何？」此聖人所以爲萬世法也。近世士多奮其私智，以誣古籍，鑿空立説，徵引繁富，足佐其謬。其弊始宋之一二名人自喜之過，後遂益甚。嘗怪孔氏删《詩》《書》，古有是言，自司馬遷以來無異辭，而近世有云《詩》無删者。《風》《雅》《頌》之名，見於《周官》、《左氏》、卜商之傳，而云《詩》有《南》無《風》。司馬遷、韓愈、柳宗元、李翺皆稱《左氏》文采，法其所爲，而或以爲衰世之文。漢初《春秋》學官，專立公羊，董生以之名家。唐殷侑欲繼何氏作注，韓子與書欽歎之，而或直詆爲邪説。章懷太子《後漢書注》，自集一時屬官所爲，非苟作者，而或以爲章懷少年讀書不多，故多遺誤。又因《嘉祐集》目無《辨奸論》，遂直指《張文定墓志》及東坡謝書、子由志文定之文，皆爲僞作。其悍而自遂，無所顧藉如此，豈古人謹厚之義耶？

揚子雲曰：「多聞則守之以約，多見則守之以卓，寡聞則無約也，寡見則無卓也，孤陋固不足以盡道。」然荀況載孔子論士之言曰：「不務多知，務審其所知。」則所以主乎聞見者，必有道矣。古人治經，非專門名家教授者，皆取大義通，不爲章句，若孟子、荀卿、李斯、賈生、司馬遷、劉向、揚雄、班固是也。故遷稱「李斯知六藝之歸」，固謂「向父子、揚雄爲湛深經術」，謂優於其義也。至於物名器械之詳，則季漢通儒徐偉長之流，亦知鄙之矣。學者幸不爲君子所鄙，又安畏世俗之譏耶？

至著文之道，第本其所得於古人者，調劑心氣，誠一以出之，齋莊以持之，優游以深之，曲折以昌之，援引古昔以矜重之。使其言粲然各識其職而不亂，澹然各止其所而不過，則雖尋常問訊起居之辭，而人寶之如金玉，襲之如蘭芷，聽之如笙瑟，味之如醪醴，有不忍去者矣！何也？則以其心氣之清和惻怛，感人於微，而人樂之，亦自得其志也。故自貴者人貴之，自愛者人愛之，《傳》曰：「芝蘭生於空林，不以無人而不芳。」〔一〕斯所爲自著者也。

後之作者，誇嚴自喜，動曰「言思可法」，或曰「言必有用」，故所爲皆依傍緣飾，以動於世。二者

〔一〕《孔子家語·在厄》文，原作「芝蘭生於森林」。

豈非教之所崇，第以古人出之，皆流於内足之餘，其言信也。後之人未必然也，而馳騖心氣，以逐於外，色取聲附，以事觀聽，中枵源醨，美先盡矣，又何以永學者之思慕乎？此仕琇有感於近世學與文之弊，妄獻其愚，以求大人先生之折衷也。

姚姬傳《述菴文鈔序》

余嘗論學問之事，有三端焉：曰義理也，考證也，文章也。是三者，苟善用之，則皆足以相濟；苟不善用之，則或至於相害。今夫博學强識，而善言德行者，固文之貴也；寡聞而淺識者，固文之陋也。然而世有言義理之過者，其辭蕪雜俚近，如語録而不文；爲考證之過者，至繁碎繳繞，而語不可了。當以爲文之至美，而反以爲病者，何哉？其故由於自喜之太過，而智昧於所當擇也。夫天之生才雖美，不能無偏，故以能兼長者爲貴，而兼之中又有害焉，豈非能盡其天之所與之量，而不以才自蔽者之難得與！

青浦王蘭泉先生，其才天與之三者皆具之才也。先生爲文，有唐宋大家之高韻逸氣，而議論考覈，甚辨而不煩，極博而不蕪，精到而意不至於竭盡，此善用其天與以能兼之才，而不以自喜之過而害其美者矣。先生歷官，多從戎旅，馳驅梁、益，周覽萬里，助成國家定絶域之奇功。因取異見駭聞之事與境，以發其瓌偉之辭，爲古文人所未有，世以此謂天之助成先生之文章者，若獨異於人。吾謂此不足爲先生異，而先生能自盡其才，以善承天與者之爲異也。

鼐少於京師識先生時，先生亦年才三十，而鼐心獨貴其才。及先生仕至正卿，老歸海上，自定其文曰《述菴文鈔》四十卷，見寄於金陵。發而讀之，自謂粗能知先生用意之深。恐天下學者讀先生集，第歎服其美，而或不明其所以美，是不可自隱其愚陋之識，而不爲天下明告之也。若夫先生之詩集及他著述，其體雖不必盡同於古文，而一以余此言求之，亦皆可得其美之大者云。

姚姬傳《海愚詩鈔序》

吾嘗以謂文章之原，本乎天地。天地之道，陰陽剛柔而已，苟有得乎陰陽剛柔之精，皆可以爲文章之美。陰陽剛柔，並行而不容偏廢，有其一端而絶亡其一，剛者至於僨㈠强而拂戾，柔者至於頽廢而闇幽，則必無與於文者矣。然古君子稱爲文章之至，雖兼具二者之用，亦不能無所偏優於其間。其故何哉？天地之道，協合以爲體，而時發奇出以爲用者，理固然也。其在天地之用也，尚㈡陽而下陰，伸剛而絀柔，故人得之亦然。文之雄偉而勁直者，必貴於温深而徐婉。温深徐婉之才，不易得也。然其尤難得者，必在乎天下之雄才也。夫古今爲詩人者多矣，爲詩而善者亦多矣，而卓然足稱爲雄才者，千餘年中，數人焉耳，甚矣其得之難也！

㈠「僨」字，民初本改作「憒」。
㈡「尚」字，民初本改作「上」。

今世詩人，足稱雄才者，其遼東朱子潁乎？即之而光升焉，誦之而聲閎焉；循之而不可一世之氣，勃然動乎紙上，而不可禦焉。味之而奇思異趣，角立而横出焉，其惟吾子潁之詩乎？子潁没，而世竟無此才矣！

子潁爲吾鄉劉海峰先生弟子，其爲詩能取師法而變化用之。鼐年二十二，接子潁於京師，即知其爲天下絶之雄才，自是相知數十年，數有離合。子潁仕至淮南運使，延余主揚州書院，三年而余歸，子潁亦稱病解官去，遂不復見。子潁少孤貧，至於宦達，其胸臆時見於詩，讀者可以想見其藴也。蓋所蓄猶有未盡發，而身泯焉。〔一〕

其没後十年，長子白泉觀察督糧江南，校刻其集，鼐與王禹卿先生同録訂之，曰《海愚詩鈔》，凡十二卷。

姚姬傳《復魯絜非書》

桐城姚鼐頓首。絜非先生足下：相知恨少，晚遇先生，接其人，知爲君子矣；讀其文，非君子不能也。往與程魚門、周書昌論古今才士，惟爲古文者最少，苟爲之，必傑士也，况爲之專且善如先生者乎！辱書引義謙而見推過當，非所敢任。鼐自幼迄衰，獲侍賢人長者爲師友，剽取見聞，加臆度

〔一〕此段原闕，據姚集補。

爲説，非真知文、能爲文也，奚辱命之哉？蓋虛懷樂取者，君子之心，而誦所得以正於君子，亦鄙陋之志也。

鼐聞天地之道，陰陽剛柔而已。文者，天地之精英，而陰陽剛柔之發也。惟聖人之言，統二氣之會而弗偏。然而《易》《詩》《書》《論語》所載，亦間有可以剛柔分矣，值其時其人告語之，體各有宜也。

自諸子而降，其爲文無弗有偏者。其得於陽與剛之美者，則其文如霆如電，如長風之出谷，如崇山峻崖，如決大川，如奔騏驥；其光也，如杲日，如火，如金鏐鐵；其於人也，如憑高視遠，如君而朝萬衆，如鼓萬勇士而戰之。其得於陰與柔之美者，則其文如升初日，如清風，如雲如霞如煙，如幽林曲澗，如淪如漾，如珠玉之輝，如鴻鵠之鳴而入寥廓；其於人也，漻乎其如歎，邈乎其如有思，暖乎其如喜，愀乎其如悲。觀其文，諷其音，則爲文者之性情形狀，舉以殊焉。

且夫陰陽剛柔，其本二端，造物者糅而氣有多寡，進絀則品次億萬，以至於不可窮，萬物生焉，故曰：「一陰一陽之爲道。」夫文之多變，亦若是也。糅而偏勝可也，偏勝之極，一有一絶無，與夫剛不足爲剛，柔不足爲柔者，皆不可以言文。今夫野人孺子聞樂，以爲聲歌絃管之會爾，苟善樂者聞之，則五音十二律，必有一當，接於耳而分矣。夫論文者豈異於是乎？

宋朝歐陽、曾公之文，其才皆偏於柔之美者也。歐公能取異己者之長而時濟之，曾公能避所短而不犯。觀先生之文，殆近於二公焉。抑人之學文，其功力所能至者，陳理義必明當，布置取舍、繁簡廉肉不失法，吐辭雅馴不蕪而已。古今至於此者，蓋不數數得，然尚非文之至。文之至者，通於神明，人力不及施也。先生以爲然乎？

惠寄之文，刻本固當見與，鈔本謹封還。然鈔本不能勝刻者，諸體中書疏贈序爲上，記事之文次之，論辨又次之，鼐亦竊識數語於其間，未必當也。《梅崖集》果有逾人處，恨不識其人。郎君令甥皆美才，未易量，聽所好恣爲之，勿拘其途可也。於所寄文，輒妄評說，勿罪勿罪。

姚姬傳《答魯賓之書》

某頓首。賓之世兄足下：遠承賜書及雜文數首，義卓而詞美，今世文士，何易得見若此者。某之謭陋，無以上益高明，求馬唐肆，而責施於懸磬之石，豈不愧甚哉！顧荷垂問，宜略報以所聞。《易》曰：「吉人之詞寡。」夫内充而後發者，其言理得而情當。理得而情當，千萬言不可厭，猶之其寡矣。氣充而静者，其聲閎而不蕩。志章以檢者，其色耀而不浮。邃以通者義理也，雜以辨者典章名物。凡天地之所有也，閔閔乎聚之於錙銖，夷懌以善。虚志若嬰兒之柔，若雞伏卵，其專以一内，候其節而時發焉。夫天地之間莫非文也，故文之至者，通於造化之自然，然而驟以幾乎合之則愈離。今足下爲學之要，在於涵養而已，聲華榮利之事，曾不得以奸乎其中，而寬以期乎歲月之久，其必有以異乎今而達乎古也。以海内之大，而學古文最少，獨足下里中獨盛，異日必有造其極者，然後以某言證所得，或非妄也。足下勉之，不具。

惲子居《大雲山房文稿初集自序》

敬生四年，先府君教之四聲。八年學爲詩，十一學爲文，十五學六朝文，學漢魏賦頌，及宋元小詞，十七學漢、唐、宋、元、明諸大家文。先府君始告以讀書之序，窮理之要，攝心專氣之驗，非是不足以爲文。

於是復反而治小學，治經史百家。凡先府君手録天官地志、物理人事諸書，亦得次第觀之，然未有所發也。時於一二日中得一解而油油然，數十日中得一解而油油然。至索之心，誦之口，書之手，仍芒芒乎摇摇乎而已。先府君曰：「此心與氣之故也。不可以急治，當謹而俟之，減嗜欲，暢情志。嗜欲減則不淆雜，情志暢然後能立，能立然後能久大。」自是之後，敬不敢言文者十年。

旋走京師，遊中原，南極黔、楚，與天下篤雅恭敏之士交。竊窺其言行著述，因復理先府君之言，欲有所論撰，而下筆迂回細謹，塊然不能自舉。嗚呼！天地萬物，皆日變者也，而不變者者在焉，不變者所以成其日變也。文者生乎人之心，天地萬物之日變，氣爲之；心之日變，神爲之。神之變速於氣之變，而迂回之弊，循循然而緩；謹細之弊，切切然而急，於神皆有所閡焉。敢不力充之，以求所以日變者哉？然而有不可變者，《典論》曰：「學無所遺，辭無所假。」擇其言尤雅者若干篇，可以觀矣。

惲子居《大雲山房文稿二集自序》

昔者班孟堅因劉子政父子《七略》爲《藝文志》，序六藝爲九種，聖人之經，永世尊尙焉。其諸子則別爲十家，論可觀者九家，以爲：「雖有蔽短，合其要歸，亦六經之支與流裔。」至哉此言！論古之圭臬也。

敬嘗通會其説。儒家體備於《禮》及《論語》《孝經》；墨家變而離其宗；道家、陰陽家支駢於《易》；法家、名家疏源於《春秋》；縱橫家、雜家、小説家適用於《詩》《書》，孟堅所謂「《詩》以正言，《書》以廣聽」也。惟《詩》之流，復別爲詩賦家，而樂寓焉。農家、兵家、術數家、方技家，聖人未嘗專語之，然其體亦六藝之所孕也。是故六藝要其中，百家明其際會；六藝舉其大，百家盡其條流。其失者，孟堅已次第言之；而其得者，窮高極深，析事剖理，各有所屬。故曰修六藝之文，觀九家之言，可以通萬方之略。後世百家微而文集行，文集敝而經義起，經義散而文集益漓。學者少壯至老，貧賤至貴，漸漬於聖賢之精微，闡明於儒先之疏證，而文集反日替者何哉？蓋附會六藝，屏絶百家，耳目之用不發，事物之賾不統，故性情之德不能用也。

敬觀之前世，賈生自名家、縱橫家入，故其言浩汗而斷制；鼂錯自法家、兵家入，故其言峭實；董仲舒、劉子政自儒家、道家、陰陽家入，故其言和而多端；韓退之自儒家、法家、名家入，故其言峻而能達；曾子固、蘇子由自儒家、雜家入，故其言温而定；柳子厚、歐陽永叔自儒家、雜家、詞賦家入，故其言詳雅有度；杜牧之、蘇明允自兵家、縱横家入，故其言縱厲；蘇子瞻自縱横家、道家、小説家入，故其言逍遥而震動。

至若黄初、甘露之間，子桓、子建，氣體高朗；叔夜、嗣宗，情識精微。始以輕雋爲適意，時俗爲自然，風格相仍，漸成軌範，於是文集與百家判爲二途。熙寧、寶慶之會，時師破壞經説，其失也鑿；陋儒襞積經文，其失也膚。後進之士，竊聖人遺説，規而畫之，睇而斷之，於是經義與文集并爲一物。太白、樂天、夢得諸人，自曹魏發情；静修、幼清、正學諸人，自趙宋得理。遞趨遞下，卑冗日積。

是故百家之敝，當折之以六藝；文集之衰，當起之以百家。其高下遠近華質，是又在乎人之所性焉，不可强也已。敬一人之見，恐違大雅，惟天下好學深思之君子教正之。

惲子居《與紉之書》

昨者相見，敬所以望紉之者甚博，而紉之以古人之所以爲文者問焉。紉之之志，止乎是耶？抑敬之所知者，不足以越乎是耶？甚非敬之所望也。文者小道也，而人喜爲之，爲之而復喜言之。本朝如魏叔子、姜西溟、邵子湘諸人，皆累累言之矣，盡矣，敬復何所言耶？等而上之，元明之人言之矣，宋之人言之矣，如和鼓然，其聲無以甚異也，敬復何所言耶？雖然，紉之之意，不可無以應也。且敬所謂甚博者，未嘗不可於言文推之，紉之慎擇之可也。夫後世之言文者，未有如退之之爲正者也。退之之言文，則告尉遲生、李生爲最，吾少之時，蓋嘗讀而樂之。若柳子厚、李習之與韋中立、王載所言，視退之相出入者也，紉之求之乎是焉足矣。雖然，退之、子厚、習之，各言其所歷者也，一家之所得也，於天下之文，其本末條貫，有未備者焉。敬請合三子者之言，爲紉之申言之，其是耶，其未是耶，紉之擇之可也。

孔子曰：「辭達而已矣。」孟子曰：「詖辭知其所蔽，淫辭知其所陷，邪辭知其所離，遁辭知其所窮。」古之辭具在也，其無所蔽、所陷、所離、所窮四者，皆達者也；有所蔽、所陷、所離、所窮四者，皆不達者也。然而是四者，有有之而於達無害者焉，列禦寇、莊周之言是也，非聖人之所謂達也；有時有之、時無之而於達亦無害者焉，管仲、荀卿之書是也，亦非聖人之所謂達也。

聖人之所謂達者何哉？其心嚴而慎者其辭端，其神暇而愉者其辭和，其氣灝然而行者其辭大，其知通於微者，其辭無不至。言理之辭，如火之明，上下無不灼然，而迹〔一〕不可求也；言情之辭，如水之曲行旁至，灌渠入穴，遠來而不知所往也；言事之辭，如土之墳壤鹹瀉〔二〕，而無不可用也。此其本也，蓋猶有末焉。其機如弓弩之張，在乎手，而志則的也；其行如挈壺之遞下而微至也；其體如宗廟圭琮之不可雜置也，如毛髮肌膚骨肉之皆備而運於脈也，如觀於崇岡深巖，進退俯仰，而横側

〔一〕「迹」字，民初本改作「路」。
〔二〕「瀉」字，民初本改作「潟」。

喬墮無定也。如是其可謂能於文者乎！

若其從入之途，則有要焉，曰：其氣澄而無滓也，積之則無滓而能厚也；其質整而無裂也，馴之則無裂而能變也。退之、子厚、習之能之而言之者也，敬未能之而言之者也。天下有能之而言不能盡者矣，未有未能之而言能盡者也，紉之益申之可也。

惲子居《上曹儷笙侍郎書》

前者敬在寧都上謁，先生過聽彭臨川之言，諄然以昔人之所以爲古文者下問。侍坐之頃，未能達其心之所欲言，回縣後竊願一陳其不敏。而下官之事上者，如古之奏記，如牋如啓，皆束於體制，塗飾巧僞，殊無足觀。至前明之稟，幾於胥隸之辭矣。古者自上宰相，至於儕等相往復，皆曰書。其言疏通曲折，極其所至而後已。謹以達之左右，惟先生教正之。

古文，文中之一體耳。而其體至正。不可餘，餘則支；不可盡，盡則敝；不可爲容，爲容則體下。方望溪先生曰：「古文雖小道，失其傳者七百年。」望溪之言若是，是明之遵巖、震川，本朝之雪苑、勺庭、堯峰諸君子，世俗推爲作者，一不得與乎望溪之所許矣！望溪謹厚，兼學有源本，豈妄爲此論邪！蓋遵巖、震川，嘗有意爲古文者也。有意爲古文，而平生之才與學，不能沛然於所爲之文之外，則將依附其體而爲之；依附其體而爲之，則爲支、爲敝、爲體下，不招而至矣。是故遵巖之文贍，贍則用力必過，其失也少支而多敝；震川之文謹，謹則置辭必近，其失也少敝而多支，而爲容之失。二家緣〔一〕急不同，同出於體下。集中之得者十有六七，失者十而三四焉，此望溪之所以不滿也。李安溪先生曰：「古文韓公之後，惟介甫得其法。」是説也，視望溪之言有加甚焉。敬常即安溪之意推之，蓋雪苑、勺庭之失，毗於遵巖而鋭過之，其疾徵於三蘇氏；堯峰之失，毗於震川而弱過之，其疾徵於歐陽文忠公。歐與蘇二家所畜有餘，故其疾難形；雪苑、勺庭、堯峰所畜不足，故其疾易見。噫！可謂難矣。然望溪之於古文，則又有未至者，是故旨近端而有時而歧，辭近醇而有時而窳。近日朱梅崖等於望溪有不足之辭，而梅崖所得，視望溪益庳隘。文人之見，日勝一日，其力則日遜焉，是亦可虞者也。

敬生於下里，以禄養，趨走下吏，不獲與世之大人君子相處，而得其源流之所以然。同州諸前達，多習校録，嚴考證，成專家。爲賦詠者，或率意自恣，而大江南北，以文名天下者，幾於昌狂無理，排溺一世之人，其勢力至今未已。敬爲之動者數矣，所幸少樂疏曠，未嘗捉筆。求若輩所謂文之工者而浸漬之，其道不親，其事不習，故心不爲所陷，而漸有以知其非。後與同州張皋文、吴仲倫、桐城王悔生遊，始知姚姬傳之學，出於劉海峰，劉海峰之學，出於方望溪。及求三人之文觀之，又未足以饜其心所欲云者。由是，由本朝推之於明，推之於宋、唐，推之於漢與秦，齗齗焉析其正變，區其長

〔一〕「緣」字，疑當作「緩」。

短，然後知望溪之所以不滿者，蓋自厚趨薄，自堅趨瑕，自大趨小。而其體〔一〕之正，不特遵巖、震川以下未之有變，即海峰、姬傳亦非破壞典型，沈酣淫詖者，不可謂傳之盡失也。

若是則所謂爲支、爲敝、爲體下，皆其薄、其瑕、其小爲之。如能盡其才與學以從事焉，則支者如山之立，敝者如水之去腐，體下者如負青天之高。於是積之而爲厚焉，斂之而爲堅焉，充之而爲大焉，且不患其傳之盡失也。然所謂才與學者何哉？曾子固曰：「明必足以周萬事之理，道必足以適天下之用，智必足以通難知之意，文必足以發難顯之情。」如是而已。

皋文最淵雅，中道而逝。仲倫才弱，悔生氣敗。敬蹉跎歲時，年及五十，無所成就必矣。天下之大，當必有其絶人之能，荒江老屋，求有以自信者，先生能留意焉，則斯事之幸也。附呈近作數首，聊以塞盛意，愧悚愧悚。

惲子居《上陳笠帆先生書》

本月十六日接奉鈞諭，辭恉精審，以敬爲可教而諄諄示之，言藝如是，言事言道必悉如是，此古人所以能日進之道也。而簡末及于亭孝廉，則知幕府賓從，皆見敬前書而幸正之。先生知交遍海内，幕府之盛，幾於裴丞相、錢留守。敬以言藝進，當始終盡其愚，并以質之諸君子焉。

〔一〕「體」字，民初本改作「驗」。

書日之法，始於《尚書》，而詳於《春秋》。《春秋》書魯大夫之卒，《穀梁》言「日者正也，不日者惡也。」《公羊》則以不日爲遠。今考公子牙以後二十三人，賢與不肖卒皆日，則不日者以遠失之，《公羊》爲是，故古者金石文，卒皆書日也。《左傳》「衆父卒，公不與小斂，故不書日」，《孔疏》以季孫行父等證之，是君臨宜日也。文端碑書甲寅皇上親臨喪次，其法本此。至賜諡、賜祀賢良、賜祭，《春秋》無明文可比，然不日則疑於與臨喪同日矣，故謹書之。《春秋》於喪之歸皆書日，桓公、昭公是也。故文端之喪至南昌，亦謹書之。葬之日不日，《公羊》有渴葬、漫葬〔一〕之說，而以不日爲正。然《春秋》書魯公之葬、夫人之葬各十，皆日；則他國之不日者，亦以遠失之，非如《公羊》之説也。故文端之葬，亦謹書之。數條皆金石文通例也。若書三代封贈之法，其以一筆書者，必官封無異焉。今筤圃先生有官階不可没，彭太夫人受夫封亦不可没，是以前後詳書，而中以如曾祖、如曾祖妣，變文以隔之，此亦金石文通例也。其所以必三代排比書，不合書有官無官、有封無封，而一筆以封贈結之者，抑更有説。

此文自嘉慶十有六年至如令式以日排比書，舉人中書以文端之年排比書，賜及第以後以國家年號排比書，而於賜及第書文端之年爲上下轉捩。蓋前後數百言，皆排比法，以見謹也。若書三代獨不排比，則爲文體不純矣。《史記》《漢書》有排比數千言者，其後必大震蕩之。此文實在前，虚在後，

〔一〕「漫葬」二字，民初本删去。

所以如此者，因通篇不書文端一事，故用排比法叙次家世、科名、官位，然後提筆作數十百曲，皆盤空擣虚，左回右轉，令其勢稽天匝地，以極震蕩之力焉。此法近日諸家無人敢爲，亦無人能爲也。

東坡《司馬公神道碑》，虚在前，實在後。所以如此者，由一切事業，不足以盡文正，故竭力推闡在前，後列數大事，止閑閑指示，如浮雲，如小石。此文正人之大，東坡手筆之大也。文端雖賢，必不敢自儕古人；敬才弱，不敢犯東坡。因顛倒其局用之，至變化則竊取子長，嚴正則竊取孟堅也。

自南宋以後，束縛修飾，有死文，無生文；有卑文，無高文；有碎文，無整文；有小文，無大文。韓子詩曰：「想當施手時，巨刃摩天揚。」南宋以後，止於水航之尺寸粗細用心，而不想施手時，故陵夷至此也。

婦人稱太，始於太姜、太任、太姒，戰國始見太后之稱。漢晉以來，有太夫人之稱。其夫在不稱太，乃定制於北宋，至今沿之。而夫婦皆亡，則仍不稱太，與歷代升祔不稱太同。文端爲修撰之時，筤圃先生夫婦相繼而逝，故封一品時應去「太」字。于亭之言是也。如尚有未當，祈即續示爲幸。

附録：惲子居《戴文端公神道碑銘》

嘉慶十有六年四月戊申朔，太子少師體仁閣大學士戴公薨，事聞，皇上軫悼。己酉，榮郡王奉命奠。甲寅，皇上親臨喪次，奠爵三。戊午，贈太子太師，謚文端，祀賢良祠。壬申，禮部遵行諭祭禮。是年十二月甲子，公之喪至南昌。越一年十一月甲申，公之子嘉端遵行諭葬禮，葬公於南昌岡前嶺之兆，立祭葬碑如令式，而神道之左，禮宜銘。先是公以省墓歸南昌，敬見於丙舍，公慨然久之，仰視日舉酒曰：「吾身後文屬子矣，子無辭。」時敬起立，負牆曰：「願吾師爲富鄭公、文潞公。」曾幾何時，公遽捐館舍，言之爲憮然。然敬與弟子籍最先在京師視公含歛，今復襄窀穸之事，其敢自外？謹次公之事如〔一〕左。

公諱衢亨，字荷之，一字蓮士。曾祖時懋，由江都遷大庾，誥贈通奉大夫，累贈光禄大夫；曾祖妣傅氏、周氏、梁氏，誥贈夫人，累贈一品夫人。祖佩，贈官如曾祖；祖妣温氏，贈封如曾祖妣。父第元，太僕寺少卿，誥授通奉大夫，累贈光禄大夫；妣彭氏，誥封夫人，累贈一品夫人。

公年十七，本省鄉試中式。二十二，應天津召試，欽賜内閣中書，直軍機處。乾隆四十三年，公年二十四，會試中式，賜一甲一名進士第，授翰林院修撰。旋充湖北正考官，復命，後奉旨仍直軍機處，充江南副考官，督山西學政。繼丁内外艱，服闋，充湖南正考官，督廣東學政。升右中允，累擢侍講、左庶子、侍講、侍讀學士。嘉慶元年，皇上登極，凡大典禮諸巨製，悉出公

〔一〕「如」字，民初本改作「於」。

一人。公之受深知，膺殊眷，内贊緝熙之業，外宣康定之猷，蓋於是乎始。二年，賜三品京卿銜，隨軍機大臣學習，轉少詹事，升内閣學士，補禮部右侍郎，轉户部。四年，高宗純皇帝賓天，朝廷黜陟誅賞之事甚殷，公夙夜攀慕且趨事，遂疾乞假。假滿，兼吏部左侍郎。五年，轉户部左侍郎。六年，教習庶吉士，升兵部尚書。十二月，教匪平，加太子少保，世襲雲騎尉。八年，調工部。十年，調户部，充會試總裁，直南書房。十二年，協辦大學士，充經筵日講起居注官；翰林院掌院學士，充順天府鄉試正考官。十三年，奉命視南河，予假省墓。十四年，皇上五旬萬壽，加太子少師。十五年，授體仁閣大學士，管理工部事務。十六年三月，皇上以綏懷西北屬國五臺，公扈從。臨發，送敬於正寢之門，復理前丙舍語，敬愕然不敢對，辭去。閏月回蹕，公途次得疾，至正定，疾甚，奉命歸京師治疾。馳至圓明園邸第，敬往問，公不語二日矣。是日遂不起，年五十有七。

敬允惟唐宋以來羣輔肩背相望，然或賢矣，而不得其時，則節耀而功不暨；得其時矣，而不得其主，則業豐而禮不終。若夫功暨禮終，朝野動色，而世有先賢之狀，家藏舊事之録，褒揚過溢，漸至攘誣，斯亦古者大臣之心所必不敢承者也。惟我聖清一家作述，太祖、太宗肇造丕基，世祖、聖祖并包寰海，世宗、高宗以勤以養，訖於無外。歷溯國家創業守成，諸大臣皆匑匑粥粥，如不勝衣。其庥懿之謨，鴻讜之論，敷陳密微者，朝廷時布之遠邇，以爲天下光。蓋有道之世，進退之權、毁譽之柄，皆自上操之，道固如此。前教匪戡定，皇上以公知無不言，言無不盡，詔天下。公薨，復申繹之。而公所面取進止，雖同直動舊大寮，及公之親屬，無有能知其説者，於是而知公之爲國家，非淺近所能測識，不可没也。

公性清通，無聲色之好。朝退，四坐皆士大夫，言人人殊，公不置可否。而朝廷設施，有見之數月數歲之後者，其燕閑之論，則以爲先代黨禍，皆驟加摧落，有激而成，若以事漸去之，必無他變。論度支，主減費，守常賦。論治河，主謹堤防，不改道。而論三省教匪，則以爲小醜跳梁，無遠略，當以忠勇將帥驅殄之，勿使文臣支格其間：此即公立朝大指也。公娶陶夫人，子一嘉端，徐宜人出，年始十一，欽賜舉人，世襲騎都尉。

曾滌笙《歐陽生文集序》

乾隆之末，桐城姚姬傳先生鼐善爲古文辭，慕效其鄉先輩方望溪侍郎之所爲，而受法於劉君大櫆及其世父編修君範。三子既通儒碩望，姚先生治其術益精。歷城周永年書昌爲之語曰：「天下之文章，其在桐城乎！」由是學者多歸嚮桐城，號桐城派，猶前世所稱江西詩派者也。

姚先生晚而主鍾山書院講席，門下著籍者，上元有管同異之、梅曾亮伯言，桐城有方東樹植之、姚瑩石甫。四人者，稱爲高第弟子，各以所得傳授徒友，往往不絶。在桐城者有戴鈞衡存莊，事植之久，尤精力過絶人，自以爲守其邑先正之法，禮之後進，義無所讓也，其不列弟子籍。

同時服膺，有新城魯仕驥絜非、宜興吴德旋仲倫。絜非之甥爲陳用光碩士，碩士既師其舅，又親受業姚先生之門，鄉人化之，多好文章。碩士之羣從，有陳學受藝叔、陳溥廣敷。而南豐又有吴嘉賓子序，皆承絜非之風，私淑於姚先生，由是江西建昌有桐城之學。

仲倫與永福吕璜月滄交友，月滄之鄉人，有臨桂朱琦伯韓、龍啓瑞翰臣、馬平王錫振定甫，皆步趨吴氏、吕氏，而益求廣其術於梅伯言。由是桐城宗派流衍於廣西矣。

昔者國藩嘗怪姚先生典試湖南，而吾鄉出其門者，未聞相從以學文爲事。既而得巴陵吴敏樹南屏，稱述其術，篤好而不厭。而武陵楊彝珍性農、善化孫鼎臣芝房、湘陰郭嵩燾伯琛、溆浦舒燾伯魯，亦以姚氏文家正軌，違此則又何求。最後得湘潭歐陽生。生吾友歐陽兆熊小岑之子，而受法於巴陵吴君、湘陰郭君，亦師事新城二陳。其漸染者多，其志趨嗜好，舉天下之美無以易乎桐城姚氏者也。

當乾隆中葉，海内魁儒畸士，崇尚鴻博，繁稱旁證，考核一字，累數千言不能休。别立幟志，名曰「漢學」，深擯有宋諸子義理之説，以爲不足復存，其爲文尤蕪雜寡要。姚先生獨排衆議，以爲義理、考據、詞章三者，不可偏廢；必義理爲質，而後文有所附，考據有所歸。一編之内，惟此尤兢兢。當時孤立無助，傳之五六十年。近世學子，稍稍誦其文，承用其説。道之廢興，亦各有時，其命也歟哉？

自洪、楊倡亂，東南荼毒。鍾山石城，昔時姚先生撰杖都講之所，今爲犬羊窟宅，深固而不可拔。桐城淪爲異域，既克而復失。戴鈞衡全家殉難，身亦歐血死矣。余來建昌，問新城、南豐兵燹之餘，百物蕩盡，田荒不治，蓬蒿没人，一二文士，轉徙無所。而廣西用兵九載，羣盜猶洶洶，驟不可爬梳。龍君翰臣又物故，獨吾鄉少安，二三君子尚得優游文學，曲折以求合桐城之轍。而舒燾前卒，歐陽生亦以瘵死。老者牽於人事，或遭亂不得竟其學，少者或中道夭殂；四方多故，求如姚先生之聰明早達，太平壽考，從容以躋於古之作者，卒不可得。然則業之成否，又得謂之非命也耶？

歐陽生名勳，字子和，没於咸豐五年三月，年二十有幾。其文若詩，清縝喜往復，亦時有亂離之慨。莊周云：「逃空虚者，聞人足音，跫然而喜。」而况昆弟親戚之謦欬其側者乎！余之不聞桐城諸老之謦欬也久矣，觀生之爲，則豈直足音而已！故爲之序，以塞小岑之悲，亦以見文章與世變相因，俾後之人得以考覽焉。

曾滌笙《湖南文徵序》

吾友湘潭羅君研生，以所編纂《湖南文徵》百九十卷示余，而屬爲序其端。國藩陋甚，齒又益衰，奚足以語文字！

竊聞古之文初無所謂法也。《易》《書》《詩》《儀禮》《春秋》諸經，其體勢聲色，曾無一字相襲。即周秦諸子，亦各自成體。持此衡彼，畫然若金玉與卉木之不同類，是烏有所謂法者！後人本不能文，强取古人所造而摹擬之，於是有合有離，而法不法名焉。

若其不俟摹擬，人心各具自然之文，約有二端，曰理曰情。二者人人之所固有。就吾所知之理，而筆諸書，而傳諸世，稱吾愛惡悲愉之情而綴辭以達之，若剖肺肝而陳簡策，斯皆自然之文。性情敦厚者，類能爲之，而淺深工拙，則相去十百千萬而未始有極。自羣經而外，百家著述，率有偏勝。以理勝者多闡幽造極之語，而其弊或激宕失中；以情勝者多悱惻感人之言，而其弊常豐縟而寡實。

自東漢至隋，文人秀士，大抵義不孤行，辭多儷語。即議大政，考大禮〔一〕，亦每綴以排比之句，間以婀娜之聲，歷唐代而不改，雖韓、李鋭志復古，而不能革舉世駢體之風，此皆習於情韻者類〔二〕也。宋興既久，歐陽、曾、王之徒，崇奉韓公，以爲不遷之宗。適會其時，大儒迭起，相與上探鄒魯，研討微言。羣士慕效，類皆法韓氏之氣體，以闡明性道。自元、明至聖朝康、雍之間，風會略同，非是不足與於斯文之末，此皆習於義理者類也。乾隆以來，鴻生碩彦，稍厭舊聞，别啓涂軌，遠搜漢儒之學，因有所謂考據之文。一字之音訓，一物之制度，辨論動至數千言。曩所稱義理之文，淡遠簡樸者，或屏棄之，以爲空疏不足道，此又習俗趨嚮之一變已。

湖南之爲邦，北枕大江，南薄五嶺，西接黔蜀，羣苗所萃，蓋亦山國荒僻之亞。然周之末，屈原出於其間，《離騷》諸篇，爲後世言情韻者所祖。逮乎宋世，周子復生於斯，作《太極圖説》《通書》，爲後世言義理者所祖。兩賢者，皆前無師承，創立高文，上與《詩經》《周易》同風，下而百代逸才，舉莫能

〔一〕「禮」字，民初本改作「理」。
〔二〕「類」字，民初本改作「是」。

越其範圍，而況湖湘後進，沾被流風者乎！

兹編所録，精於理者蓋十之六，善言情者約十之四，而駢體亦頗有甄采，不言法而法未始或紊。惟考據之文，蒐集極少，前哲之倡導不宏，後世之欣慕亦寡。研生之學，稽《説文》以究達詁，箋《禹貢》以晰地志，固亦深明考據家之説。而論文但崇體要，不尚繁稱博引，取其長而不溺其偏，其猶君子慎於擇術之道歟！

曾滌笙《聖哲畫像記》

國藩志學不早，中歲側身朝列，竊窺陳編，稍涉先聖昔賢、魁儒長者之緒。駑緩多病，百無一成，軍旅馳驅，益以蕪廢。喪亂未平，而吾年將五十矣。往者吾讀班固《藝文志》及馬氏《經籍考》，見其所列書目，叢雜猥多。作者姓氏，至於不可勝數，或昭昭於日月，或湮没而無聞。及爲文淵閣直閣校理，每歲二月，侍從宣宗皇帝入閣，得觀《四庫全書》，其富過於前代所藏遠甚，而存目之書數十萬卷，尚不在此列。嗚呼！何其多也。雖有生知之姿，累世不能竟其業，況其下焉者乎！故書籍之浩浩，著述者之衆，若江海然，非一人之腹所能盡飲也，要在慎擇焉而已。余既自度其不逮，乃擇古今聖哲三十餘人，命兒子紀澤圖其遺像，都爲一卷，藏之家塾。後嗣有志讀書，取足於此，不必廣心博騖，而斯文之傳，莫大乎是矣！昔在漢世，若武梁祠、魯靈光殿，皆圖畫偉人事蹟，而《列女傳》亦有畫像，感發興起，由來已舊。習其器矣，進而索其神，通其微，合其莫，心誠求之，仁遠乎哉？國藩記。

堯、舜、禹、湯，史臣記言而已。至文王拘幽，始立文字，演《周易》。周、孔代興，六經炳著，師道備矣。秦漢以來，孟子蓋與莊、荀並稱，至唐韓氏獨尊異之，而宋之賢者，以爲可躋之尼山之次，崇其書以配《論語》。後之論者，莫之能易也，兹以亞於三聖人後云。

左氏傳經，多述二周典禮，而好稱引奇誕，文辭爛然，浮於質矣。太史公稱莊子之書皆寓言，吾觀子長所爲《史記》，寓言亦居十之六七。班氏閎識孤懷，不逮子長遠甚，然經世之典，六藝之旨，文字之源，幽明之情狀，粲然大備，豈與夫斗筲者争得失於一先生之前，姝姝而自悦者哉？

諸葛公當擾攘之世，被服儒者，從容中道。陸敬輿事多疑之主，馭難馴之將，燭之以至明，將之以至誠。譬若御駑馬，登峻坂，縱横險阻，而不失其馳，何其神也！范希文、司馬君實，遭時差隆，然堅卓誠信，各有孤詣。其以道自持，蔚成風俗，意量亦遠矣。昔劉向稱：「董仲舒王佐之才，伊、吕無以加，管、晏之屬，殆不能及。」而劉歆以爲：「董子師友所漸，曾不能幾乎游、夏。」以予觀四賢者，雖未逮乎伊、吕，固將賢於董子，惜乎不得如劉向父子而論定耳。

自朱子表章周子、二程子、張子，以爲上接孔、孟之傳，後世君相師儒，篤守其説，莫之或易。乾隆中，閎儒輩起，訓詁博辨，度越昔賢，别立徽志，號曰「漢學」，擯有宋五子之術，以謂不得獨尊。而篤信五子者亦屏棄漢學，以爲破碎害道，齗齗焉而未有已。吾觀五子立言，其大者多合於洙泗，何可議也！其訓釋諸經，小有不當，固當取近世經説以輔翼之，又可屏棄羣言以自隘乎？斯二者亦俱譏焉。

西漢文章，如子雲、相如之雄偉，此天地遒勁之氣，得於陽與剛之美者也，此天地之義氣也。劉向、匡衡之淵懿，此天地温厚之氣，得於陰與柔之美者也，此天地之仁氣也。東漢以還，淹雅無慙於古，而風骨少隤矣。韓、柳有作，盡取揚、馬之雄奇萬變，而内之於薄物小篇之中，豈不詭哉！歐陽氏、曾氏皆法韓公，而體質於匡、劉爲近。文章之變，莫可窮詰，要之不出此二途，雖百世可知也。

余鈔古今詩，自魏晉至國朝，得十九家。蓋詩之爲道廣矣，嗜好趨向，各視其性之所近。猶庶羞百味，羅列鼎俎，但取適吾口者，嚌之得飽而已，必窮盡天下之佳肴，辯嘗而後供一饌，是大惑也；必强天下之舌，盡效吾之所嗜，是大愚也。《莊子》有言：「大惑者終身不解，大愚者終身不靈。」余於十九家中，又篤守夫四人者焉：唐之李、杜，宋之蘇、黄，好之者十有七八，非之者亦且二三。余懼蹈《莊子》不解不靈之譏，則取足於是，終身焉已耳。

司馬子長網羅舊聞，貫串三古，而八書頗病其畧。班氏《志》較詳矣，而斷代爲書，無以觀其會通。欲周覽經世之大法，必自杜氏《通典》始矣。馬端臨《通考》，杜氏伯仲之間，鄭《志》非其倫也。百年以來，學者講求形聲故訓，專治《説文》，多宗許、鄭，少談杜、馬。吾以許、鄭考先王制作之源，杜、馬辨後世因革之要，其於實事求是一也。

先王之道，所謂修己治人，經緯萬彙者，何歸乎？亦曰禮而已矣。秦滅書籍，漢代諸儒之所掇拾，鄭康成之所以卓絶，皆以禮也。杜君卿《通典》，言禮者十居其六，其識已跨越八代矣。有宋張子、朱子之所討論，馬貴與、王伯厚之所纂輯，莫不以禮爲兢兢。我朝學者以顧亭林爲宗，《國史·儒林傳》褒然冠首。吾讀其書，言及禮俗教化，則毅然有守先待後，舍我其誰之志，何其壯也！厥後張蒿菴作《中庸論》，及江慎修、戴東原輩，尤以禮爲先務。而秦尚書蕙田遂纂《五禮通考》，舉天下古今幽明萬事，而一經之以禮，可謂體大而思精矣。吾圖畫國朝先正遺像，首顧先生，次秦文恭公，亦豈無微旨哉！桐城姚鼐姬傳、高郵王念孫懷祖，其學皆不純於禮，然姚先生持論閎通，國藩之粗解文章，由姚先生啓之也。王氏父子集小學訓詁之大成，夐乎不可幾已，故以殿焉。

姚姬傳氏言學問之途有三，曰義理，曰詞章，曰考據，戴東原氏亦以爲言。如文、周、孔、孟之聖，左、莊、馬、班之才，誠不可以一方體論矣。至若葛、陸、范、馬，在聖門則以德行而兼政事也；周、程、張、朱，在聖門則德行之科也，皆義理也。韓、柳、歐、曾、李、杜、蘇、黄，在聖門則言論之科也，所謂詞章者也。許、鄭、杜、馬、顧、秦、姚、王，在聖門則文學之科也。顧、秦於杜、馬爲近，姚、王於許、鄭爲近，皆考據也。此三十二子者，師其一人，讀其一書，終身用之有不能盡。若又有陋於此而求益於外，譬若掘井九仞而不及泉，則以一井爲隘，而必廣掘數十百井，身老力疲，而卒無見泉之一日，其庸有當乎？

自浮屠氏言因果禍福，而爲善獲報之説，深中於人心，牢固而不可破。士方其佔畢咿唔，則期報於科第禄仕。或少讀古書，窺著作之林，則責報於遐邇之譽，後世之名；纂述未及終編，輒冀得一二有力之口，騰播人人之耳，以償吾勞也。朝耕而暮穫，一施而十報，譬若沽酒市脯，喧聒以責之貸者，又取倍稱之息焉。禄利之不遂，則徼倖於没世不可知之名，甚者至謂孔子生不得位，没而俎豆之報，隆於堯、舜，鬱鬱者以相證慰，何其陋歟！今夫三家之市，利析錙銖，或百錢逋負，怨及孫子；若通闤貿易，瓌貨山積，動逾千金，則百錢之有無，有不暇計較者矣。商當大賈，黄金百萬，公私流衍，則數十百緡之費，有不暇計較者矣。均是人也，所操者大，猶有不暇計其小者，況天之所操尤大，而於世人豪末之善、口耳分寸之學，而一一謀所以報之，不亦勞哉！商之貨殖同時同，而或贏或絀；射策者之所業同，而或中或罷；爲學著書之深淺同，而或傳或否，或名或不名，亦皆有命焉，非可强而幾也。古之君子，蓋無日不憂，無日不樂。道之不明，己之不免爲鄉人，一息之或懈，憂也；居易以俟命，下學而上達，仰不愧而俯不怍，樂也。自文王、周、孔三聖人以下至於王氏，莫不憂以終身，樂以終身，無所於祈，何所爲報？已則自晦，何有於名？惟莊周、司馬遷、柳宗元三人者，傷悼不遇，怨悱形於簡册，其於聖賢自得之樂稍違異矣。然彼自惜不世之才，非夫無實而汲汲時名者比也。苟汲汲於名，則去三十二子也遠矣，將適燕、晉而南其轅，其於術不益疏哉！

文、周、孔、孟、班、馬、左、莊、葛、陸、范、馬、周、程、朱、張、韓、柳、歐、曾、李、杜、蘇、黄、許、鄭、杜、馬、顧、秦、姚、王，三十二人，俎豆馨香，臨之在上，質之在旁。

曾滌笙《書歸震川文集後》

近世綴文之士，頗稱述熙甫，以爲可繼曾南豐、王半山之爲之。自我觀之，不同日而語矣。或又與方苞氏並舉，抑非其倫也。蓋古之知道者，不妄加毁譽於人，非特好直也，內之無以立誠，外之不足以信後世，君子耻焉。

自《周詩》有《崧高》《烝民》諸篇，漢有「河梁」之詠，沿及六朝，餞别之詩，動累卷帙。於是有爲之序者。昌黎韓氏爲此體特繁。至或無詩而徒有序，駢拇枝指，於義爲已侈矣。熙甫則不必餞别而贈人以序，有所謂賀序者、謝序者、壽序者，此何説也？又彼所爲抑揚吞吐，情韻不匱者，苟裁之以義，或皆可以不陳。浮芥舟以縱送於蹏涔之水，不復憶天下有曰海濤者也，神乎？味乎？徒詞費耳。然當時頗崇茁軋之習，假齊梁之雕琢，號爲力追周秦者，往往而有。熙甫一切棄去，不事塗飾，而選言有序，不刻畫而足以昭物情，與古作者符合，而後來者取則焉，不可謂不智已。人能宏道，無如命何！藉熙甫早置身高明之地，聞見廣而情志闊，得師友以輔翼，所詣固不竟此哉！

曾滌笙《送周荇農南歸序》

天地之數，以奇而生，以偶而成。一則生兩，兩則還歸於一。一奇一偶，互爲其用，是以無息焉。物無獨必有對，太極生兩儀，倍之爲四象，重之爲八卦，此一生兩之説也。兩之所該，分而爲三，殺而爲萬，萬則幾於息矣。物不可以終息，故還歸於一。天地絪蕴，萬物化醇，男女搆精，萬物化生，此兩而致於一之説也。一者陽之變，兩者陰之化，故曰一奇一偶者，天地之用也。

文字之道，何獨不然？六籍尚已。自漢以來，爲文者莫善於司馬遷。遷之文，其積句也皆奇，而義必相輔，氣不孤伸，彼有偶焉者存焉。其他善者，班固則毗於用偶，韓愈則毗於用奇，蔡邕、范蔚宗以下，如潘、陸、沈、任等比者，皆師班氏者也。茅坤所稱八家，皆師韓氏者也。傳相祖述，源遠而流益分，判然若白黑之不類，於是刺議互興，尊丹者非素。而六朝、隋、唐以來駢偶之文，亦已久王而將厭。宋代諸子，乃承其敝，而倡爲韓氏之文，而蘇軾遂稱曰：「文起八代之衰。」非直其才之足以相勝，物窮則變，理固然也。豪傑之士，所見類不甚遠，韓氏有言：「孔子必用墨子，墨子必用孔子。不相用不足爲孔、墨。」由是言之，彼其於班氏相師而不相非明矣。耳食者不察，遂附此而抹摋一切。又其言多根六經，頗爲知道者所取，故古文之名獨尊，而駢偶之文，乃屏而不得與於其列。數百千年，無敢易其説者，所從來遠矣。

國家承平奕禩，列聖修禮右文，碩學鴻儒，往往多有。康熙、雍正之間，魏禧、汪琬、姜宸英、方苞之屬，號爲古文專家，而方氏最爲無纇。純皇帝武功文德，壹邁古初。徵鴻博以考藝，開四庫館以招延賢儁天下翕然爲浩博稽核之學，薄先輩之空言，爲文務閎麗。胡天游、邵齊燾、孔廣森、洪亮吉之徒，蔚然四起。是時郎中姚鼐，息影金陵，私淑方氏，如碩果之不食，可謂自得者也。沿及今日，方、姚之流風，稍稍興起，求如天游、齊燾輩閎麗之文，闃〔一〕然無復有存者矣。間者吾鄉人凌君玉垣、孫君鼎臣、周君壽昌，乃頗從事於此。而周君爲之尤可喜，其才雅贍有餘地，而奇趣迭生，蓋幾於能者。

夫適王都者，或道晉，或道齊，要於達而已。司馬遷，文家之王都也。如周君之所道，進而不已，

〔一〕「闃」字，民初本改作「間」。

則且達於班氏，而不爲韓氏所非；又不已，則王都矣。周君以道光乙巳成進士，選翰林院庶吉士，値皇太后萬壽，天子大孝錫類，臣下得榮其親，將奉誥命以歸覲，出所爲文示余。余乃略述文家原委，明奇偶互用之道，假贈言之義，以爲同志者勖。嗟乎！區區而以文字相討論，是則余之陋，而不賢者識小之類也。

曾滌笙《與劉霞仙書》

尊惠薯蕷丸，近十日服之，尚無成效。大著遊記二首，以義理言，則多精當；以文字言，終少强勁之氣。自孔、孟以後，惟濂溪《通書》、横渠《正蒙》，道與文可謂兼至交盡。其次如昌黎《原道》、子固《學記》、朱子《大學序》，寥寥數篇而已。此外則道與文竟不能不離而爲二。鄙意欲發明義理，則當法經説理窟，及各語録劄記（如《讀書録》《居業録》《困知記》《思辨録》之屬）；欲學爲文，則當掃蕩一副舊習，赤地新立，將前此所業，蕩然若喪其所有，乃始别有一番文境。望溪所以不得入古人之閫奥者，正爲兩下兼顧，以致無可怡悦，輒妄施批點，極知無當高深之萬一。然各有本師，未敢自誣其家法以從人也。論文肊説，當録出以污尊册，然決無百葉之多，得四十葉爲幸耳。

曾滌笙《與彭雪琴書》

僕觀作古文者，例有傲骨。惟歐陽公較平和，此外皆剛介倔强，與世齟齬。足下傲骨嶙峋，所以爲文之質，恰與古人相合。惟病在貪多，動致冗長。可取《國朝二十四家古文》讀之，參之侯朝宗、魏叔子，以寫胸中磊塊不平之氣；參之方望溪、汪鈍翁，以藥平日浮冗之失。兩者並進，所詣自當日深，易以有成也。

曾滌笙《覆鄧寅皆書》

小兒紀澤，頗事看書，不好制藝。吾意學者於看、讀、寫、作四者，缺一不可。看者涉獵，宜多宜速。讀者諷詠，宜熟宜專。看者日知其所亡，讀者月無忘其所能。看者如商賈趨利，聞風即往，但求其多；讀者如富人積錢，日夜摩挲，但求其久。看者如攻城拓地，讀者如守土防隘。二者截然兩事，不可闕亦不可混。

至寫字不多則不熟，不熟則不速。無論何事，均不能敏以圖功。至作文則所以瀹此心之靈機也。心常用則活，不用則窒。如泉在地，不鑿汲則不得甘醴；如玉在璞，不切磋則不成令器。今古名人，雖韓、歐之文章，范、韓之事業，程、朱之道術，斷無久不作文之理。張子云：「心有所開，即便札記。」不思則還塞之矣。

小兒於每三八課期，敬求先生督令作文。約以五百字爲率，或作制藝，或作賦，或作論，或作經解札記，斷不可一字不作。或逢三作制藝，逢八作賦論經解，亦尚妥善。未有無一字之常課，而可以幾於成者也。

曾滌笙《覆葛睪山書》

國藩生平，坐不敬、無恒二事。行年五十，百無一成，深自愧恨。故近於知交門徒，及姻戚子弟，必以此二者相告。「敬」字惟「無衆寡」、「無小大」、「無敢慢」三語，最爲切當。君之祖與吾之祖，於此三語，皆能體行幾分。僕待人處事，向來多失之慢。今老矣，始改前失，望足下及早勉之。至於「有恒」二字，尤不易言。大抵看書與讀書，須畫然分爲兩事，前寄寅皆先生書已詳言之矣。看書宜多宜速，不速則不能看畢，是無恒也；讀書宜精宜熟，能熟而不能完，是亦無恒也。足下現閱八家文選，即須將全部看完。如其中最好歐陽公之文，即將歐文抄讀幾篇，切不可將看與讀混爲一事。尤不可因看之無味，遂不看完，致蹈無恒之弊。

曾滌笙《覆吴南屏書》

去歲辱惠書，久未奉報。尊書以弟所作《歐陽生集序》中，稱引並世文家，妄將大名臚於諸君子之次，見謂不倫。李耳與韓非同傳，誠爲失當。然贊末一語曰：「而老子深遠矣。」子長胸中固非全無涇渭，今之屬辭連類，或亦同科。至姚惜抱氏，雖不可遽語於古之作者，尊兄至比之吕居仁，則亦未爲明允。惜抱於劉才甫不無阿私，而辨文章之源流，識古書之正僞，亦實有突過歸、方之處。尊兄鄙其宗派之説，而并没其篤古之功，揆之事理，寧可謂平？至尊緘有曰：「果以姚氏爲宗，桐城爲派，

則侍郎之心，殊未必然。」斯實搔著痒處。往在京師，雅不欲溷入梅郎中之後塵，私怪閣下幽人貞介，

何必追逐名譽，不自闔惜。昔睹醱蔑之面，今知君子之心。吾鄉富人，畏爲命案所污累，至靡錢五百

千摘除其名。尊兄畏拙文將來爲案據，何不捐輸巨資，摘除大名，亦一法也。

見示詩文諸作，質雅勁健，不盜襲前人字句，良可誦愛。中如《書西銘講義後》，鄙〔一〕見約略相同。然此等處，頗難於著文，雖以退之著論，日光玉潔，後賢猶不免有微辭。故僕嘗稱古文之道，無施不可，但不宜説理耳。送人序，退之爲之，最多且善。然僕意宇宙間乃不應有此一種文體。後世生日有壽序，遷官有賀序，上梁有序，字號有序，皆此體濫觴，至於不可究詰。昔年作《書歸熙甫文集後》，曾持此論，譏世人不能糾正退之之謬，而逐其波，而拾其瀋。異時當就尊兄暢發斯旨。

往歲見寄之書，似尚不逮今秋惠書暨復筱岑書之雅深。國藩自癸丑以來，久荒文字，去歲及今兹，作得十餘首，都不稱意。兹鈔五六首奉呈教正。平生好雄奇瑰瑋之文，近乃平淺無可驚喜，一則精神耗竭，不克窮探幽險，一則軍中卒卒少閑適之味，惟希嚴繩而詳究之。詩則八年不作，今歲僅作次韻七律十六首，不中尺度。尊兄詩骨勁拔，迥越時賢。姚惜抱氏謂詩文宜從聲音證入，嘗有取於大曆及明七子之風。尊兄睥睨姚氏，亦頗欲參用其説否？

〔一〕「鄙」字，民初本改作「鄉」。

曾滌笙《覆吴子序書》

接惠書，《揭君遺書序》讀過，清勁爲尊兄本色，所短者乃在聲色之間。弟嘗勸人讀《漢書》《文選》，以日漸於腴潤。姚惜抱論詩文，每稱當從聲音證入，尊兄或可以此二義參證得失。弟夙昔好揚雄、韓愈瓌瑋奇崛之文，而近時所作，率傷平直，不稱鄙意，亦緣軍中日接俗務，不克精心營度耳。

曾滌笙《覆許仙屏書》

來示詢及古文之法，僕本無所解，近更荒淺，不復厝意。古文者，韓退之氏厭棄魏晉六朝駢儷之文，而反之於六經兩漢，從而名焉者也。名號雖殊，而其積字而爲句，積句而爲段，積段而爲篇，則天下之凡名爲文者一也。國藩以爲欲着字之古，宜研究《爾雅》《説文》小學訓詁之書，故嘗好觀近人王氏、段氏之説；欲造句之古，宜倣效《漢書》《文選》，而後可砭俗而裁僞；欲分段之古，宜熟讀班、馬、韓、歐之作，審其行氣之短長，自然之節奏；欲謀篇之古，則羣〔一〕經諸子，以至近世名家，莫不各有匠心，以成章法，如人之有肢體，室之有結構，衣之有要領。大抵以力去陳言、戛戛獨造爲始事，以

〔一〕「羣」字，民初本改作「羲」。

聲調鏗鏘、包藴不盡爲終事。僕學無師承，冥行臆斷，所辛苦而僅得之者，如是而已。

曾滌笙《覆劉霞仙中丞書》

來書以文章欲追歐陽公輩而與之並，而志願有大於此者，將決然而棄去，抑兩利而俱存，就鄙人而卜取舍。國藩竊維道與文之輕重，紛紜無有定説久矣。朱子《讀唐志》謂：「歐陽公但知政事與禮樂不可不合而爲一，而不知道德與文章尤不可分而爲二。」其譏韓、歐裂道與文以爲兩物，措辭甚峻。而歐陽公《送徐無黨序》亦以「修之於身，施之於事，見之於言」，分爲三途。夫其云修之身者，即叔豹所謂立德也；施之事、見之言者，即豹所謂立功、立言也。歐公之意，蓋深慕立德之徒，而鄙功與言爲不足貴。且謂：「勤一世以盡心於文字者皆爲可悲。」與朱子譏韓公先文後道，譏永嘉之學偏重事功，蓋未嘗不先後相符。朱子作《讀唐志》時，豈忘歐公送徐無黨之説？奚病之若是哉？

國藩之愚，以爲事功之成否，人力居其三，天命居其七，苟爲無命，雖大聖畢生皇皇，而無濟於世。文章之成否，學問居其三，天質居其七，秉質之清濁厚薄亦命也。前世好文之士，不可億計，成者百一，傳者千一，彼各有命焉。孔子以斯文之將喪未喪，歸之天命，又因公伯寮而謂道之行廢由命，孟子亦以聖人之於天道歸之於命。然則文之興衰，道之能行能明，皆有命焉存乎其間。

命也者，彼蒼尸之，吾之所無如何者也；學也者，人心主之，吾之所能自勉者也。自周公以下，惟孔、孟道與文俱至。吾輩欲法孔、孟，固將取其道與文而并學之。其或體道而文不昌，或能文而道不凝，則各視乎性之所近。苟秉質誠不足與言文則已，閣下既自度可躋古人，又何爲舍此而他求哉？若謂專務道德，文將不期而自工，斯或上哲有然，恐亦未必果爲篤論也。僕昔亦有意於作者之林，悠悠歲月，從不操筆爲文。去年偶作羅忠節、李忠武兄弟諸碑，則心如廢井，冗蔓無似。乃知暮年衰退，才益不足副其所見矣。

曾滌笙《覆吴南屏書》

三月初旬奉復一函，想已達覽。旋接上年臘月惠書，并大著詩文全集各五十部，就審履祺康勝，無任企仰。大集古文，敬讀一過，視昔年僅見零篇斷幅者，尤爲卓絶。大抵節節頓挫，不矜奇辭奥句，而字字若履危石而下，落紙乃遲重絶倫。其中閑適之文，清曠自怡，蕭然物外，如《説釣》《雜説》《程日新傳》《屠禹甸序》之類，若翺翔於雲表，俯視而有至樂。

國藩嘗好讀陶公及韋、白、蘇、陸閑適之詩，觀其博攬物態，逸趣横生，栩栩焉神愉而體輕，令人欲棄百事而從之遊。而惜古文家少此恬適之一種，獨柳子厚山水記，破空而遊，并物我而納諸大適之域，非他家所可及。今乃於尊集數數遘之，故編中雖兼衆長，而僕視此等尤高也。

與歐陽筱岑書中，論及桐城文派，不右劉、姚。至比姚氏於吕居仁，譏評得無少過。劉氏誠非有過絶輩流之詣，姚氏則深造自得，詞旨淵雅，其文爲世所稱誦者，如《莊子章義序》《禮箋序》《復張君書》《復蔣松如書》《與孔撝約論禘祭書》《贈撝約假歸序》《贈錢獻之序》《朱竹君傳》《儀鄭堂記》《南園詩存序》《綿莊文集序》等篇，皆義精而詞俊，夐絶塵表。其不厭人意者，惜少雄直之氣、驅邁之勢。姚氏固有偏於陰柔之説，又嘗自謝爲才弱矣。其論文亦多詣極之語，《國史》稱其有古人所未嘗言，鼐獨抉其微而發其藴，惟亟稱海峰，不免阿於私好。要之方氏以後，惜抱固當爲百年正宗，未可與海峰同類而并薄之也。淺謬之見，惟希裁正。

曾滌笙《復汪梅村孝廉書》

文章之可傳者，惟道政事較有實際。董江都《春秋》斷獄，胡安定經義治事，皆不尚詞華。淺儒謂案牘之文爲不古，見有登諸集者，輒鄙俗視之，不知經傳固多簡牘之文。近人會稽章氏，嘗謂古無私門著述，六經皆官守之書，官先其職而後書，師弟子傳之以爲學業，論者韙之。《左傳》於叔魚鬻獄、仲幾受牒，《漢書》如楊惲、戴長樂之説，薛宣、申咸之争，皆今世例案本文，不特張江陵、王陽明也。即以張、王二公而論，江陵盛有文藻，而其不朽者，乃在籌邊論事諸牘；陽明精於性理，而其不刊者，實在告示條約諸篇。今足下拳拳於益陽胡公，蒐輯遺文，誼古情深，甚盛甚盛。惟胡公近著批牘，感人最深，尺牘次之，奏疏又次之。若刻其遺文，批牘自可貽則方來，何得擯之不登？若欲改選言爲紀事，此法頗佳。然昔賢作表之義，在於省文辭而存事實；作譜之道，在於蒐幽遠而討佚亡。顧、閻年譜之可貴者，亦以二先生事蹟不顯，賴旁搜遺集以證之耳。今胡公聞見既近，勳施爛然，幾於走卒皆知，日月若揭，似不必更爲年譜，求顯反晦。細檢檔案，考覈往還諸人箋劄，排比成書，亦殊不易。聞貴同年朱君榮實，熟於著書體例，或邀入省，與閣下商榷編輯，刻日成書，亦不必過於矜慎也。

曾滌笙《復陳右銘太守書》

大著粗讀一過，駿快激昂，有陳同甫、葉水心諸人之風。僕昔備官朝列，亦嘗好觀古人之文章。竊以自唐以後，善學韓公者，莫如王介甫氏。而近世知言君子，惟桐城方氏、姚氏，所得尤多。因就數家之作，而考其風旨，私立禁約，以爲有必不可犯者，而後其法嚴而道始尊。

大抵剽竊前言，句摹字擬，是爲戒律之首。稱人之善，依於庸德，不宜褒揚溢量，動稱奇行異徵，鄰於小説誕妄者之所爲；貶人之惡，又加慎焉。一篇之内，端緒不宜繁多，譬如萬山旁薄，必有主峰；龍衮九章，但挈一領。否則首尾衡決，陳義蕪雜，兹足戒也。識度曾不異人，或乃競爲僻字澀句，以駭庸衆，斲自然之元氣，斯又才士之所同蔽，戒律之所必嚴。明兹數者，持守勿失，然後下筆造次，皆有法度，乃可專精以理吾之氣，深求韓公所謂與相如、子雲同工者。熟讀而强探，長吟而反覆，使其氣若翔翥於虛無之表，其辭跌宕俊邁，而不可以方物。蓋論其本，則循戒律之説，詞愈簡而道愈進；論其末，則抗吾氣以與古人之氣相翕。有欲求太簡而不得者，兼營乎本末，斟酌乎繁簡，此自昔志士之所爲畢生矻矻，而吾輩所當勉焉者也。

國藩粗識塗徑，所求絶少。在軍日久，舊業益荒，忽忽衰老，百無一成。既承切問，略舉所見，以資參證。

曾滌笙《與張廉卿書》

足下爲古文，筆力稍患其弱。昔姚惜抱先生論古文之途，有得於陽與剛之美者，有得於陰與柔之美者，二端判分，畫然不謀。余嘗數陽剛者約得四家，曰莊子、曰揚雄、曰韓愈、柳宗元；陰柔者約得四家，曰司馬遷、曰劉向、曰歐陽修、曾鞏。然柔和淵懿之中，必有堅勁之質、雄直之氣運乎其中，乃有以自立。足下氣體近柔，望熟讀揚、韓各文，而參以兩漢古賦，以救其短，何如？

曾滌笙《日記》八則

古文之道，謀篇布勢，是一段最大工夫。《書經》《左傳》，每一篇空處較多，實處較少；旁面較多，正面較少。精神注於眉宇目光，不可周身皆眉，到處皆目也。綫索要如蛛絲馬迹，絲不可過粗，迹不可太密也。

爲文全在氣盛。欲氣盛，全在段落清。每段分束之際，似斷不斷，似咽非咽，似吞非吞，似吐非吐，古人無限妙境，難於領取。每段張起之際，似承非承，似提非提，似突非突，似紓非紓，古人無限妙用，亦難領取。

奇辭大句，須得瑰瑋飛騰之氣，驅之以行。凡堆重處皆化爲空虛，乃能爲大篇。所謂氣力有餘於文之外也，否則氣不能舉其體矣。

吾嘗取姚姬傳先生之説，文章之道，分陽剛之美、陰柔之美。大抵陽剛者氣勢浩瀚，陰柔者韻味深美；浩瀚者噴薄而出之，深美者吞吐而出之。就吾所分十一類言之，論著類、詞賦類宜噴薄，序跋類宜吞吐；奏議類、哀祭類宜噴薄，詔令類、書牘類宜吞吐；傳誌類、叙記類宜噴薄，典志類、雜記類宜吞吐。其一類中〔二〕微有區別者，如哀祭類雖宜噴薄，而祭郊社祖宗則宜吞吐；詔令類雖宜吞吐，而檄文則宜噴薄；書牘雖宜吞吐，而論事則宜噴薄。此外各類，皆可以是意推之。

往年余思古文有「八字訣」，曰雄、直、怪、麗、澹、遠、茹、雅。近於「茹」字，似更有所得。而音響節奏，須一「和」字爲主，因將「澹」字改作「和」字。

嘗慕古文境之美者，約有八言。陽剛之美，曰雄、直、怪、麗；陰柔之美，曰茹、遠、潔、適。蓄之數年，而余未能發爲文章，略得八美之一，以副斯志。是夜將此八言者，各作十六字贊之，至次日辰刻作畢。附録如左。

雄：劃然軒昂，盡棄故常；跌宕頓挫，捫之有芒。

直：黄河千曲，其體仍直；山勢如龍，轉換無迹。

〔二〕「其一類中」，民初本改作「顧其中」。

怪：奇趣横生，人駭鬼眩；《易》《玄》《山經》，張、韓互見。

麗：青春大澤，萬卉初葩；《詩》《騷》之韻，班、揚之華。

茹：衆義輻湊，吞多吐少；幽獨咀含，不求共曉。

遠：九天俯視，下界聚蚊；寤寐周、孔，落落寡羣。

潔：冗意陳言，類字盡芟；慎爾褒貶，神人共監。

適：心境兩閑，無營無待；柳記歐跋，得大自在。

閱韓文《送高閑上人》所謂：「機應於心，不挫於物〔一〕。」姚氏以爲韓公自道作文之旨。余謂機應於心，熟極之候也，《莊子・養生主》之説也；不挫於物，自慊之候也，《孟子・養氣章》之説也。不挫於物者，體也，道也，本也；機應於心者，用也，技也，末也。韓子之於文，技也，進乎道矣。

余昔年鈔古文，分氣勢、識度、情韻、趣味爲四屬。擬再鈔古近體詩，亦分爲四屬，而别增一「機神」之屬。機者，無心遇之，偶然觸之，姚惜抱謂「文王、周公繫《易》彖辭爻辭，其取象亦偶觸於其機。假令《易》一日而爲之，其機之所觸少變，則其辭之取象亦少異矣。」余嘗歎爲知言。神者，人功與天機相湊泊，如卜筮之有繇辭，如《左傳》諸史之有童謠，如佛書之有偈語，其義在可解不可解之間。古人有所託

〔一〕「物」字，韓愈原文作「氣」。

諷，如阮嗣宗之類，故作神語，以亂其辭。唐人如太白之豪，少陵之雄，龍標之逸，昌谷之奇，及元、白、張、王之樂府，亦往往多神到機到之語。即宋世名家之詩，亦皆人巧極而天工錯，徑路絶而風雲通。蓋必可與言機，可與言神，而後極詩之能事。余鈔詩擬增此一種，與古文微有異同。

曾滌笙《家訓》九則

《詩經》造句之法，無一句無所本。《左傳》之文，多現成句調。揚子雲爲漢代文宗，而其《太玄》摹《易》，《法言》摹《論語》，《方言》摹《爾雅》，《十二箴》摹《虞箴》，《長楊賦》摹《難蜀父老》，《解嘲》摹《客難》，《甘泉賦》摹《大人賦》，《劇秦美新》摹《封禪文》，《諫不許單于朝書》摹《國策・信陵君諫伐韓》，幾於無篇不摹。即韓、歐、曾、蘇諸巨公之文，亦皆有所摹擬，以成體段。

世人論文家之語圓而藻麗者，莫如徐陵、庾信，而不知江淹、鮑照則更圓，進之沈約、任昉則亦圓，進之潘岳、陸機則亦圓。又進而溯之東漢之班固、張衡、崔駰、蔡邕則亦圓。又進而溯之西漢之賈誼、鼂錯、匡衡、劉向則亦圓。至於馬遷、相如、子雲三人，可謂力趨險奥，不求圓適矣，而細讀之，亦未始不圓[一]。至於昌黎，其志意直欲陵駕子長、卿、雲三人，戛戛獨造，力避圓熟矣，而久讀之，實

[一]「圓」字，民初本改作「然」。

無一字不圓，無一句不圓。

雄奇以行氣爲上，造句次之，選字又次之。然未有字不古雅，而句能古雅；句不古雅，而氣能古雅者。亦未有字不雄奇，而句能雄奇；句不雄奇，而氣能雄奇者。是文章之雄奇，其精處在行氣，其麤處全在造句選字也。余好古人雄奇之文，以昌黎爲第一，揚子雲次之。二公之行氣，本之天授，至於人事之精能，昌黎則造句之工夫居多，子雲則選字之功夫居多。所問叙事誌傳之文，難於行氣，是殊不然。如昌黎《曹成王碑》《韓許公碑》，固屬千奇萬變，不可方物。即盧夫人之《銘》、女挐之《志》，寥寥短篇，亦復雄奇崛强。試將此四篇熟看，則知二大二小，各極其妙矣。

余觀漢人詞章，未有不精於小學訓詁者，如相如、子雲、孟堅，於小學皆專著一書。《文選》於此三人之文，著録最多。余於古文，志在效法此三人，并司馬遷、韓愈五家。以此五家之文，精於小學訓詁，不妄下一字也。若於小學既粗有所見，正好從詞章上用功。《説文》看畢之後，可將《文選》細讀一過。一面細讀，一面鈔記，一面作文以仿效之。凡奇僻之字，雅故之訓，不手鈔則不能記，不摹仿則不慣用。自宋以後，能文章者不通小學，國朝諸儒通小學者，又不能文章。余早歲窺此門徑，因人事太繁，又久歷戎行，不克卒業，至今用爲疾憾。

余近年頗識古人文章門徑，而在軍鮮暇，未嘗偶作，一吐胸中之奇。爾若能解《漢書》之訓詁，參以《莊子》之詼詭，則余願償矣。至行氣爲文章第一義，卿、雲之跌宕，昌黎之倔强，尤爲行氣不易之法，宜先於韓公倔强處揣摹一番。

四言詩最難有聲響，有光芒。雖《文選》韋、孟以後諸作，亦復爾雅有餘，精光不足。揚子雲之《州箴》《百官箴》，諸四言，刻意摹古，亦乏作作之光，淵淵之聲。余生平於古人四言，最好韓公之作，如《祭柳子厚文》《祭張署文》《進學解》《送窮文》，諸四言，固皆光如皎日，響若春霆。即其他凡墓誌之銘詞，及集中如《淮西碑》《元和聖德》各四言詩，亦皆於奇崛之中，迸出聲光，其要不外意義層出，筆仗雄拔而已。自韓公而外，則班孟堅《漢書叙傳》一篇，亦四言中之最雋雅者。試將此數篇熟讀成誦，則於四言之道，自有悟境。

余嘗怪國朝大儒如戴東原、錢辛楣、段懋堂、王懷祖諸老，其小學訓詁，實能超越近古，直逼漢唐；而文章不能追尋古人深處，達於本而閡於末，知其一而昧其二，頗覺不解。私竊有志，欲以戴、錢、段、王之訓詁，發爲班、張、左、郭之文章。久事戎行，斯願莫遂。爾曹既得此精筏，以後更當專心壹志，以精碻之訓詁，作古茂之文章。由班、張、左、郭，上而揚、馬而《莊》《騷》而六經，靡不息息相通；下而潘、陸而任、沈而江、鮑、徐、庾，則詞愈雜，氣愈薄，而訓詁之道衰矣。至韓昌黎出，乃由班、張、揚、馬而上躋六經，其訓詁亦甚精當。試觀《南海神廟碑》《送鄭尚書序》諸篇，則知韓文，實與漢賦相近。近世學韓文者，皆不知其與揚、馬、班、張，一鼻孔出氣。能參透此中消息，則幾矣。

閲看書籍，成誦者少，亦是一短。嗣後宜將《文選》最愜意者熟讀，以能背誦爲斷。如《兩都賦》

《西征賦》《蕪城賦》及《九辯》《解嘲》之類，皆宜熟讀。《選》後之文，如《與楊遵彦書》《哀江南賦》亦宜熟讀。又經世之文，如馬貴與《文獻通考序》二十四首，天文如丹元子之《步天歌》，地理如顧祖禹之《州域形勢序》。以上所選文七篇三種，皆當手鈔熟讀背誦。

前所示有氣則有勢，有識則有度，有情則有韻，有趣則有味，古人絶好文字，大約於此四者之中，必有一長也。

凡大家名家之作，必有一種面貌，一種神態，與他人迥不相同。譬之書家羲、獻、歐、虞、褚、李、顔、柳，一點一畫，其面貌既截然不同，其神氣亦全無似處。本朝張得天、何義門雖稱書家，而未能盡變古人之貌。故必如劉石庵之貌異神異，乃可推爲大家。詩文亦然，若非其貌其神夐絶羣倫，不足以當大家之目。渠既迥絶羣倫矣，而後人讀之，不能辨識其貌，領取其神，是讀者之見解未到，非作者之咎也。以後讀古文古詩，惟當先認其貌，後觀其神，久之自能分別蹊徑。今人動指某人學某家，大抵多道聽塗説，扣槃捫燭之類，不足信。君子貴於自知，不必隨衆口附和也。

吴南屏《與歐陽筱岑論文派書》

承復寄示才郎功甫遺稿，令更審存。老弟前年所圈别處，今覆之，誠未免過隘。蓋使功甫而在，弟以是繩之，以持文章家論猶可也。今遺稾無幾，而多没之，則使人不盡見其所用心，宜兄之有闕然也。研生老兄所點存，實皆足以問之當世，就以此本付刊良可。至卷首曾侍郎一序，其文甚奇縱有偉觀，而叙述源流，皆以發功甫平生之志意。然弟於桐城宗派之論，則正〔一〕往時所欲與功甫極辨而不果者，今安得不爲我兄道之。

文章藝術之有流派，此風氣大略之云爾，其間實不必皆相師效。或甚有不同，而往往自無能之人，假是名以私立門户，震動流俗，反爲世所詬厲，而以病其所宗主之人。如「江西詩派」始稱山谷、后山，而爲之圖列號傳嗣者則吕居仁，居仁非山谷、后山之流也。今之所稱桐城文派者，始自乾隆間姚郎中姬傳，稱私淑於其鄉先輩望溪方先生之門人劉海峰，又以望溪接續明人歸震川，而爲《古文辭類纂》一書，直以歸、方續八家，劉氏嗣之，其意蓋以古今文章之傳繫之己也。如老弟所見乃大不然。姚氏特吕居仁之比爾，劉氏乃更無所置之。其文之深淺美惡，人自知之，不可以口舌争也。

自來古文之家，必皆得力於古書。蓋文體壞而後古文興，唐之韓、柳，承八代之衰，而挽之於古，始有此名。柳不師韓而與之並起，宋以後則皆以韓爲大宗，而其爲文所以自成就者，亦非直取之韓也。韓尚不可爲派，況後人乎！烏有建一先生之言，以爲門户塗轍，而可自達於古人者哉！弟生居窮鄉，少師友見聞之益，亦幸不遭聲習濡染之害。自年二十時，輒喜學爲古文，經、子、《史》《漢》外，唯見有八家之書，以爲文章盡於此爾。八股文獨高歸氏，已乃於村塾古文選本中，見歸氏一二作，心

〔一〕「正」字，民初本改作「在」。

獨異之。求訪其集於長沙書肆中則無有，因託書賈購之吴中。既得其書，别鈔兩卷。甲辰入都，攜之行篋，不意都中稱文者，方相與尊尚歸文，以此弟亦妄有名字，與在時流之末，此兄之所宿知也。又見《望溪文集》，亦欲鈔之而竟未暇。蓋歸氏之文，高者在神境，而稍病虚，聲幾欲下。望溪之文，厚於理，深於法，而或未工於言。然此二家者，皆斷然爲一代之文，而莫能尚焉者也。其所以能爾者，皆自其心得之於古，可以發人，而非發於人者。

往時見功甫喜尋時人之論，稱劉、姚之學，以爲習於名而未稽其實。私欲進之，其於論詩，述梅伯言之説云「當自荆公入」，尤爲害道。此等言議，殆皆得之陳廣尃。廣尃才雖高，不能爲文士，而論説多未當於人心。今侍郎序文所稱諸人學問本末，皆大略不謬，獨弟素非喜姚氏者，未敢冒稱。而果以姚氏爲宗，桐城爲派，則侍郎之心殊未必然。然弟豈區區以侍郎之言爲枉，而急自明哉？惜乎不及與功甫究論之耳。

張廉卿《贈范當世序》

余以今年三月，因通州張生謇晤其同里范生當世邗江舟次，范生出所爲文示余。余讀之，其辭氣誠盛昌不可禦，深歎異，以爲今之世所罕覯也。洎七月，生偕泰興朱生銘盤來金陵，復攜所爲文求余爲是正，且懇懇問爲文法甚至。余既取其文稍稍點定，於其歸，告之曰：

生誠志乎文。夫文必有其本，匪第以文而已。生獨不見夫雲乎？軋忽輪囷，滃然起於山川之間；潢洋浩渺，旁魄乎大地。及其上於天也，鴻絧縝紛，駢闐膠轕，瓣若層臺，矗若崇墉，澮乎若波，崒乎若峰。旁唐日光，與風駭碭，倏忽萬變，光色照爛，爣閬澔汧，蟉若龍者，騰若猱者，蹲若虎者，奔若驥者，翥若鴻者，厲若隼者，漾若鯈者，罨若蓋者，揚若旆者，曳若帶者，纍若菌者，縈若藻荇者，曄若葩華，槮若長松，爛若黼黻，媥若鼎鍾，嬧若美姝，嶷若列仙，奇變俶詭，千彙億形，不可殫陳。久立騁望，震炫敞罔，蕩精駴神。至其施利澤於天下也，罣牢宙合，綿絡天地，歕岱歙海，乘駭猋，驅疾雷，砰震雹，雨九野，植百昌，昭蘇品彙，覆幬無外，恩渥澤覃，風止雨霽，不一釁而倏歸於無有。積之無垠，出之無窮，舒之無方，歛之若亡。然後知曏之所爲，一變化於自然而皆其餘也。烏乎！生誠觀乎是，豈徒以其文乎哉？即其文又孰有尚焉者哉？

張廉卿《答吴摯甫書》

春間奉到往歲除夕惠書，承已改官畿甸，將以儒者之學，澤我民萌，敬賀敬賀！六月初旬，李佛笙太守復遞到三月晦一函，適裕釗有悼亡之戚，先期歸里，一昔始來鄂城，怱怱未及報。所需姚氏評點《漢書》，一時未遑鈔寄，請以異日可耳。來書過以文字見推，且虚懷諮度，諄諄無已，裕釗則何足以知此！雖然，既承下問，不敢不竭其愚。

古之論文者曰：文以意爲主，而辭欲能副其意，氣欲能舉其辭。〔一〕譬之車然，意爲之御，辭爲之載，而氣則所以行也。欲學古人之文，其始在因聲以求氣，得其氣則意與辭往往因之而並顯，而法不外是矣。是故契其一而其餘可以緒引也。蓋曰意、曰辭、曰氣、曰法，之數者，非判然自爲一事，常乘乎其機而緄同以凝於一，惟其妙之一出於自然而已。自然者，無意於是，而莫不備至；動皆中乎其節，而莫或知其然。日星之布列，山川之流峙是也。寧惟日星山川，凡天地之間之物之生而成文者，皆未嘗有見其營度而位置之者也，而莫不蔚然以炳，而秩然以從。夫文之至者亦若是焉而已。觀者因其既成而求之，而後有某者某者之可言耳。夫作者之亡也久矣，而吾欲求至乎其域，則務通乎其微，以其無意爲之而莫不至也。故必諷誦之深且久，使吾之與古人訢合於無間，然後能深契自然之妙，而究極其能事。若夫專以沈思力索爲事者，固時亦可以得其意，然與夫心凝形釋，冥合於言議之表者，則或有間矣。故姚氏暨諸家「因聲求氣」之説爲不可易也。吾所求於古人者，由氣而通其意以及其辭與法，而喻乎其深。及吾所自爲文，則一以意爲主，而辭氣與法胥從之矣。閣下以爲然乎？

閣下謂苦中氣弱，諷誦久則氣不足載其辭，裕釗邇歲亦正病此。往在江寧聞方存之云：「長老所傳劉海峰絕豐偉，日取古人之文縱聲讀之。姚惜抱則患氣羸，然亦不廢哦誦，但抑其聲使之下

〔一〕杜牧《答莊充書》云：「凡爲文以意爲主，以氣爲輔，以辭采章句爲之兵衛。」

耳！」是或亦一道乎？裕釗比所遇多乖舛，又迫憂患，於此事恐終無所就。閣下才高而志遠，年盛而氣鋭，它日必能紹邑中諸老盛業，用敢進其粗有解於文事者，以爲涓埃之裨。惟亮詧不宣。

張廉卿《答劉生書》

曉堂足下：蚤春承寄示文數首，入秋又得手書，勤拳懇至，足下之用心，何其近古人也！足下諸文，所爲尊君事略最肫摯可愛。《讀老子》中一段辭甚高，闖然入古人之室矣！前幅微覺用力太重，少自然之趣。他文識議，並超出凡近，而亦時不免病此。

夫文章之道，莫要於雅健，欲爲健而厲之已甚，則或近俗。求免於俗，而務爲自然，又或弱而不能振。古之爲文者，若左丘明、莊周、荀卿、司馬遷、韓愈之徒，沛然出之，言厲而氣雄，然無有一言一字之强附而致之者也。措焉而皆得其所安，文惟此最爲難。知其難也，而以意默參於二者之交，有機焉以寓其間，此固非鼂莫所能企，而亦非口所能道。治之久而一旦悠然自得於其心，是則其至焉耳。至之之道無他，廣穫而精䆃，熟諷而湛思，舍此則未有可以速化而襲取之者也。吾告子止於是矣。

夫文之爲事至深博，而裕釗所及知者止於是，其所不及知者，不敢以相告也。以足下之才，循而致之以不倦，他日必卓有所就。此乃稱心而言，非相譽之辭也，足下勿以疑而自沮焉可也。足下文知友中多求觀者，故且欲留此，俟他日再奉還耳。惟亮詧不宣。

張廉卿《答李佛笙書》

价至奉讀手書，爲之感歎無已。及讀所示大著，則又大喜且詫，不謂足下鋭進一至此也。來書謂此行誠失計，然獲交不肖，時相從問，得學問文章之要指，挈長度短，固亦未爲失。裕釗豈敢任此！顧足下之文，乃精進若是，則信所得多矣。

文誠出於人，人足以信乎今而傳乎後，窮之百世，而自必其不磨，雖百郡守不以易也。且所謂窮通、得喪、愉戚、寒飢温飽者，擾擾一旦暮之事耳，何足道哉！何足道哉！知足下故必不以一官置意中，然即爲衣食計，則亦有命焉。力所能謀謀之，所不必謀，則聽之而已，固亦不足恤也。裕釗鼂時讀《論語》，獨深有契於孔子「不知命，無以爲君子」之一言。且嘗試縱觀生民之初，以至今日，盛衰倚伏，與夫人之賢不肖，芒乎紛乎，眇不可紀極。終其興若廢有一之非其命者邪！或乃棄其修行立名所得自爲之事，奔耆騁欲，一切以儌非望，卒泯泯以没身，甚且爲詬於天下後世者，甚可悲也！既亮識其然，又自少酷嗜學問文章，是以一意搏精於此，而不遑恤其它。惟是年齒日長，神智日耗，恐遂終無所就，時獨以爲懼。近者撰得《書元后傳後》一篇，乃忽妄得意，自以甚近似西漢人，且私計國朝爲古文者，惟文正師吾不敢望，若以此文校之方、姚、梅諸公，未知其孰先孰後也。雖則狂謬至是，乃復私自疑，輒録寄足下，爲我一決其然否。其然耶，是吾益也，用竊自喜也；不然耶，却退矣，吾滋懼焉。請必明語我，俾得一自釋焉。抑以足下之果勢勇鋭若是，使由是屏棄百爲，以從事於斯，且使裕剗駭憚畏避，而不敢與競也。承欲來爲一握手之歡，聞之喜忭無已。書不能盡意，俟爾時當極意一傾吐耳。

吴摯甫《答張廉卿書》

承示姚氏於文未能究極聲音之道，弟於此事更未悟入。往時文正公言：古人文皆可誦，近世作者如方、姚之徒，可謂能矣，顧誦之而不能成聲，蓋與執事之説，若符契之合。近肯堂爲一文，發明聲音之故，推本《韶》《夏》，而究極言之，特爲奇妙。竊嘗以意求之，才無論剛柔，苟其氣之既昌，則所爲抗隊、詘折、斷續、斂侈、緩急、長短申縮、抑揚頓挫之節，一皆循乎機勢之自然，非必有意於其間，而故無之而不合；其不合者，必其氣之未充者也。執事以爲然乎？

吴摯甫《與姚仲實書》

大著匆匆讀竟，所尌記者，大抵得於所聞，非有心得相益。文事利病，亦有不必人言，徐乃自知者。從此不懈，所詣必日進。

桐城諸老氣清體潔，海内所宗，獨雄奇瑰瑋之境尚少。蓋韓公得揚、馬之長，字字造出奇崛；歐陽公變爲平易，而奇崛乃在平易之中。後儒但能平易，不能奇崛，則才氣薄弱，不能復振，此一失也。曾文正公出而矯之，以漢賦之氣運之，而文體一變，故卓然爲一代大家。近時張廉卿又獨得於《史記》之譎怪，蓋文氣雄俊不及曾，而意思之恢詭，辭句之廉勁，亦能自成一家。是皆由桐城而推廣，以自爲開宗之一祖，所謂有所變而後大者也。

説道説經不易成佳文，道貴正而文者必以奇勝，經則義疏之流暢、訓詁之繁瑣、考證之該〔一〕博，皆於文體有妨，故善爲文者，尤慎於此。退之自言執聖之權，其言道止《原性》《原道》等三篇而已。歐陽辨《易》論《詩》諸篇，不爲絶盛之作，其他可知。至於常理凡語，涉筆即至者，用功深則不距自遠，無足議也。

吴摯甫《與李贊臣書》

往年羅稷臣欲求得吴刻《古文辭類纂》付之石印，發各學堂，亦藉流傳孤本，甚盛舉也。屬某爲求白紙初印者，數年不能得。去冬得之，送書至津，而羅已遠使。詢之石印局，止肯印五百部。昔曾文正公自謂文字之傳，得之姚氏；其於惜抱自著之文，尚非傾心佩服，而獨服膺此選，屢爲後生言之。今讀曾公書牘，亦仍可覆按其指。世間多行康刻，康刻乃未定之書。獨吴氏此刻，爲姚公晚年定本。姚公即世，管異之、梅伯言之徒，校刊此書。其於康本，實有雅鄭之别，其篇弟去取，亦多不同。板存金陵，燬於粤盗。南北藏書家，見吴氏元刻者甚少。石印必得白紙，而吴本白紙者又

〔一〕「該」字，民初本改作「賅」。

加少焉，此所以求之數年而不能遽得也。

竊謂救時要策，自以講習〔一〕西文爲務，然中國文理，必不可不講。往時出洋學生，歸而悉棄不用，徒以不解中學。而去年王制軍來書，亦謂講求西學，必得中學成材者，乃爲有益。中學門徑至多，以文理通達爲最重。欲通中文，則姚氏此書，固徹上徹下，而不可不急講者也。

吴摯甫《與劉進之書》

大文二首，敬讀一過，佩服無似。謬加平識奉繳，私心相愛，不能已已。抑有懷疑欲上獻者，執事有文如此，顧不甚服左氏、韓公，而有取於太沖《三都》，何持議之驚衆若是？

僕則以爲中學以文爲主。漢以後子長、退之，文家兩雄，後人無能幾幸萬一者。太沖自是魏晉健者，其賦才踵躡孟堅。孟堅學子雲，而柳子厚推服退之，以爲過子雲。彼知言之士，不爲妄歎。今進太沖而退退之，恐此論未公。左氏之文，開子長先聲，其史裁全在記大戰諸篇。曾文正所選「叙記類」，左氏高文畧盡。其變動出奇，有若鬼神造化，不如執事所譏也。因佩服大文，遂畧貢所疑，伏維財幸。

〔一〕「習」字，民初本改作「學」。

吴摯甫《答嚴幾道書》

來示謂新舊二學，當並存具列，且將假自他之耀，以袪蔽揭翳，最爲卓識。某前書未能自達所見，語輒過當。本意謂中國書籍猥雜，多不足行遠；西學行則學人目力，奪去太半，益無暇瀏覽向時無足輕重之書。而姚選古文，則萬不能廢，以此爲學堂必用之書，當與六藝並傳不朽也。若中學之精美者，固亦不止此等。

往時曾太傅言六經外有七書，能得其一，即爲成學。七者兼通，則間氣所鍾，不數數見也。七書者，《史記》《漢書》《莊子》《韓文》《文選》《説文》《通鑑》也。某於七書，皆未致力，又欲妄增二書，其一姚公此書，餘一則曾公《十八家詩鈔》也。但此諸書，必高材秀傑之士，乃能治之。若資性平鈍，雖無西學，亦未能追其塗轍。獨姚選古文，即西學堂中，亦不能棄去不習，不習則中學絶矣。世人乃欲編造俚文，以便初學，此廢棄中學之漸，某所私憂而大恐者也。

區區妄見，敬以奉質。别紙垂詢數事，某淺學不足仰副明問，謹率陳臆説，用備采擇。

歐洲文字與吾國絶殊，譯之似宜别創體製。如六朝人之譯佛書，其體全是特創，今不但不宜襲用中文，亦並不宜襲用佛書。竊謂以執事雄筆，必可自我作古。又妄意彼書固自有體製，或易其辭而仍其體，似亦可也。不通西文，不敢意定，獨中國諸書，無可倣效耳。

來示謂行文欲求爾雅，有不可闌入之字，改竄則失真，因仍則傷潔。此誠難事。鄙意與其傷潔，毋寧失真。凡瑣屑不足道之事，不記何傷！若名之爲文，而俚俗淺鄙，薦紳所不道，此則昔之知言者，無不懸爲戒律，曾氏所謂「辭氣遠鄙」也。文固有化俗爲雅之一法，如左氏之言「馬矢」，莊生之言「矢溺」，公羊之言「登來」，太史之言「夥頤」，在當時固皆以俚語爲文，而不失爲雅。若范書所載鐵脛、尤來、大搶、五樓、五幡等名目，竊料太史公執筆，必皆芟薙不書。不然勝、廣、項氏時，必多有俚鄙不經之事，何以《史記》中絶不一見？如今時鴉片館等比，自難入文，削之似不爲過。儻令爲林文忠作傳，則燒鴉片一事，固當大書特書，但必叙明源委。如史公之記平準，班氏之叙《鹽鐵論》耳，亦非一切割棄，至失事實也。

姚郎中所選文，似難爲繼，獨曾文正《經史雜抄》，能自立一幟。王、黎所續，似皆未善。國朝文字，姚春木所選《國朝文録》，較勝於廿四家。然文章之事，代不數人，人不數篇，若欲備一朝掌故，如《文粹》《文鑒》之類，則世蓋多有。若謂足與文章之事，則姚郎中之後，止梅伯言、曾太傅，及近日武昌張廉卿數人而已，其餘蓋皆自鄶也。

來示謂：「歐洲國史，略似中國所謂長編紀事本末等比。」然則欲譯其書，即用曾太傅所稱叙記、典志二門，似爲得體。此二門，曾公於姚郎中所定諸類外，特建新類，非大手筆不易辦也。歐洲紀述名人，失之過詳，此宜以遷、固史法裁之。文無翦裁，專以求盡爲務，此非行遠所宜。中國間有此體，其最著者，則孟堅所爲《王莽傳》。若穆天子、飛燕、太真等傳，則小説家言，不足法也。歐史用韻，今亦以用韻譯之，似無不可，獨雅詞爲難耳。中國用韻之文，退之爲極詣矣。私見如此，未審有當否？

不具。

吴摯甫《復齋藤木書》

昨得手示，敬承一一。來示謂：「生今之世，而無益於今之世，是生猶死。」其言絶痛，具見烈士壯心。執事綜覈四士論説卅餘家，皆與貴國體不合。鼓舞士氣，作新民心，皆倫理學之力，足見東方俗尚，不能盡用西法。而敝國六經、傳記所遺留之倫理學，實立國不刊之典，抑來示所謂「有益於世」者，不知何指？若云立功，則權勢不屬，未易成事；若猶是立言，則必屬之理精而詞勝者矣。

來示謂：「世與文俱逝，則遺骸相與語。」洵英雄快論。僕以謂文之至者，則世逝而文不與俱逝，其逝焉者，乃近日所新出之西文，明日出一新書，則今日之書頓廢矣。若吾國聖哲之文，則不得謂「遺骸對語」。蓋其人去我已數千載，而語笑動作，若在吾目中，是其人之精神，永存於簡册間，不可得廢毁，故足貴也。今貴國論教育者，貴教育之精神，如敝國之文字，不惟形骸具而已，要自有文字之精神焉。堯、舜、三代以之治當時，孔、孟以之教後世，馬、班、韓、歐以之傳道明法，皆其精神所爲也。今敝國未能取歐美之長以自輔其短，是誠失策。惑者至并敝國文字訢病之，竊以爲非也。

今諸國賢儁競趨哲學，若敝國文字，豈非宇内哲學之至大者乎？若哲學大興，即敝國文字，必有遠行於歐美之一日。今將擘求各國之墜文微學，而宇内至大之敝國文字，不能盡明，豈得遽號爲哲乎？今歐美諸國皆自詡文明，明則有之，文則未敢輕許。僕嘗以謂周、孔之教，獨以文勝。周、孔去我遠矣，吾能學其道，則固即其所留之文而得之。故文深者道勝，文淺則道亦淺。後世失治，由君相不文，不能知往昔聖哲精神所寄，固非吾聖哲之道之不足以治國也。特今世富强之具，不可不取之歐美耳！得歐美富强之具，而以吾聖哲之精神驅使之，此爲最上之治法。吾今不能富强，故不能自用其最上之學。歐美以富强自雄，而遂詬病吾國文學以爲無用，則亦未闚最上之等級，而治術所由未臻於美粹者此也。因承來示，推闡及此，未識有當否。

吴摯甫《答齋藤木書》

前得續書，文字馳騁可喜。所論敝國隋唐以後，但講哲學而棄倫理學。事誠有之，此不自隋唐始，梁武父子皆有哲學，而倫理闕如。以鄙見論之，彼所從事者，乃哲學枝葉，非本源也。真能通哲學，則必合倫理與哲學爲一，豈倫理之外，别有哲學乎？

來示所稱七事，蒙意亦尚未安。老莊去仁義，言道德，韓公已排斥之。道德虚位，仁義定名，其説殆不可易。若《莊子》所云「虎狼，仁也」，其言故自有激，非正論。老氏云「正言若反」，莊生言「寓言十九」，下走謂讀《老》《莊》書，必宜識此意。凡彼所謂仁義，乃當時僞託仁義以自利者耳，故曰：「侯之門，仁義存。」嵇叔夜識此指，其非堯、舜，薄湯、武，所謂堯、舜、湯、武者，司馬氏父子也，豈真欲盡翻古今定案哉！其他尊論，皆與鄙見略同，無復間然。

吴摯甫《記古文四象後》

右曾文正所選《古文四象》，都五卷。往時汝綸從文正所寫藏其目次，公手定本有圈識，有評議，皆未及鈔録。其後公全集出，雖《鳴原堂論文》皆在，此書獨無有。當時撰年譜人，亦不知有是書。意元書故在，終當續出。今曾忠襄、惠敏二公皆久薨逝，汝綸數數從曾氏俟伯二邸求公是書，書藏湘鄉里第，不可得。謹依舊所藏目次，繕寫成册，其評議、圈識，俟他日手定本復出，庶獲補完。

自吾鄉姚姬傳氏以陰陽論文，至公而言益奇，剖析益精，於是有四象之説。又於四類中各析爲二類，則由四而八焉。蓋文之變，不可窮也如是。至乃聚二千年之作，一一稱量而審定之，以爲某篇屬太陽，某篇屬少陰，此則前古無有，真天下瓌偉大觀也。顧非老於文事者，驟聞其語，未嘗不相與驚惑。文之精微，父不能喻之子，兄不能喻之弟，但以俟知者知耳。此揚雄氏所以有待於後世之子雲也。

公此編故自謂失之高古。夫高古何失？世無知言君子，則大聲不入里耳，自其宜矣。文者，天地之精華，自孔氏以來，已預識天之不喪斯文。後之世變，雖不可測知，天苟不喪中國之文，後君子讀公此書，必有心知而篤好之者，是猶起姚氏、曾氏相諾唯於一堂也，豈不大幸矣哉！

公又嘗欲分古近體詩亦爲四屬，而別增「機神」一類。其後蓋未成書，獨於所鈔十八家五言古詩，嘗刻四類字朱印本詩之下，曰：「氣勢、識度、情韻，皆與文同；曰工律，則與文異。」而無「機神」之説，蓋仍用四類也。今并繕寫附著卷中，讀者可以隅反也。

書後

余編《古人論文大義》既竟，輒把翫不忍釋，爰書其後曰：

得名師難，得衆名師尤難。夫衆名師不可得，而況於天下之名師！天下之名師尤不可得，而況於古來之名師！今是編成，是聚唐宋以來衆先生於一堂而詔諸生。其音如《韶》《夏》之迭奏也，其體若珪璋之並陳也，其文采若黼黻絺繡之交輝也，斯誠可謂文苑之大觀，而諸生之幸福爲何如！昔曾文正題世綵堂《韓文》云：「其光熊熊，可燭天地。」是書之光，殆亦可以燭兩間而不泯已。

君子之爲義也，必謹乎其所集；而其窮理也，必慎乎其所擇。孟子言養氣本於集義，是故集天下之耳以爲耳，則可以廣聽；集天下之目以爲目，則可以併視；集天下之心思以爲心思，則可以靈照乎萬物。然而化裁通變，君子有用中之道。譬諸集古今中外之制度、名物、憲章，則必綜覽乎風俗之純駁、民氣之剛柔、民智之通塞，斟酌損益，而審所宜以處之。若集古今之文章，而於在我之程度，尚懵然不知所以自處，則於古人之精神笑貌，詎能想像其萬一？是雖聚天下之名師，亦終無裨於實用。先聖有言「擇善而從」，又曰「與時消息」，自古鴻儒達士，蓋無不兢兢於此焉。然則是道也，寧獨以論文乎哉？寧獨以論文乎哉？

宣統元年（一九〇九）夏五月太倉唐文治自書後。

國文陰陽剛柔大義

國文陰陽剛柔大義目録

國文陰陽剛柔大義下之下《高等學堂國文講義》卷八 …… 五三一

國文陰陽剛柔大義緒言

【釋】此緒言並載《茹經堂文集》三編卷一，注明作年爲庚戌（一九一〇）。

國文「陰陽剛柔」之説創於姚姬傳先生。姚先生之言曰：「《易》《詩》《書》《論語》所載，間有可以剛柔分，值其時其人，告語之體各有宜也。自諸子以降，其爲文無弗有偏者，其得於陽與剛之美者，則其文如霆如電、如長風之出谷、如崇山峻崖、如決大川、如奔騏驥；其光也如杲日如火、如金鏐鐵，其於人也如憑高視遠、如君而朝萬衆、如鼓萬勇士而戰之。其得於陰與柔之美者，則其文如升初日、如清風、如雲如霞如煙、如幽林曲澗、如淪如漾、如珠玉之輝、如鴻鵠之鳴而入寥廓，其於人也，漻乎其如歎，邈乎其如有思，暖乎其如喜，愀乎其如悲。觀其文，諷其音，則爲文者之性情形狀舉以殊焉。」〔一〕

〔一〕 姚鼐《復魯絜非書》文。

此姚先生之説也。

繼其説而大昌之者爲曾滌笙先生。曾先生選《古文四象》〔一〕，分太陽、太陰、少陽、少陰四種，以氣勢屬太陽，識度屬太陰，趣味屬少陽，情韻屬少陰；而又於其中分陰中之陽、陽中之陰，曰噴薄之勢，曰跌蕩之勢，曰閎括之度，曰含蓄之度，曰恢詭之趣，曰閑適之趣，曰沉雄之韻，曰悽惻之韻，是又分四象爲八卦矣。而又申言之曰：「有氣斯有勢，有識斯有度，有情斯有韻，有趣斯有味。」又析言之曰：「莊子、揚子、韓退之、柳子厚，陽剛之美者。司馬子長、劉子政、歐陽永叔、曾子固，陰柔之美者。」此曾先生之説也。

吾嘗綜二先生之説而論之。姚先生之説創而未備者也，曾先生之説廣矣大矣、美矣盡矣，所謂通神明之德、類萬物之情〔二〕，其在兹乎？顧吾竊有進焉者。凡人之性情氣質亦未可一概而論。毗於陽者，陰亦寓焉；毗於陰者，陽亦寓焉。周公、孔子之

〔一〕《古文四象》乃曾國藩編選之古文集，以「四象」歸類古文曰「太陽氣勢」「太陰識度」「少陰情韻」「少陽趣味」，每類更分陰陽而有八體。按：唐先生於一九〇一年拜訪吴汝綸得見此書，詳唐先生《國粹教科書續編序》（一九〇八）及《桐城吴摯甫先生文評手蹟跋》（一九三〇）。

〔二〕《易·繫辭下傳》文。

文，妙萬物而爲言〔一〕，陰陽不測，固不可以一隅論。孟子之文毗於陽者也，而「致爲臣而歸」「舜發於畎畝之中」及「孔子在陳」諸章，何嘗非陰？《戰國策》之文，策士縱横之説，陰鷙之尤甚者，而《蘇季子説秦王》《蘇代説燕王》何嘗非陽？《莊子》之文毗於陽者也，而《刻意》《繕性篇》何嘗非陰？賈生之文毗於陽者也，而《弔屈原賦》《鵩鳥賦》何嘗非陰？司馬子長之文毗於陰者也，而《項羽本紀》《淮陰侯傳》《李廣傳》尤陽剛之顯著者。揚子雲文毗於陽者也，而《反離騷》尤陰柔之顯著者，《太玄》更無論已。韓昌黎文毗於陽者也，而《送董邵南序》《答李翊書》尤陰柔之顯著者，《祭十二郎文》更無論已。天地之道，陰陽之氣常相勝而相爭，惟明於消息之故者，察其偏而調劑之，且因其偏而善用之，而後吾身得太和之氣，而生理以暢。善驗古人文之神與氣者，亦若是而已。

曾先生又曰：「陽剛者氣勢浩瀚，陰柔者韻味深美；浩瀚者噴薄而出之，深美者吞吐而出之。就《經史百家雜鈔》中十一類言之，論著類、詞賦類宜噴薄，序跋類宜吞吐；奏議類、哀祭類宜噴薄，詔令類、書牘類宜吞吐；傳誌類、叙記類宜噴薄，典志

〔一〕《易·説卦傳》云：「神也者，妙萬物而爲言者也。」唐先生謂周、孔文章圓而神。

類、雜記類宜吞吐。」〔一〕善哉，論文至此，可謂無微弗顯矣！

余嘗息心以觀天地之理，並以文正所論，驗諸子百家之言並歷代文士之著作。太極之精以陰爲體，以陽爲用，故儒家之文大抵以柔爲體，以剛爲用，吳摯甫先生語余：「曾先生之文係用歐之骨，用韓之貌。」是亦以柔爲體，剛爲用也。此外則皆主於陰柔；道家、墨家偏於陰，讀老氏、墨氏之文可知；陰陽、縱横家偏於陰，非陰柔不足以成捭闔；法家、名家偏於陰，非陰柔不足以成刻覈；醫家、兵家偏於陰，讀《内經》《陰符》《孫子》文可知。他如詩賦家、雜家、小説家、術數家、方技家，雖剛柔萬變，然要其歸，偏於柔者多矣。聖學之傳，分爲漢、宋兩家。漢儒之文尚訓詁，兼陰陽之美者也，而其弊也，爲穿鑿，爲瑣碎，由無大氣以舉之，則陰柔之過也。宋儒之文尚義理，兼陰陽之美者也，而其弊也，爲幽渺，爲俚俗，由無大氣以舉之，亦陰柔之過也。因文以察天下之變，士大夫皆主陰柔之過，而積弱隨之。然則生斯世也，爲斯文也，其必以陽剛爲主乎？其必以陽剛爲主乎？

〔一〕曾國藩《求闕齋日記》咸豐十年三月十七日日記文。日記原文「就吾所分十一類言之」，唐先生順理文意而稍易曰「就《經史百家雜鈔》中十一類言之」。

昔嘗謂伏羲氏畫八卦，不過象奇耦之數以爲記識，而聖人謂爲範圍天地、曲成萬物者，以其包涵陰陽剛柔之藴也。陰陽剛柔之理，藴於一心，發之則爲吉凶悔吝。凡人自少至老，自晝至夜，均在吉凶悔吝之中，而吉凶悔吝，則萌柢乎一心之陰陽剛柔。剛善則爲義、爲直、爲斷、爲嚴毅、爲幹固，惡則爲猛、爲隘、爲强梁；柔善則爲慈、爲順、爲巽，惡則爲懦弱、爲無斷、爲邪佞。惟聖人能自易其惡，自至其中，善濟其陰陽剛柔，而運妙用於一心，故曰：「以此洗心。」又曰：「復其見天地之心乎！」蓋自伏羲、文王作卦象，而天下人事悉具於卦象之中。迨周公、孔子以卦象爲文章，而天下人事又悉具於文章之中。凡此皆陰陽剛柔之所爲，實皆一心之所爲，此《大易》之精藴也。善爲文者，先明《易》理，固吾心之動静消息而制爲言，慎天下之樞機，而吉凶悔吝，於是乎貞；又因吾心之動静消息而制爲文，象萬物之形色，而川流敦化，於是乎備〔一〕，此所謂陰陽也、剛柔也，善用之以至於中也。斯言非玄也，探其本則曰：「存其心，養其性。」因物付物，而陰陽剛柔，時措之宜矣。

以上所言律己之方也，推而至於觀人。《記》曰：「中國、戎夷、五方之民，皆有性

〔一〕《禮記·中庸》云：「萬物並育而不相害，道並行而不相悖。小德川流，大德敦化。此天地之所以爲大也。」

也，不可推移。」〔一〕聖賢豪傑之文，真理彌綸貫於内，精氣旁薄溢乎外，剛柔陰陽，惟變所適，下逮萬殊之性，則各肖其爲人，而靡有所窮。惟聖智之士能因其文之性質，而驗其人之品行，是故凡文之剛柔相宣，而適中乎理者，其人達而壽；善用其剛，其言閎以肆者，其人狂；善用其柔，其局細以整者，其人狷；陽剛外强，而中無陰柔以濟之者，其人愎而憍；陰柔膠纏，而中無陽剛濟之者，其人緩而懦；剛柔無主，棼不可理，有首而無尾者，其人窮而夭；剛柔無主，而創意造言，猶有歸宿者，其人僿而可教。《鴻範》所言五福六極，悉可於斯文徵之。此就一人之文言，至統觀一文之文亦然。凡剛柔相濟者多，其民大率兼文質而易爲治；剛柔偏勝者多，其民大率蠢愚，難以熟化，宜有以酌其偏而用其所長。此就一代之文言，至統觀一方之文亦然。凡剛柔相濟者多，大率風俗和而運會盛；剛柔偏勝者多，大率風俗薄而運會衰。因文論世，確乎其不可易。至於陽剛之過，變而爲肅殺；陰柔之過，降而爲駑庸，則其世運將不可問。嗚呼！文，心聲也，而國性寓焉。陰陽剛柔之説，微乎微乎！非天下之至誠、至神、至幾，何足以語此。

〔一〕《禮記·王制》文。

或曰：「如子言，不幾於過高乎？」曰：是誠有之。昔吴摯甫先生《記曾先生〈古文四象〉後》云：「公此編故自謂失之高古。夫高古何失？世無知言，君子則大聲不入里耳，自其宜也。」斯言允矣，顧吾又有説焉。

陰陽剛柔，發於人心之自然，初無所謂高古。縱一心而冥思之，譬諸江海浩淼，扶桑出日，一輪湧現，容與聿皇；又如氣清天朗，春卉皆葩，無論何人，縱遊其間，必有意氣發舒之象，是何也？則陽爲之也。譬諸冬日栗烈，重陰晻藹，寒飆翏刁，萬竅怒呺；又如谷風陰雨，恐懼淒其，無論何人，側身其間，必有顰蹙伊鬱之情，是何也？則陰爲之也。古詩有云：「一窗晴日寫《黄庭》。」〔一〕又云：「滿江風雨讀《離騷》。」〔二〕抑何其境之殊而心之異也！匹夫鬩於道，而壯士爲之衝冠；嫠婦泣於舟，而文士爲之怨訴。故隨時隨地、隨象隨景，而陰陽剛柔分焉；因性因情、因感因遇，而陰陽剛柔又分焉。日月星辰、山龍華蟲、藻火粉米、黼黻絺繡〔三〕，讀其《書》而明良喜起，備哉

〔一〕陸游《喜晴》：「江湖春暮多風雨，點滴空階實厭聽。剩喜今朝有奇事，一窗晴日寫《黄庭》。」
〔二〕宋胡仲參《端午》：「千年流水去滔滔，此日人來弔汨羅。江上畫船無買處，閉門風雨讀《離騷》。」
〔三〕《書·益稷》文。

燦爛，陽之盛也。「徹彼桑土，綢繆牖户」〔一〕「我來自東，零雨其濛」〔二〕，誦其《詩》而拮据卒瘏，況也永歎，陰之盛也。古之聖人，陰陽剛柔悉合乎中，故其慶賞刑罰各得其正。後世儒家能養之於喜怒哀樂未發之前，故其陰陽剛柔，足以順萬事而無情，斯皆不必言文，而實無在非文。拘墟之士，茫昧是理〔三〕，則不得不就迹象以求之，然惟其有陰陽剛柔之質，原於一心，故讀古人之文，亦辨其爲陰陽剛柔，而其自爲文，亦必有陰陽剛柔之可分。斯皆發於一心之自然，固不必以高下深淺論也。

抑吾考《古文四象》之爲書，目次頗多率略。又古人文之膾炙人口者，如韓昌黎《張中丞傳後叙》、陽剛之至美者。歐陽永叔《瀧岡阡表》陰柔之至美者。均未入選，意者其未成之書歟？是編大致取材於《四象》，其中亦有極陽剛、陰柔之美而並未入選者，由前數編中已爲諸生講貫也。後之君子得吾言而深思之，由「下編」以遡「中編」而至「上編」，則自有津梁之可逮。而吾特恨是編之成，既不得就正於曾先生，並不獲質之於吴先生，其是乎？其非乎？其所剖析而分置者，有毫釐千里之謬乎？益爲之執簡徬徨而不能已也。

〔一〕《詩·豳風·鴟鴞》文。
〔二〕《詩·豳風·東山》文。
〔三〕「拘墟之士，茫昧是理」句，《茹經堂文集》本改定爲「顧藝林之士，識有淺深」。

國文陰陽剛柔大義上

《高等學堂國文講義》卷五

周易

乾卦 太陽

乾，元、亨、利、貞。

初九，潛龍勿用。

九二，見龍在田，利見大人。

九三，君子終日乾乾，夕惕若，厲无咎。

九四，或躍在淵，无咎。

九五，飛龍在天，利見大人。

上九，亢龍有悔。

用九，見羣龍无首，吉。

《彖》曰：大哉乾元！萬物資始，乃統天。雲行雨施，品物流形，大明始終，六位時成，時乘六龍以御天。乾道變化，各正性命。保合大和，乃利貞。首出庶物，萬國咸寧。

《象》曰：天行健，君子以自强不息。「潛龍勿用」，陽在下也。「見龍在田」，德施普也。「終日乾乾」，反復道也。「或躍在淵」，進无咎也。「飛龍在天」，大人造也。「亢龍有悔」，盈不可久也。用九，天德不可爲首也。

《文言》曰：元者，善之長也；亨者，嘉之會也；利者，義之和也；貞者，事之幹也。君子體仁足以長人，嘉會足以合禮，利物足以和義，貞固足以幹事。君子行此四德者，故曰：「乾，元、亨、利、貞」。

初九曰「潛龍勿用」，何謂也？子曰：「龍德而隱者也。不易乎世，不成乎名，遯世無悶，不見是而無悶，樂則行之，憂則違之，確乎其不可拔，『潛龍』也。」九二曰「見龍在田，利見大人」，何謂也？子曰：「龍德而正中者也。庸言之信，庸行之謹，閑邪存其誠，善世而不伐，德博而化。《易》曰『見龍在田，利見大人。』君德也。」九三曰「君子終日乾乾，夕惕若，厲无咎」，何謂也？子曰：「君子進德修業。忠信，所以進德也。脩辭立其誠，所以居業也。知至至之，可與幾也。知終終之，可與存義也。是故居上位而不驕，在下位而不憂。故乾乾因其時而惕，雖危无咎矣。」九四曰「或躍在淵，无咎」，何謂也？子曰：「上下無常，非爲邪也。進退無恒，非離羣也。君子進德修業，欲及時也，故无咎。」九五曰「飛龍在天，利見大人」，何謂也？子曰：「同聲相應，同氣相求。水流濕，火就燥，雲從龍，風從虎，聖人作而萬物覩，本乎天者親上，本乎地者親下，則各從其類也。」上九曰「亢龍有悔」，何謂也？子曰：「貴而無位，高而無民。賢人在下位而無輔，是以動而有悔也。」

「潛龍勿用」，下也。「見龍在田」，時舍也。「終日乾乾」，行事也。「或躍在淵」，自試也。「飛龍在天」，上治也。「亢龍有悔」，窮之災也。乾元「用九」，天下治也。

「潛龍勿用」，陽氣潛藏。「見龍在田」，天下文明。「終日乾乾」，與時偕行。「或躍在淵」，乾道乃革。「飛龍在天」，乃位乎天德。「亢龍有悔」，與時偕極。「乾元用九」，乃見天則。

「乾元」者，始而亨者也。「利貞」者，性情也。乾始能以美利利天下，不言所利，大矣哉！大哉乾乎，剛健中正，純粹精也！六爻發揮，旁通情也。「時乘六龍」，以「御天」也。「雲行雨施」，天下平也。

君子以成德爲行，日可見之行也。潛之爲言也，隱而未見，行而未成，是以君子弗用也。君子學以聚之，問以辨之，寬以居之，仁以行之。《易》曰「見龍在田，利見大人」，君德也。九三重剛而不中，上不在天，下不在田。故乾乾因其時而惕，雖危无咎矣。九四重剛而不中，上不在天，下不在田，中不在人，故「或」之。或之者，疑之也，故无咎。夫大人者，與天地合其德，與日月合其明，與四時合其序，與鬼神合其吉凶。先天而天弗違，後天而奉天時。天且弗違，而況於人乎？況於鬼神乎？「亢」之爲言也，知進而不知退，知存而不知亡，知得而不知喪。其唯聖人乎，知進退存亡而不失其正者，其唯聖人乎！

本卦《彖傳》及《文言傳》，解初爻至五爻；又末「夫大人者」起，解五爻六爻辭，均爲生民以來不可無一、不能有二之文，後世之言詞章、講義理者，俱胎於此，學者急宜熟玩。

坤卦 太陰

坤，元、亨，利牝馬之貞。君子有攸往，先迷後得主利。西南得朋。東北喪朋，安貞吉。

《彖》曰：至哉坤元！萬物資生，乃承順天，坤厚載物，德合无疆。含弘光大，品物咸亨，牝馬地類，行地无疆。柔順利貞，君子攸行，先迷失道，後順得常。「西南得朋」，乃與類行。「東北喪朋」，乃終有慶。「安貞」之吉，應地无疆。

《象》曰：地勢坤。君子以厚德載物。

初六，履霜，堅冰至。《象》曰：「初六履霜」，陰始凝也，馴致其道，至「堅冰」也。

六二，直方大，不習无不利。《象》曰：六二之動，直以方也。「不習无不利」，地道光也。

六三，含章可貞，或從王事，无成有終。《象》曰：「含章可貞」，以時發也，「或從王事」，知光大也。

六四，括囊，无咎无譽。《象》曰：「括囊无咎」，慎不害也。

六五，黄裳元吉。《象》曰：「黄裳元吉」，文在中也。

上六，龍戰于野，其血玄黄。《象》曰：「龍戰于野」，其道窮也。

用六，利永貞。《象》曰：用六「永貞」，以大終也。

《文言》曰：坤至柔而動也剛，至静而德方。後得主而有常，含萬物而化光。「坤」道其順乎？承天而時行！

積善之家，必有餘慶。積不善之家，必有餘殃。臣弑其君，子弑其父，非一朝一夕之故，其所由來者漸矣，由辨之不早辨也。《易》曰「履霜堅冰至」，蓋言順也。

直其正也，方其義也。君子敬以直内，義以方外，敬義立而德不孤。「直方大，不習无不利」，則不疑其所行也。

陰雖有美含之，以從王事，弗敢成也。地道也，妻道也，臣道也。地道无成而代有終也。

天地變化，草木蕃，天地閉，賢人隱。《易》曰「括囊，无咎无譽」，蓋言謹也。

君子黄中通理，正位居體，美在其中而暢於四支，發於事業，美之至也。

陰疑於陽必戰。爲其嫌於无陽也，故稱「龍」焉。猶未離其類也，故稱「血」焉。夫玄黄者，天地之雜也，天玄而地黄。

凡文之發揚蹈厲者，俱用陽韻，讀《詩經・江漢》《長發》《殷武》諸詩可見。坤係純陰之卦，而爻辭如初六履霜、六二直方、六三含章、六四括囊、六五黄裳、上六玄黄，皆用陽韻；而《彖傳》《文言傳》亦用陽韻者，爲其嫌於无陽也。然用陽韻而其文仍係純陰之質，所謂陰爲體而陽爲用也。於此可見聖人文章之妙，敻絶千古。

尚書

堯典 太陽

曰若稽古，帝堯曰放勳，欽明文思安安，允恭克讓，光被四表，格於上下。克明俊德，以親九族。九族既睦，平章百姓。百姓昭明，協和萬邦，黎民於變時雍。

乃命羲、和，欽若昊天，曆象日月星辰，敬授人時。分命羲仲，宅嵎夷，曰暘谷，寅賓出日，平秩東作。日中星鳥，以殷仲春。厥民析，鳥獸孳尾。申命羲叔，宅南交，平秩南訛，敬致。日永星火，以正仲夏。厥民因，鳥獸希革。分命和仲，宅西，曰昧谷，寅餞納日，平秩西成。宵中星虛，以殷仲秋。厥民夷，鳥獸毛毨。申命和叔，宅朔方，曰幽都，平在朔易。日短星昴，以正仲冬。厥民隩，鳥獸氄毛。帝曰：「咨！汝羲暨和！期三百有六旬有六日，以閏月定四時成歲。允釐百工，庶績咸熙。」

帝曰：「疇咨若時〔一〕登庸？」放齊曰：「胤子朱啓明。」帝曰：「吁！嚚訟，可乎？」帝曰：「疇咨若予采？」驩兜曰：「都！共工方鳩僝功。」帝曰：「吁！靜言庸違，象恭滔天。」帝曰：「咨四岳：湯

〔一〕「時」字原作「是」。

湯洪水方割，蕩蕩懷山襄陵，浩浩滔天，下民其咨。有能俾乂？」僉曰：「於，鯀哉！」帝曰：「吁！咈哉！方命圮族。」岳曰：「异哉！試可乃已。」帝曰：「往欽哉！」九載績用弗成。

帝曰：「咨四岳！朕在位七十載，汝能庸命巽朕位。」岳曰：「否德忝帝位。」曰：「明明揚側陋。」師錫帝曰：「有鰥在下，曰虞舜。」帝曰：「俞，予聞，如何？」岳曰：「瞽子，父頑母嚚象傲，克諧以孝，烝烝乂，不格姦。」帝曰：「我其試哉！」女于時，觀厥刑于二女。釐降二女于嬀汭，嬪于虞。帝曰：「欽哉！」

慎徽五典，五典克從；納于百揆，百揆時敘；賓于四門，四門穆穆；納于大麓，烈風雷雨弗迷。帝曰：「格汝舜！詢事考言，乃言厎可績。三載，汝陟帝位。」舜讓于德，弗嗣。

正月上日，受終于文祖。在璿璣玉衡，以齊七政，肆類于上帝，禋于六宗，望于山川，徧于羣神。輯五瑞，既月，乃日覲四嶽、羣牧，班瑞於羣后。

歲二月，東巡守，至于岱宗，柴。望秩于山川，肆覲東后。協時、月正日，同律、度、量、衡。修五禮、五玉、三帛、二生、一死、贄。如五器，卒乃復。五月南巡守，至于南嶽，如岱禮。八月西巡守，至于西嶽，如初。十有一月朔巡守，至于北嶽，如西禮。歸，格于藝祖，用特。五載一巡守，羣后四朝。敷奏以言，明試以功，車服以庸。

肇十有二州，封十有二山，濬川。象以典刑，流宥五刑，鞭作官刑，朴作教刑，金作贖刑。眚災肆赦，怙終賊刑。「欽哉，欽哉！惟刑之恤哉！」流共工於幽州，放驩兜於崇山，竄三苗於三危，殛鯀於羽山，四罪而天下咸服。

二十有八載，帝乃殂落。百姓如喪考妣。三載，四海遏密八音。月正元日，舜格於文祖。詢於四岳，闢四門，明四目，達四聰。咨十有二牧曰：「食哉惟時！柔遠能邇，惇德允元。而難任人，蠻夷率服。」

舜曰：「咨！四岳：有能奮庸熙帝之載，使宅百揆，亮采惠疇？」僉曰：「伯禹作司空。」帝曰：「俞！咨，禹：汝平水土，惟時懋哉！」禹拜稽首，讓于稷、契暨皋陶。帝曰：「俞。汝往哉！」

帝曰：「棄：黎民阻飢，汝后稷，播時百穀。」

帝曰：「契：百姓不親，五品不遜，汝作司徒，敬敷五教，在寬。」

帝曰：「皋陶：蠻夷猾夏，寇、賊、奸、宄，汝作士，五刑有服。五服三就。五流有宅，五宅三居，惟明克允。」

帝曰：「疇若予工？」僉曰：「垂哉！」

帝曰：「俞！咨，垂：汝共工。」

垂拜稽首，讓于殳斨暨伯與。

帝曰：「俞！往哉汝諧！」

帝曰：「疇若予上下〔一〕草木鳥獸？」僉曰：「益哉！」

〔一〕原無「上下」二字。

帝曰：「俞！咨，益：汝作朕虞。」

益拜稽首，讓于朱虎、熊羆。帝曰：「俞！往哉汝諧！」

帝曰：「咨，四岳：有能典朕三禮？」僉曰：「伯夷。」

帝曰：「俞！咨，伯：汝作秩宗。夙夜惟寅，直哉惟清！」

伯拜稽首，讓于夔、龍。

帝曰：「俞！往，欽哉！」

帝曰：「夔：命汝典樂，教胄子。直而温，寬而栗，剛而無虐，簡而無傲。詩言志，歌永言，聲依永，律和聲。八音克諧，無相奪倫，神人以和。」夔曰：「於！予擊石拊石，百獸率舞。」

帝曰：「龍：朕堲讒説殄行，震驚朕師。命汝作納言，夙夜出納朕命，惟允。」

帝曰：「咨！汝二十有二人：欽哉！惟時亮天功。」

三載考績。三考，黜陟幽明。庶績咸熙，分北三苗。

舜生三十徵庸，三十在位，五十載陟方乃死。

皋陶謨 太陰

曰若稽古，皋陶曰：「允迪厥德，謨明弼諧。」禹曰：「俞！如何？」皋陶曰：「都！慎厥身，修思永。惇叙九族，庶明勵翼，邇可遠在兹。」禹拜昌言曰：「俞。」

皋陶曰：「都！在知人，在安民。」禹曰：「吁！咸若時，惟帝其難之。知人則哲，能官人；安民則惠，黎民懷之。能哲而惠，何憂乎驩兜？何遷乎有苗？何畏乎巧言令色孔壬？」

皋陶曰：「都〔一〕！亦行有九德。亦言其人有德，乃言曰載采采。」禹曰：「何？」皋陶曰：「寬而栗，柔而立，愿而恭，亂而敬，擾而毅，直而温，簡而廉，剛而塞，彊而義。彰厥有常，吉哉！日宣三德，夙夜浚明有家。日嚴祗敬六德，亮采有邦。翕受敷施，九德咸事，俊乂在官。百僚師師，百工惟時。撫于五辰，庶績其凝。無教逸欲，有邦兢兢業業，一日二日萬幾。無曠庶官，天工人其代之。天叙有典，敕我五典五惇哉！天秩有禮，自我五禮有庸哉！同寅協恭，和衷哉！天命有德，五服五章哉！天討有罪，五刑五用哉！政事懋哉懋哉！天聰明，自我民聰明。天明畏，自我民明威。達于上下，敬哉有土！」皋陶曰：「朕言惠，可厎行。」禹曰：「俞！乃言厎可績。」皋陶曰：「予未有知，思日贊贊襄哉。」

帝曰：「來，禹！汝亦昌言。」禹拜曰：「都，帝！予何言？予思日孜孜。」皋陶曰：「吁！如何？」禹曰：「洪水滔天，浩浩懷山襄陵，下民昏墊。予乘四載，隨山刊木。暨益，奏庶鮮食。予決九川，距四海，濬畎澮，距川。暨稷播，奏庶艱食，鮮食。懋遷有無化居，烝民乃粒，萬邦作乂。」皋陶曰：「俞！師汝昌言。」

〔一〕原「都」上有「俞」字。

禹曰：「都！帝：慎乃在位。」帝曰：「俞！」禹曰：「安汝止，惟幾惟康，其弼直，惟動丕應。徯志以昭受上帝，天其申命用休。」

帝曰：「吁！臣哉鄰哉，鄰哉臣哉！」禹曰：「俞！」帝曰：「臣作朕股肱耳目。予欲左右有民，汝翼。予欲宣力四方，汝爲。予欲觀古人之象，日、月、星、辰、山、龍、華、蟲作會；宗彝、藻、火、粉、米、黼、黻絺繡，以五采彰施于五色，作服，汝明。予欲聞六律、五聲、八音，在治忽，以出納五言，汝聽。予違汝弼，汝無面從，退有後言。欽四鄰，庶頑讒説，若不在時，侯以明之，撻以記之。書用識哉，欲並生哉！工以納言，時而颺之，格則承之、庸之，否則威之。」禹曰：「俞哉！帝：光天之下，至于海隅蒼生，萬邦黎獻，共惟帝臣。惟帝時舉，敷納以言，明庶以功，車服以庸。誰敢不讓，敢不敬應？帝不時敷，同日奏。罔功。」帝曰：「無若丹朱傲，惟慢遊是好。傲虐是作，罔晝夜頟頟。罔水行舟，朋淫于家，用殄厥世。予創若時。」禹曰〔一〕：「娶于塗山，辛、壬、癸、甲。啓呱呱而泣，予弗子，惟荒度土功。弼成五服，至于五千，州十有二師。外薄四海，咸建五長。各迪有功，苗頑弗即工，帝其念哉！」帝曰：「迪朕德，時乃功惟叙。」

皋陶方祗厥叙，方施象刑惟明。

夔曰：「戛擊鳴球，搏拊琴瑟以詠。祖考來格，虞賓在位，羣后德讓。下管、鼗鼓，合止柷、

〔一〕「禹曰」二字，今本不見。魏源《書古微》（《魏源全集》二）引此則文字，存「禹曰」二字，以爲是僞孔删去。

敔。笙、鏞以間，鳥獸蹌蹌。《簫韶》九成，鳳凰來儀。」夔曰：「於！予擊石拊石，百獸率舞，庶尹允諧。」

帝庸作歌曰：「敕天之命，惟時惟幾。」乃歌曰：「股肱喜哉，元首起哉，百工熙哉！」皋陶拜手稽首颺言曰：「念哉！率作興事，慎乃憲，欽哉！屢省乃成，欽哉！」乃賡載歌曰：「元首明哉，股肱良哉，庶事康哉！」又歌曰：「元首叢脞哉，股肱惰哉，萬事墮哉！」帝拜曰：「俞，往欽哉！」

洪範 太陰

惟十有三祀，王訪于箕子。王乃言曰：「嗚呼，箕子！惟天陰騭下民，相協厥居，我不知其彝倫攸叙。」

箕子乃言曰：「我聞在昔，鯀陻洪水，汩陳其五行，帝乃震怒，不畀洪範九疇，彝倫攸斁。鯀則殛死，禹乃嗣興。天乃錫禹洪範九疇，彝倫攸叙。初一曰五行；次二曰敬用五事；次三曰農用八政；次四曰協用五紀；次五曰建用皇極；次六曰乂用三德；次七曰明用稽疑；次八曰念用庶徵；次九曰嚮用五福，威用六極。一，五行：一曰水，二曰火，三曰木，四曰金，五曰土。水曰潤下，火曰炎上，木曰曲直，金曰從革，土爰稼穡。潤下作鹹，炎上作苦，曲直作酸，從革作辛，稼穡作甘。二，五事：一曰貌，二曰言，三曰視，四曰聽，五曰思。貌曰恭，言曰從，視曰明，聽曰聰，思曰睿。恭作肅，從作乂，明作哲，聰作謀，睿作聖。三，八政：一曰食，二曰貨，三曰祀，四曰司空，五曰司徒，六曰司寇，七曰賓，八曰師。四，五紀：一曰歲，二曰月，三曰日，四曰星辰，五曰曆〔一〕數。五，皇極：皇建其有極，斂時五福，用敷錫厥庶民。惟時厥庶民於汝極，錫汝保極。凡厥庶民，無有淫朋，人無有比德，惟皇作極。凡厥庶民，有猷、有爲、有守，汝則念之。不協于極，不罹于咎，皇則受之。而康而色，曰：『予攸好德。』汝則錫之福。時人〔二〕斯其惟皇之極。無虐煢獨，而畏高明。人之有能有爲，使羞其行，而邦其昌。凡厥正人，既富方穀。汝弗〔三〕能使有好于而家，時人斯其辜。于其無好德，汝雖錫之福，其作汝用咎。無偏無陂，遵王之義；無有作好，遵王之道；無有作惡，遵王之路。無偏無黨，王道蕩蕩；無黨無偏，王道平平。無反無側，王道正直。會其有極，歸其有極。曰皇極之敷言，是彝是訓，于帝其訓。凡厥庶民極之敷言，是訓是行，以近天子之光。曰天子作民父母，以爲天下王。六，三德：一曰正直，二曰剛克，三曰柔克。平康，正直，彊弗友，剛克，燮友，柔克，沈潛，剛克，高明，柔克。惟辟作福，惟辟作威，惟辟玉食。臣無有作福、作威、玉食。臣之有作福，作威，玉食，其害于而家，凶于而國，人用側頗僻，民用僭忒。七，稽疑：擇建立卜筮人，乃命卜筮，曰雨、曰霽、曰蒙、曰驛、曰克、曰貞、曰悔，凡七。卜五占用二，衍忒。立時人作卜筮。三人占，則從二人之言。汝則有大疑，謀及乃心，謀及卿士，謀及庶人，謀及卜筮。汝則從、龜從、筮從、卿士從、庶民從，是之謂

〔一〕「曆」字原作「歷」。
〔二〕原「人」下有「德」字。
〔三〕「弗」字原作「勿」。

大同。身其康强，子孫其逢吉。汝則從、龜從、筮從，卿士逆、庶民逆，吉。卿士從、龜從、筮從，汝則逆、庶民逆，吉。庶民從、龜從、筮從，汝則逆、卿士逆，吉。汝則從、龜從，筮逆、卿士逆、庶民逆，作內吉，作外凶。龜、筮共違于人，用静吉，用作凶。八，庶徵：曰雨、曰暘、曰燠、曰寒、曰風、曰時。五者來備，各以其叙，庶草蕃廡。一極備，凶；一極無，凶。曰休徵：曰肅時雨若，曰乂時暘若，曰哲時燠若，曰謀時寒若，曰聖時風若。曰咎徵：曰狂恒雨若，曰僭恒暘若，曰豫恒燠若，曰急恒寒若，曰蒙恒風若。曰王省惟歲，卿士惟月，師尹惟日。歲、月、日、時無易，百穀用成，乂用明，俊民用章，家用平康。日、月、歲、時既易，百穀用不成，乂用昏不明，俊民用微，家用不寧。庶民惟星。星有好風，星有好雨。日、月之行，則有冬有夏。月之從星，則以風雨。九，五福：一曰壽，二曰富，三曰康寧，四曰攸好德，五曰考終命。六極：一曰凶短折，二曰疾，三曰憂，四曰貧，五曰惡，六曰弱。」

顧命 太陰

惟四月哉，生魄，王不懌。甲子，王乃洮頮水，相被冕服，憑玉几。乃同召太保奭、芮伯、彤伯、畢公、衛侯、毛公，師氏、虎臣、百尹、御事。王曰：「嗚呼！疾大漸，惟幾！病日臻，既彌留，恐不獲誓言嗣，兹予審訓命汝。昔君文王、武王宣重光，奠麗陳教則肄。肄不違，用克達殷集大命。在後之侗，敬迓天威，嗣守文、武大訓，無敢昏逾。今天降疾，殆弗興弗悟。爾尚明時朕言，用敬保元子釗，弘濟于艱難。柔遠能邇，安勸小大庶邦。思夫人自亂于威儀，爾無以釗冒貢于非幾兹！」

既〔一〕受命還，出綴衣于庭。越翼日乙丑，王崩。太保命仲桓、南宮毛，俾爰齊侯呂伋，以二干戈、虎賁百人，逆子釗于南門之外，延入翼室，恤宅宗。丁卯，命作册度。

越七日癸酉，伯相命士須材，狄設黼扆、綴衣。

牖間南嚮，敷重篾席，黼純，華玉仍几。西序東嚮，敷重厎席，綴純，文貝仍几。東序西嚮，敷重豐席，畫純，雕玉仍几。西夾南嚮，敷重筍席，玄紛純，漆仍几。越玉五重，陳寶赤刀、大訓、弘璧、琬琰，在西序；大玉、夷玉、天球、《河圖》，在東序；胤之舞衣、大貝、鼖鼓，在西房；兑之戈、和之弓、垂之竹矢，在東房。大輅在賓階面，綴輅在阼階面，先輅在左塾之前，次輅在右塾之前。

二人雀弁執惠，立于畢門之内。四人綦弁執戈上刃，夾兩階戺。一人冕執劉，立于東堂；一人冕執鉞，立于西堂。一人冕執戣，立于東垂；一人冕執瞿，立于西垂。一人冕執鋭，立于側階。

王麻冕黼裳，由賓階隮。卿士、邦君，麻冕蟻裳，入即位，太保、太史、太宗，皆麻冕彤裳。太保承介圭，上宗奉同、瑁，由阼階隮。太史秉書，由賓階隮，御王册命，曰：「皇后憑玉几，道揚末命，命汝嗣訓，臨君周邦，率循大卞，燮和天下，用答揚文、武之光訓。」王再拜，興，答曰：「眇眇予末小子，其能而亂四方，以敬忌天威？」

乃受同、瑁，王三宿，三祭三咤。上宗曰：「饗！」太保受同，降，盥，以異同秉璋以酢。授宗人同，

〔一〕「既」字原作「即」。

拜。王答拜。太保受同，祭，嚌，宅，授宗人同，拜。王答拜。太保降，收。諸侯出廟門俟。

王出在應門之内，太保率西方諸侯，入應門左，畢公率東方諸侯，入應門右，皆布乘黄朱。賓稱奉圭兼幣曰：「一二臣衛，敢執壤奠。」皆再拜稽首。王義嗣德答拜。

太保暨芮伯，咸進相揖，皆再拜稽首曰：「敢敬告天子，皇天改大邦殷之命，惟周文、武誕受羑若，克恤西土。惟新陟王，畢協賞罰，戡定厥功，用敷遺後人休。今王敬之哉！張皇六師，無壞我高祖寡命。」

王若曰：「庶邦侯、甸、男、衛，惟予一人釗報誥：昔君文、武丕平富，不務咎。厎至齊信，用昭明于天下。則亦有熊羆之士、不二心之臣，保乂王家。用端命于上帝，皇天用訓厥道，付畀四方。乃命建侯樹屏，在我後之人。今予一二伯父，尚胥暨顧，綏爾先公之臣服于先王。雖爾身在外，乃心罔不在王室，用奉恤厥若，無遺鞠子羞。」

羣公既皆聽命，相揖趨出。王釋冕，反喪服。

呂刑　太陰

惟呂命，王享國百年，耄荒，度作〔一〕刑，以詰四方。

〔一〕原「作」下有「詳」字。

王曰：「若古有訓：蚩尤惟始作亂，延及于平民，罔不寇賊，鴟義奸宄，奪攘矯虔〔一〕。苗民弗用靈，制以刑，惟作五虐之刑曰法。殺戮無辜，爰始淫爲劓、刵、椓、黥。越茲麗刑并制，罔差有辭。民興胥漸，泯泯棼棼，罔中于信，以覆詛盟。虐威庶戮，方告無辜于上，上帝監民，罔有馨香德，刑發聞惟腥。皇帝哀矜庶戮之不辜，報虐以威，遏絶苗民，無世在下。乃命重、黎，絶地天通，罔有降格。羣后之逮在下，明明棐常，鰥寡無蓋。皇帝清問下民，鰥寡有辭于苗。德威惟畏，德明惟明。乃命三后，恤功于民：伯夷降典，折民惟刑；禹平水土，主名山川；稷降播種，農殖嘉穀；三后成功，惟殷于民。士制百姓于刑之中，以教祗德。穆穆在上，明明在下，灼于四方，罔不惟德之勤。故乃明于刑之中，率乂于民棐彝。典獄匪訖于威，惟訖于富。敬、忌，罔有擇言在身。惟克天德，自作元命，配享在下。」

王曰：「嗟！四方司政典獄，非爾惟作天牧？今爾何監？非時伯夷播刑之迪？其今爾何懲？惟時苗民，非察于獄之麗。罔擇吉人，觀于五刑之中，惟時庶威奪貨，斷制五刑，以亂無辜。上帝不蠲，降咎于苗。苗民無辭于罰，乃絶厥世。」

王曰：「嗚呼，念之哉！伯父、伯兄、仲叔、季弟、幼子、童孫，皆聽朕言，庶有格命。今爾罔不由慰日勤，爾罔或戒不勤。天齊于民，俾我一日，非終惟終，在人。爾尚敬逆天命，以奉我一人，雖畏勿

〔一〕「虔」字原作「度」。

畏，雖休勿休。惟敬五刑，以成三德。一人有慶，兆民賴之，其寧惟永。」

王曰：「吁！來，有邦有土，告爾祥〔一〕刑：在今爾安百姓，何擇非人？何敬非刑？何度非及？兩造具備，師聽五辭。五辭簡孚，正于五刑。五刑不簡，正于五罰。五罰不服，正于五過。五過之疵，惟官、惟反、惟内、惟貨、惟來。其罪惟均，其審克之。五刑之疑有赦，五罰之疑有赦，其審克之。簡孚有衆，惟貌有稽。無簡不聽，具嚴天威。墨辟疑赦，其罰百鍰，閱實其罪。劓辟疑赦，其罪惟倍，閱實其罪。剕辟疑赦，其罰倍差，閱實其罪。宫辟疑赦，其罰六百鍰，閱實其罪。大辟疑赦，其罰千鍰，閱實其罪。墨罰之屬千，劓罰之屬千，剕罰之屬五百，宫罰之屬三百，大辟之罰其屬二百，五刑之屬三千。上下比罪，無僭亂辭，勿用不行。惟察惟法，其審克之。上刑適輕下服，下刑適重上服。輕重諸罰有權。刑罰世輕世重，惟齊非齊，有倫有要。罰懲非死，人極於病。非佞折獄，惟良折獄，罔非在中。察辭於差，非從惟從。哀敬折獄，明啓刑書胥占，咸庶中正。其刑其罰，其審克之。獄成而孚，輸而孚。其刑上備，有并兩刑。」

王曰：「嗚呼，敬之哉！官伯族姓，朕言多懼。朕敬于刑，有德惟刑。今天相民，作配在下，明清于單辭。民之亂，罔不中聽獄之兩辭。無或私家於獄之兩辭。獄貨非寶，惟府辜功，報以庶尤。永畏惟罰，非天不中，惟人在命。天罰不極，庶民罔有令政在於天下。」

〔一〕「祥」字原作「詳」。

王曰：「嗚呼！嗣孫，今往何監？非德于民之中？尚明聽之哉！哲人惟刑，無疆之辭，屬于五極，咸中有慶。受王嘉師，監于茲祥〔一〕刑。」

詩經

卷耳 少陰

采采卷耳，不盈頃筐。嗟我懷人，寘彼周行。
陟彼崔嵬，我馬虺隤。我姑酌彼金罍，維以不永懷。
陟彼高岡，我馬玄黃。我姑酌彼兕觥，維以不永傷。
陟彼砠矣，我馬瘏矣，我僕痡矣，云何吁矣！

栢舟 少陰

汎彼柏舟，亦汎其流，耿耿不寐，如有隱憂。微我無酒，以遨以遊。

〔一〕「祥」字原作「詳」。

我心匪鑒，不可以茹。亦有兄弟，不可以據。薄言往愬，逢彼之怒。
我心匪石，不可轉也。我心匪席，不可卷也。威儀棣棣，不可選也。
憂心悄悄，慍于羣小。覯閔既多，受侮不少。静言思之，寤辟有摽。
日居月諸，胡迭而微？心之憂矣，如匪澣衣。静言思之，不能奮飛。

緑衣 少陰

緑兮衣兮，緑衣黄裏。心之憂矣，曷維其已！
緑兮衣兮，緑衣黄裳。心之憂矣，曷維其亡！
緑兮絲兮，女所治兮。我思古人，俾無訧兮。
絺兮綌兮，凄其以風。我思古人，實獲我心。

谷風 少陰

習習谷風，以陰以雨。黽勉同心，不宜有怒。采葑采菲，無以下體。德音莫違，及爾同死。
行道遲遲，中心有違。不遠伊邇，薄送我畿。誰謂荼苦，其甘如薺。宴爾新昏，如兄如弟。
涇以渭濁，湜湜其沚。宴爾新昏，不我屑以。毋逝我梁！毋發我笱！我躬不閲，遑恤我後！
就其深矣，方之舟之；就其淺矣，泳之游之。何有何亡，黽勉求之；凡民有喪，匍匐救之。

不我能慉，反以我爲讎。既阻我德，賈用不售。昔育恐育鞫，及爾顛覆。既生既育，比予于毒。

我有旨蓄，亦以禦冬。宴爾新昏，以我禦窮。有洸有潰，既詒我肄。不念昔者，伊余來塈。

鴇羽 少陰

肅肅鴇羽，集于苞栩。王事靡盬，不能蓺稷黍，父母何怙？悠悠蒼天！曷其有所？

肅肅鴇翼，集于苞棘。王事靡盬，不能蓺黍稷，父母何食？悠悠蒼天！曷其有極？

肅肅鴇行，集于苞桑。王事靡盬，不能蓺稻粱〔一〕，父母何嘗？悠悠蒼天！曷其有常？

蒹葭 少陽

蒹葭蒼蒼，白露爲霜。所謂伊人，在水一方。遡洄從之，道阻且長；遡遊從之，宛在水中央。

蒹葭淒淒，白露未晞。所謂伊人，在水之湄。遡洄從之，道阻且躋；遡游從之，宛在水中坻。

蒹葭采采，白露未已。所謂伊人，在水之涘。遡洄從之，道阻且右；遡游從之，宛在水中沚。

〔一〕「粱」原誤作「梁」。

天保 太陽

天保定爾，亦孔之固。俾爾單厚，何福不除。俾爾多益，以莫不庶。
天保定爾，俾爾戩穀。罄無不宜，受天百禄。降爾遐福，維日不足。
天保定爾，以莫不興。如山如阜，如岡如陵，如川之方至，以莫不增。
吉蠲爲饎，是用孝享。禴祠烝嘗，于公先王。君曰卜爾，萬壽無疆。
神之弔矣，詒爾多福。民之質矣，日用飲食。羣黎百姓，徧爲爾德。
如月之恒，如日之升。如南山之壽，不騫不崩。如松柏之茂。無不爾或承。

蓼蕭 少陽

蓼彼蕭斯，零露湑兮。既見君子，我心寫兮。燕笑語兮，是以有譽處兮。
蓼彼蕭斯，零露瀼瀼。既見君子，爲龍爲光。其德不爽，壽考不忘。
蓼彼蕭斯，零露泥泥。既見君子，孔燕豈弟。宜兄宜弟，令德壽豈。
蓼彼蕭斯，零露濃濃。既見君子，鞗革忡忡。和鸞雝雝，萬福攸同。

小宛 少陰

宛彼鳴鳩，翰飛戾天。我心憂傷，念昔先人。明發不寐，有懷二人。

人之齊聖，飲酒溫克。彼昏不知，壹醉日富。各敬爾儀，天命不又。

中原有菽，庶民采之。螟蛉有子，蜾蠃〔一〕負之。教誨爾子，式穀似之。

題彼脊令，載飛載鳴。我日斯邁，而月斯征。夙興夜寐，無忝爾所生。

交交桑扈，率場啄粟。哀我填寡，宜岸宜獄。握粟出卜，自何能穀？

溫溫恭人，如集于木。惴惴小心，如臨于谷。戰戰兢兢，如履薄冰。

蓼莪 少陰

蓼蓼者莪，匪莪伊蒿。哀哀父母，生我劬勞。

蓼蓼者莪，匪莪伊蔚。哀哀父母，生我勞瘁。

缾之罄矣，維罍之恥。鮮民之生，不如死之久矣！無父何怙，無母何恃。出則銜恤，入則靡至。

〔一〕「蠃」原誤作「贏」。

父兮生我，母兮鞠我。拊我畜我，長我育我。顧我復我，出入腹我。欲報之德，昊天罔極。
南山烈烈，飄風發發。民莫不穀，我獨何害。南山律律，飄風弗弗。民莫不穀，我獨不卒。

北山 太陰

陟彼北山，言采其杞。偕偕士子，朝夕從事。王事靡盬，憂我父母。
溥天之下，莫非王土；率土之濱，莫非王臣。大夫不均，我從事獨賢。
四牡彭彭，王事傍傍。嘉我未老，鮮我方將，旅力方剛，經營四方。
或燕燕居息，或盡瘁事國。或息偃在牀，或不已于行。
或不知叫號，或慘慘劬勞。或棲遲偃仰，或王事鞅掌。
或湛樂飲酒，或慘慘畏咎。或出入風議，或靡事不爲。

白華 少陰

白華菅兮，白茅束兮。之子之遠，俾我獨兮。
英英白雲，露彼菅茅。天步艱難，之子不猶。
滮池北流，浸彼稻田。嘯歌傷懷，念彼碩人。
樵彼桑薪，卬烘于煁。維彼碩人，實勞我心。

鼓鐘于宫，聲聞于外。念子懆懆，視我邁邁。
有鶖在梁，有鶴在林。維彼碩人，實勞我心。
鴛鴦在梁，戢其左翼。之子無良，二三其德。
有扁斯石，履之卑兮。之子之遠，俾我疷兮。

卷阿 少陽

有卷者阿，飄風自南。豈弟君子，來遊來歌，以矢其音。
泮奂爾游矣，優游爾休矣。豈弟君子，俾爾彌爾性，似先公酋矣。
爾土宇昄章，亦孔之厚矣。豈弟君子，俾爾彌爾性，百神爾主矣。
爾受命長矣，茀禄爾康矣。豈弟君子，俾爾彌爾性，純嘏爾常矣。
有馮有翼，有孝有德，以引以翼。豈弟君子，四方爲則。
顒顒卬卬，如圭如璋，令聞令望。豈弟君子，四方爲綱。〔一〕

〔一〕原詩以下尚有「鳳凰于飛，翽翽其羽」等二十四句，唐先生未録。

蕩　太陽

蕩蕩上帝，下民之辟。疾威上帝，其命多辟。天生烝民，其命匪諶，靡不有初，鮮克有終。

文王曰咨，咨女殷商，曾是彊禦，曾是掊克，曾是在位，曾是在服。天降慆德，女興是力。

文王曰咨，咨女殷商，而秉義類，彊禦多懟。流言以對，寇攘式內。侯作侯祝，靡屆靡究。

文王曰咨，咨女殷商，女炰烋于中國，斂怨以爲德。不明爾德，時無背無側。爾德不明，以無陪無卿。

文王曰咨，咨女殷商，天不湎爾以酒，不義從式。既愆爾止，靡明靡晦。式號式呼，俾晝作夜。

文王曰咨，咨女殷商，如蜩如螗，如沸如羹。小大近喪，人尚乎由行。內奰于中國，覃及鬼方。

文王曰咨，咨女殷商，匪上帝不時，殷不用舊。雖無老成人，尚有典刑。曾是莫聽，大命以傾。

文王曰咨，咨女殷商，人亦有言：「顛沛之揭，枝葉未有害，本實先撥。」殷鑒不遠，在夏后之世。

崧高　太陽

崧高維嶽〔一〕，駿極于天。維嶽降神，生甫及申。維申及甫，維周之翰。四國于蕃。四方于宣。

〔一〕「嶽」字，原誤作「獄」，後「嶽」同。

亹亹申伯，王纘之事。于邑于謝，南國是式。王命召伯，定申伯之宅。登是南邦，世執其功。王命申伯，式是南邦。因是謝人，以作爾庸。王命召伯，徹申伯土田。王命傅御，遷其私人。申伯之功，召伯是營。有俶其城，寢廟既成。既成藐藐，王錫申伯。四牡蹻蹻，鉤膺濯濯。王遣申伯，路車乘馬。我圖爾居，莫如南土。錫爾介圭，以作爾寶。往近王舅，南土是保。申伯信邁，王餞于郿。申伯還南，謝于誠〔一〕歸。王命召伯，徹申伯土疆，以峙其粻，式遄其行。申伯番番，既入于謝。徒御嘽嘽，周邦咸喜，戎有良翰。不顯申伯，王之元舅，文武是憲。申伯之德，柔惠且直。揉此萬邦，聞於四國。吉甫作頌，其詩孔碩，其風肆好，以贈申伯。

烝民　太陽

天生烝民，有物有則。民之秉彝，好是懿德。天監有周，昭假于下，保兹天子，生仲山甫。仲山甫之德，柔嘉維則。令儀令色，小心翼翼。古訓是式，威儀是力。天子是若，明命使賦。王命仲山甫，式是百辟。纘戎祖考，王躬是保。出納王命，王之喉舌。賦政于外，四方爰發。肅肅王命，仲山甫將之。邦國若否，仲山甫明之。既明且哲，以保其身。夙夜匪懈，以事一人。人亦有言：「柔則茹之，剛則吐之。」維仲山甫，柔亦不茹，剛亦不吐；不侮矜寡，不畏强禦。

〔一〕「誠」字，原誤作「城」。

人亦有言：「德輶如毛，民鮮克舉之。」我儀圖之，維仲山甫舉之，愛莫助之。袞職有闕，維仲山甫補之。

仲山甫出祖，四牡業業，征夫捷捷，每懷靡及。四牡彭彭，八鸞鏘鏘。王命仲山甫，城彼東方。四牡騤騤，八鸞喈喈。仲山甫徂齊，式遄其歸。吉甫作誦，穆如清風。仲山甫永懷，以慰其心。

江漢 太陽

江漢浮浮，武夫滔滔。匪安匪遊，淮夷來求。既出我車，既設我旟。匪安匪舒，淮夷來鋪。

江漢湯湯，武夫洸洸。經營四方，告成于王。四方既平，王國庶定。時靡有爭，王心載寧。

江漢之滸，王命召虎：「式辟四方，徹我疆土。匪疚匪棘，王國來極。于疆于理，至于南海。」

王命召虎，來旬來宣：「文武受命，召公維翰。無曰予小子，召公是似。肇敏戎公，用錫爾祉。

釐爾圭瓚，秬鬯一卣。告于文人，錫山土田。于周受命，自召祖命。」虎拜稽首：「天子萬年！」

虎拜稽首：「對揚王休，作召公考。天子萬壽！明明天子，令聞不已。矢其文德，洽此四國。」

常武 太陽

赫赫明明，王命卿士，南仲太祖，大師皇父：「整我六師，以修我戎。既敬既戒，惠此南國。」

王謂尹士，命程伯休父：「左右陳行，戒我師旅。率彼淮浦，省此徐土。不留不處，三事就緒。」

赫赫業業，有嚴天子。王舒保作，匪紹匪遊。徐方繹騷，震驚徐方，如雷如霆，徐方震驚。王奮厥武，如震如怒。進厥虎臣，闞如虓虎。鋪敦淮濆，仍執醜虜。截彼淮浦，王師之所。王旅嘽嘽，如飛如翰，如江如漢，如山之苞，如川之流，緜緜翼翼，不測不克，濯征徐國。王猶允塞，徐方既來。徐方既同，天子之功。四方既平，徐方來庭。徐方不回，王曰還歸。

玄鳥 太陽

天命玄鳥，降而生商，宅殷土芒芒。古帝命武湯，正域彼四方。方命厥后，奄有九有。商之先后，受命不殆，在武丁孫子。武丁孫子，武王靡不勝。龍旂十乘，大糦是承。邦畿千里，維民所止。肇域彼四海，四海來假，來假祁祁。景員維河，殷受命咸宜，百禄是荷。

殷武 太陽

撻彼殷武，奮伐荆楚。罙入其阻，裒荆之旅。有截其所，湯孫之緒。

維女荆楚，居國南鄉。昔有成湯，自彼氐羌，莫敢不來享，莫敢不來王，曰商是常。

天命多辟，設都于禹之績。歲事來辟，勿予禍適，稼穡匪懈。

天命降監，下民有嚴。不僭不濫，不敢怠遑。命于下國，封建厥福。

商邑翼翼，四方之極。赫赫厥聲，濯濯厥靈。壽考且寧，以保我後生。

陟彼景山，松栢丸丸。是斷是遷，方斲是虔。松桷有梴，旅楹有閑，寢成孔安。

禮記

中庸·哀公問政章 太陽

哀公問政。子曰：「文、武之政，布在方策。其人存，則其政舉；其人亡，則其政息。人道敏政，地道敏樹。夫政也者，蒲盧也。故爲政在人，取人以身，修身以道，修道以仁。仁者人也，親親爲大；義者宜也，尊賢爲大。親親之殺，尊賢之等，禮所生也。在下位，不獲乎上，民不可得而治矣〔一〕。故君子不可以不修身。思修身，不可以不事親；思事親，不可以不知人；思知人，不可以不知天。天下之達道五，所以行之者三，曰君臣也、父子也、夫婦也、昆弟也、朋友之交也。五者天下之達道也。知、仁、勇三者，天下之達德也。所以行之者一也。或生而知之，或學而知之，或困而知之，及其知之一也。或安而行之，或利而行之，或勉強而行之，及其成功一也。」子曰：「好學近乎知，力

〔一〕「在下位，不獲乎上，民不可得而治矣」句原脱，今補入。按：此三句鄭玄注云：「此句在下，誤重在此。」後人乃根據鄭注意思删去，而此删減本亦流傳不絶，廣爲使用。例如收録於《四庫全書》之宋人袁甫《蒙齋中庸講義》、毛奇齡《中庸説》、近人金體乾《四書通義》亦用此删減版。

行近乎仁，知耻近乎勇〔一〕。知斯三者，則知所以修身；知所以修身，則知所以治人；知所以治人，則知所以治天下國家矣。

「凡爲天下國家有九經，曰：修身也，尊賢也，親親也，敬大臣也，體羣臣也，子庶民也，來百工也，柔遠人也，懷諸侯也。修身則道立，尊賢則不惑，親親則諸父昆弟不怨，敬大臣則不眩，體羣臣則士之報禮重，子庶民則百姓勸，來百工則財用足，柔遠人則四方歸之，懷諸侯則天下畏之。齊明盛服，非禮不動，所以修身也。去讒遠色，賤貨而貴德，所以勸賢也。尊其位，重其祿，同其好惡，所以勸親親也。官盛任使，所以勸〔二〕大臣也。忠信重祿，所以勸士也。時使薄斂，所以勸百姓也。日省月試，既稟稱事，所以勸百工也。送往迎來，嘉善而矜不能，所以柔遠人也。繼絶世，舉廢國，治亂持危，朝聘以時，厚往而薄來，所以懷諸侯也。凡爲天下國家有九經，所以行之者一也。凡事豫則立，不豫則廢。言前定則不跲，事前定則不困，行前定則不疚，道前定則不窮。在下位，不獲乎上，民不可得而治矣。獲乎上有道，不信乎朋友，不獲乎上矣。信乎朋友有道，不順乎親，不信乎朋友矣。順乎親有道，反諸身不誠，不順乎親矣。誠身有道，不明乎善，不誠乎身矣。誠者，天之道也。誠之者，人之道也。誠者，不勉而中，不思而得，從容中道，聖人也。

〔一〕「好學近乎知，力行近乎仁，知耻近乎勇」句脱，據《中庸》原文補入。
〔二〕「勸」字原作「敬」，據《中庸》原文改之。按：《孔子家語》本作「敬」。

誠之者，擇善而固執之者也。博學之，審問之，慎思之，明辨之，篤行之。有弗學，學之弗能弗措也。有弗問，問之弗知弗措也。有弗思，思之弗得弗措也。有弗辨，辨之弗明弗措也。有弗行，行之弗篤弗措也。人一能之，己百之，人十能之，己千之。果能此道矣，雖愚必明，雖柔必强。」

此文分兩大段，「文武之政」起至「則知所以治天下國家矣」爲一段，「凡爲天下國家有九經」起，至末節爲一段。首段以修身爲根柢，而歸本於好學、力行、知耻三者。國無學不立，然知而不行，實非真知。古人云「爲治不在多言，顧力行何如耳」，爲治之尚力行久矣。《孟子》曰：「不耻不若人，何若人有？」處競争之世，而事事不如人，則知耻爲尤要也。次段以九經爲綱維，而歸本於誠。九經爲最古法典，而實皆一誠所貫徹。有天下者，必先有至誠求治之心，而後凡事得以豫立。《易·象傳》曰：「雷出地奮豫。」所謂豫者，迺雷出地奮之象，非迂緩之謂，不知此誼而百舉廢矣。然則爲治之貴立誠，尤爲第一要義。「居下位」一節，垂戒萬世人臣，反乎此而驕泰貪緣之事起矣。「誠者天之道」三節，發明治道學術之根源，昧乎此而飾僞敷衍之事起矣。能此道者，雖愚必明，雖柔必强；不能此道，明者亦愚，强者亦柔，可不鑒哉！

中庸・王天下有三重章 少陰

王天下有三重焉，其寡過矣乎！上焉者，雖善無徵，無徵不信，不信民弗從。下焉者，雖善不尊，不尊不信，不信民弗從。故君子之道，本諸身，徵諸庶民，考諸三王而不繆，建諸天地而不悖，質諸鬼神而無疑，百世以俟聖人而不惑。質諸鬼神而無疑，知天也；百世以俟聖人而不惑，知人也。是故君子動而世爲天下道，行〔一〕而世爲天下法，言〔二〕而世爲天下則。遠之則有望，近之則不厭。《詩》曰：「在彼無惡，在此無射，庶幾夙夜，以永終譽。」君子未有不如此而蚤有譽於天下者也。

孔子閑居 太陽

孔子閑居，子夏侍。子夏曰：「敢問《詩》云：『凱弟君子，民之父母。』何如斯可謂『民之父母』矣？」孔子曰：「夫民之父母乎，必達於禮樂之原，以致五至而行三無，以横於天下。四方有敗，必先

〔一〕「行」字原作「言」，據《禮記》原文爲正。
〔二〕「言」字原作「行」，據《禮記》原文爲正。

知之。此之謂『民之父母』矣。」

子夏曰：「『民之父母』，既得而聞之矣，敢問何謂『五至』？」孔子曰：「志之所至，詩亦至焉。詩之所至，禮亦至焉。禮之所至，樂亦至焉。樂之所至，哀亦至焉。哀樂相生。是故正明目而視之，不可得而見也；傾耳而聽之，不可得而聞也。志氣塞乎天地，此之謂『五至』。」

子夏曰：「『五至』既得而聞之矣，敢問何謂『三無』？」孔子曰：「無聲之樂，無體之禮，無服之喪，此之謂『三無』。」子夏曰：「『三無』既得略而聞之矣，敢問何詩近之？」孔子曰：「『夙夜其命宥密』，無聲之樂也。『威儀逮逮，不可選也』，無體之禮也。『凡民有喪，匍匐救之』，無服之喪也。」

子夏曰：「言則大矣！美矣！盛矣！言盡於此而已乎？」孔子曰：「何爲其然也？君子之服之也，猶有五起焉。」子夏曰：「何如？」子曰：「無聲之樂，氣志不違；無體之禮，威儀遲遲；無服之喪，内恕孔悲。無聲之樂，氣志既得；無體之禮，威儀翼翼；無服之喪，施及四國。無聲之樂，氣志既從；無體之禮，上下和同；無服之喪，以畜萬邦。無聲之樂，日聞四方；無體之禮，日就月將；無服之喪，純德孔明。無聲之樂，氣志既起；無體之禮，施及四海；無服之喪，施于孫子。」

子夏曰：「三王之德，參於天地，敢問何如斯可謂參於天地矣？」孔子曰：「奉三無私以勞天下。」子夏曰：「敢問何謂『三無私』？」孔子曰：「天無私覆，地無私載，日月無私照。奉斯三者以勞天下，此之謂『三無私』。其在《詩》曰：『帝命不違，至于湯齊。湯降不遲，聖敬日齊。昭假遲遲，上帝是祗，帝命式于九圍。』是湯之德也。天有四時，春秋冬夏，風雨霜露，無非教也。地載神氣，神氣風霆，風霆流形，庶物露生，無非教也。清明在躬，氣志如神。耆欲將至，有開必先。天降時雨，山川出雲。其在《詩》曰：『嵩高惟嶽，峻極于天。惟嶽降神，生甫及申。惟申及甫，惟周之翰。四國于蕃，四方于宣。』此文、武之德也。三代之王也，必先其令聞。《詩》云：『明明天子，令聞不已。』三代之德也。『弛其文德，協此四國。』大王之德也。」子夏蹶然而起，負牆而立曰：「弟子敢不承乎？」

禮運 太陰

昔者仲尼與於蜡賓，事畢，出遊于觀之上，喟然而歎。仲尼之歎，蓋歎魯也。言偃在側，曰：「君子何歎？」孔子曰：「大道之行也，與三代之英，丘未之逮也，而有志焉。大道之行也，天下爲公。選賢與能，講信修睦。故人不獨親其親，不獨子其子。使老有所終，壯有所用，幼有所長，矜寡孤獨廢疾者，皆有所養。男有分，女有歸。貨惡其棄於地也，不必藏於己；力惡其不出於身也，不必爲己。是故謀閉而不興，盜竊亂賊而不作，故外户而不閉，是謂大同。今大道既隱，天下爲家，各親其親，各子其子，貨力爲己，大人世及以爲禮。城郭溝池以爲固，禮義以爲紀，以正君臣，以篤父子，以睦兄弟，以和夫婦，以設制度，以立田里，以賢勇知，以功爲己。故謀用是作，而兵由此起。禹、湯、文、武、成王、周公，由此其選也。此六君子者，未有不謹於禮者也。以著其義，以考其信，著有過，刑仁講讓，示民有常。如有不由此者，在執者去，衆以爲殃，是謂小康。」

言偃復問曰：「如此乎禮之急也？」孔子曰：「夫禮，先王以承天之道，以治人之情，故失之者死，得之者生。《詩》曰：『相鼠有體，人而無禮。人而無禮，胡不遄死？』是故夫禮必本於天，殽於地，列於鬼神，達於喪祭、射御、冠昏、朝聘。故聖人以禮示之，故天下國家可得而正也。」

言〔一〕偃復問曰：「夫子之極言禮也，可得而聞與？」孔子曰：「我欲觀夏道，是故之杞，而不足徵也。吾得《夏時》焉。我欲觀殷道，是故之宋，而不足徵也。吾得《坤乾》焉。《坤乾》之義，《夏時》之等，吾以是觀之。

「夫禮之初，始諸飲食，其燔黍捭豚，汙尊而抔飲，蕢桴而土鼓，猶若可以致其敬於鬼神。及其死也，升屋而號，告曰：『皋！某復。』然後飯腥而苴孰。故天望而地藏也，體魄則降，知氣在上。故死者北首，生者南鄉，皆從其初。

「昔者先王未有宮室，冬則居營窟，夏則居橧巢。未有火化，食草木之實、鳥獸之肉，飲其血，茹其毛。未有麻絲，衣其羽皮。後聖有作，然後修火之利，範金合土，以爲臺榭、宮室、牖户；以炮以燔，以亨以炙，以爲醴酪；治其麻絲，以爲布帛，以養生送死，以事鬼神上帝，皆從其朔。

〔一〕「言」字，原缺。

「故玄酒在室，醴醆在户，粢醍在堂，澄酒在下。陳其犧牲，備其鼎俎，列其琴瑟管磬鐘鼓，修其祝嘏，以降上神與其先祖。以正君臣，以篤父子，以睦兄弟，以齊上下，夫婦有所，是謂承天之祜。「作其祝號，玄酒以祭，薦其血毛，腥其俎；孰其殽，與其越席，疏布以冪，衣其澣帛，醴醆以獻，薦其燔炙。君與夫人交獻，以嘉魂魄，是謂合莫。然後退而合亨，體其犬豕牛羊，實其簠、簋、籩、豆、鉶、羹。祝以孝告，嘏以慈告，是謂大祥。此禮之大成也。」

孔子曰：「於呼哀哉！我觀周道，幽、厲傷之，吾舍魯何適矣！魯之郊禘，非禮也，周公其衰矣！杞之郊也，禹也；宋之郊也，契也，是天子之事守也。故天子祭天地，諸侯祭社稷。

「祝、嘏莫敢易其常古，是謂大假。祝、嘏辭説，藏於宗、祝、巫、史，非禮也，是謂幽國。醆、斝及尸君，非禮也，是謂僭君。冕、弁、兵、革，藏於私家，非禮也，是謂脅君。大夫具官，祭器不假，聲樂皆具，非禮也，是謂亂國。

「故仕於公曰臣，仕於家曰僕。三年之喪，與新有昏者，期不使。以衰裳入朝，與家僕雜居齊齒，非禮也，是謂君與臣同國。故天子有田以處其子孫，諸侯有國以處其子孫，大夫有采以處其子孫，是謂制度。故天子適諸侯，必舍其祖廟，而不以禮籍入，是謂天子壞法亂紀。諸侯非問疾弔喪而入諸臣之家，是謂君臣爲謔。

「是故禮者君之大柄也，所以别嫌明微、儐鬼神、考制度、别仁義，所以治政安君也。故政不正則君位危，君位危則大臣倍，小臣竊。刑肅而俗敝，則法無常，法無常而禮無列；禮無列則士不事也。

刑肅而俗敝，則民弗歸也，是謂疵國。

「故政者君之所以藏身也。是故夫政必本於天，殽以降命。命降於社之謂殽地，降於祖廟之謂仁義，降於山川之謂興作，降於五祀之謂制度。此聖人所以藏身之固也。

「故聖人參於天地，並於鬼神，以治政也。處其所存，禮之序也；玩其所樂，民之治也。故天生時，而地生財，人其父生，而師教之。四者，君以正用之，故君者立於無過之地也。

「故君者所明也，非明人者也；君者所養也，非養人者也；君者所事也，非事人者也。故君明人則有過，養人則不足，事人則失位。故百姓則君以自治也，養君以自安也，事君以自顯也。故禮達而分定，故人皆愛其死而患其生。

「故用人之知去其詐，用人之勇去其怒，用人之仁去其貪。

「故國有患，君死社稷謂之義，大夫死宗廟謂之變。

「故聖人耐以天下爲一家，以中國爲一人者，非意之也，必知其情，辟於其義，明於其利，達於其患，然後能爲之。何謂人情？喜、怒、哀、懼、愛、惡、欲，七者弗學而能。何謂人義？父慈、子孝、兄良、弟弟、夫義、婦聽、長惠、幼順、君仁、臣忠，十者謂之人義。講信修睦，謂之人利；争奪相殺，謂之人患。故聖人所以治人七情，修十義，講信修睦，尚辭讓，去争奪，舍禮何以治之？

「飲食男女，人之大欲存焉；死亡貧苦，人之大惡存焉。故欲惡者，心之大端也。人藏其心，不可測度也。美惡皆在其心，不見其色也。欲一以窮之，舍禮何以哉！

「故人者，其天地之德，陰陽之交，鬼神之會，五行之秀氣也。故天秉陽，垂日星；地秉陰，竅於山川。播五行於四時，和而后月生也。是以三五而盈，三五而闕。五行之動，迭相竭也。五行四時十二月，還相爲本也；五聲六律十二管，還相爲宫也；五味六和十二食，還相爲質也；五色六章十二衣，還相爲質也。故人者，天地之心也，五行之端也，食味、别聲、被色而生者也。

「故聖人作則，必以天地爲本，以陰陽爲端，以四時爲柄，以日星爲紀，月以爲量，鬼神以爲徒，五行以爲質，禮義以爲器，人情以爲田，四靈以爲畜。

「以天地爲本，故物可舉也；以陰陽爲端，故情可睹也；以四時爲柄，故事可勸也；以日星爲紀，故事可列也。月以爲量，故功有藝也；鬼神以爲徒，故事可守也；五行以爲質，故事可復也；禮義以爲器，故事行有考也；人情以爲田，故人以爲奥也；四靈以爲畜，故飲食有由也。

「何謂四靈？麟、鳳、龜、龍，謂之四靈。故龍以爲畜，故魚鮪不淰；鳳以爲畜，故鳥不獝；麟以爲畜，故獸不狘；龜以爲畜，故人情不失。

「故〔一〕先王秉蓍龜，列祭祀瘞繒，宣祝嘏辭説，設制度，故國有禮，官有御，事有職，禮有序。

「故先王患禮之不達於下也〔二〕，故祭帝於郊，所以定天位也；祀社於國，所以列地利也；祖廟，

〔一〕「故」字原脱，據《禮記》文補入。

〔二〕「故」「也」字原脱，據《禮記》文補入。

所以本仁也；山川，所以儐鬼神也；五祀，所以本事也。故宗祝在廟，三公在朝，三老在學。王前巫而後史，卜筮瞽侑，皆在左右。王中，心無違也，以守至正。

「故禮行於郊，而百神受職焉；禮行於社，而百貨可極焉；禮行於祖廟，而慈孝服焉；禮行於五祀，而正法則焉。故郊社、祖廟、山川、五祀，義之修而禮之藏也。

「是故夫禮，必本於太一，分而爲天地，轉而爲陰陽，變而爲四時，列而爲鬼神。其降曰命，其官於天也。夫禮必本於天，動而之地，列而之事，變而從時，協於分藝。其居於人也曰養，其行之以貨力、辭讓、飲食、冠昏、喪祭、射御、朝聘。

「故禮義也者，人之大端也，所以講信修睦，而固人之肌膚之會、筋骸之束也；所以養生送死，事鬼神之大端；所以達天道，順人情之大竇也。故唯聖人爲知禮之不可以已也，故壞國、喪家、亡人，必先去其禮。

「故禮之於人也，猶酒之有蘖也，君子以厚，小人以薄。聖王修義之柄、禮之序，以治人情。故人情者，聖王之田也。修禮以耕之，陳義以種之，講學以耨之，本仁以聚之，播樂以安之。故禮也者，義之實也。協諸義而協，則禮雖先王未之有，可以義起也。義者藝之分、仁之節也，協於藝，講於仁，得之者强。仁者，義之本也，順之體也，得之者尊。

「故治國不以禮，猶無耜而耕也；爲禮不本於義，猶耕而弗種也；爲義而不講之以學，猶種而弗耨也；講之以學而不合之以仁，猶耨而弗穫也；合之以仁，而不安之以樂，猶穫而弗食也；安之以樂而不達於順，猶食而弗肥也。

「四體既正，膚革充盈，人之肥也；父子篤，兄弟睦，夫婦和，家之肥也；大臣法，而小臣廉，官職相序，君臣相正，國之肥也；天子以德爲車，以樂爲御，諸侯以禮相與，大夫以法相序，士以信相考，百姓以睦相守，天下之肥也。是謂大順。

「大順者，所以養生送死、事鬼神之常也。故事大積焉而不苑，並行而不繆，細行而不失。深而通，茂而有間，連而不相及也，動而不相害也，此順之至也。故明於順，然後乃能守危也。故禮之不同也，不豐也，不殺也，所以持情而合危也。

「故聖王所以順，山者不使居川，不使渚者居中原，而弗敝也。用水火金木，飲食必時。合男女，頒爵位，必當年德。用民必順，故無水旱昆蟲之災，民無凶飢妖孽之疾。故天不愛其道，地不愛其寶，人不愛其情。故天降膏露，地出醴泉，山出器車，河出馬《圖》，鳳皇麒麟皆在近郊陬，龜龍在宫沼，其餘鳥獸之卵胎，皆可俯而闚也。則是無故。先王能修禮以達義，體信以達順，故此順之實也。」

此當爲先秦人之作，得禮之粗，間得禮之精。其恉尚無爲，近《老》《莊》。其文氣之渾厚，則極似《荀子》。西漢賈、董之文，並從此出。

論語

四子侍坐章 少陽

子路、曾皙、冉有、公西華侍坐。子曰:「以吾一日長乎爾,毋吾以也。居則曰:不吾知也!如或知爾,則何以哉?」

子路率爾而對曰:「千乘之國,攝乎大國之間,加之以師旅,因之以饑饉。由也爲之,比及三年,可使有勇,且知方也。」夫子哂之。

「求,爾何如?」對曰:「方六七十,如五六十,求也爲之,比及三年,可使足民。如其禮樂,以俟君子。」

「赤,爾何如?」對曰:「非曰能之,願學焉。宗廟之事,如會同,端章甫,願爲小相焉。」

「點,爾何如?」鼓瑟希,鏗爾,舍瑟而作。對曰:「異乎三子者之撰。」子曰:「何傷乎?亦各言其志也。」曰:「莫春者,春服既成,冠者五六人,童子六七人,浴乎沂,風乎舞雩,詠而歸。」夫子喟然歎曰:「吾與點也。」

三子者出,曾皙後。曾皙曰:「夫三子者之言何如?」曰:「亦各言其志也已矣。」曰:「夫子何哂由也?」曰:「爲國以禮,其言不讓,是故哂之。」「唯求則非邦也與?」「安見方六七十如五六十而非邦也者?」

「唯赤則非邦也與？」「宗廟會同，非諸侯而何？赤也爲之小，孰能爲之大？」

長沮桀溺章 太陰

長沮、桀溺耦而耕，孔子過之，使子路問津焉。長沮曰：「夫執輿者爲誰？」子路曰：「爲孔丘。」曰：「是魯孔丘與？」曰：「是也。」曰：「是知津矣。」

問於桀溺，桀溺曰：「子爲誰？」曰：「爲仲由。」曰：「是魯孔丘之徒與？」對曰：「然。」曰：「滔滔者，天下皆是也，而誰以易之？且而與其從辟人之士也，豈若從辟世之士哉？」耰而不輟。

子路行以告。夫子憮然曰：「鳥獸不可與同羣。吾非斯人之徒與而誰與？天下有道，丘不與易也。」

孟子

莊暴見孟子章 太陽

莊暴見孟子曰：「暴見於王，王語暴以好樂，暴未有以對也。」曰：「好樂何如？」

孟子曰：「王之好樂甚，則齊國其庶幾乎！」

他日見於王曰：「王嘗語莊子以好樂，有諸？」

王變乎色曰：「寡人非能好先王之樂也，直好世俗之樂耳。」

曰：「王之好樂甚，則齊其庶幾乎！今之樂由古之樂也。」

曰：「可得聞與？」

曰：「獨樂樂，與人樂樂，孰樂？」

曰：「不若與人。」

曰：「與少樂樂，與衆樂樂，孰樂？」

曰：「不若與衆。」

「臣請爲王言樂。今王鼓樂於此，百姓聞王鐘鼓之聲，管籥之音，舉疾首蹙頞而相告曰：『吾王之好鼓樂，夫何使我至於此極也？父子不相見，兄弟妻子離散。』今王田獵於此，百姓聞王車馬之音，見羽旄之美，舉疾首蹙頞而相告曰：『吾王之好田獵，夫何使我至於此極也？父子不相見，兄弟妻子離散。』此無他，不與民同樂也。

「今王鼓樂於此，百姓聞王鐘鼓之聲，管籥之音，舉欣欣然有喜色而相告曰：『吾王庶幾無疾病與？何以能鼓樂也？』今王田獵於此，百姓聞王車馬之音，見羽旄之美，舉欣欣然有喜色而相告曰：『吾王庶幾無疾病與？何以能田獵也？』此無他，與民同樂也。今王與百姓同樂，則王矣。」

用筆純在空際着意，排奡震盪，韓文之祖。

夫子當路於齊章　太陽

公孫丑問曰：「夫子當路於齊，管仲、晏子之功，可復許乎？」孟子曰：「子誠齊人也，知管仲、晏子而已矣。或問乎曾西曰：『吾子與子路孰賢？』曾西蹴然曰：『吾先子之所畏也。』曰：『然則吾子與管仲孰賢？』曾西艴然不悅曰：『爾何曾比予於管仲？管仲得君如彼其專也，行乎國政如彼其久也，功烈如彼其卑也。爾何曾比予於是？』」曰：「管仲，曾西之所不爲也，而子爲我願之乎？」

曰：「管仲以其君霸，晏子以其君顯。管仲、晏子猶不足爲與？」

曰：「以齊王，猶反手也。」

曰：「若是，則弟子之惑滋甚。且以文王〔一〕之德，百年而後崩，猶未洽於天下。武王、周公繼之，然後大行。今言王若易然，則文王不足法與？」

曰：「文王何可當也？由湯至於武丁，賢聖之君六七作。天下歸殷久矣，久則難變也。武丁朝諸侯有天下猶運之掌也，紂之去武丁未久也，其故家遺俗、流風善政猶有存者；又有微子、微仲、王子比干、箕子、膠鬲，皆賢人也，相與輔相之，故久而後失之也。尺地莫非其有也，一民莫非其臣也，然而文王猶方百里起，是以難也。齊人有言曰：『雖有智慧，不如乘勢；雖有鎡基，不如待時。』

〔一〕「王」字原誤作「生」。

「今時則易然也。夏后殷周之盛，地未有過千里者也，而齊有其地矣。雞鳴狗吠相聞，而達乎四境，而齊有其民矣。地不改辟矣，民不改聚矣，行仁政而王，莫之能禦也。且王者之不作，未有疏於此時者也；民之憔悴於虐政，未有甚於此時者也。飢者易爲食，渴者易爲飲。孔子曰：『德之流行，速於置郵而傳命。』當今之時，萬乘之國行仁政，民之悦之猶解倒懸也。故事半古之人，功必倍之，惟此時爲然。」

孟子去齊尹士語人章　少陰

孟子去齊。尹士語人曰：「不識王之不可以爲湯武，則是不明也。識其不可，然且至，則是干澤也。千里而見王，不遇故去。三宿而後出晝，是何濡滯也？士則茲不悦。」

高子以告。曰：「夫尹士惡知予哉？千里而見王，是予所欲也。不遇故去，豈予所欲哉？予不得已也。予三宿而出晝，於予心猶以爲速。王庶幾改之。王如改諸，則必反予。夫出晝而王不予追也，予然後浩然有歸志。予雖然，豈舍王哉？王由足用爲善。王如用予，則豈徒齊民安，天下之民舉安。王庶幾改之，予日望之。予豈若是小丈夫然哉？諫於其君而不受，則怒，悻悻然見於其面。去則窮日之力而後宿哉？」

尹士聞之曰：「士誠小人也！」

情意纏綿，聲調抑揚，歐文之祖。

孔子在陳章　太陰

萬章問曰：「孔子在陳曰：『盍歸乎來！吾黨之士狂簡，進取不忘其初。』孔子在陳，何思魯之狂士？」

孟子曰：「孔子不得中道而與之，必也狂狷乎！狂者進取，狷者有所不爲也。孔子豈不欲中道哉？不可必得，故思其次也。」

「敢問何如斯可謂狂矣？」

曰：「如琴張、曾晳、牧皮者，孔子之所謂狂矣。」

「何以謂之狂也？」

曰：「其志嘐嘐然，曰『古之人，古之人』。夷考其行而不掩焉者也。狂者又不可得，欲得不屑不潔之士而與之，是狷也，是又其次也。孔子曰：『過我門而不入我室，我不憾焉者，其惟鄉原乎！鄉原，德之賊也。』」

曰：「何如斯可謂之鄉原矣？」

曰：「何以是嘐嘐也？言不顧行，行不顧言，則曰：『古之人，古之人。行何爲踽踽涼涼？生斯世也，爲斯世也，善斯可矣。』閹然媚於世也者，是鄉原也。」

萬章曰：「一鄉皆稱原人焉，無所往而不爲原人。孔子以爲德之賊，何哉？」曰：「非之無舉也，刺之無刺也；同乎流俗，合乎污世；居之似忠信，行之似廉潔；衆皆悦之，自以爲是，而不可與入堯舜之道，故曰德之賊也。孔子曰：『惡似而非者；惡莠，恐其亂苗也；惡佞，恐其亂義也；惡利口，恐其亂信也；惡鄭聲，恐其亂樂也；惡紫，恐其亂朱也；惡鄉原，恐其亂德也。』君子反經而已矣。經正則庶民興，庶民興，斯無邪慝矣。」

國文陰陽剛柔大義中

《高等學堂國文講義》卷六

戰國策

【釋】唐先生所録《戰國策》文多以清人姚宏本爲主，互參宋人鮑彪本及諸家之説以及《史記》，擇善而從。

蘇秦説秦趙王始末〔一〕 少陽

蘇秦始將連横説秦惠王曰：「大王之國，西有巴、蜀、漢中之利，北有胡貉、代馬之用，南有巫山、黔中之限，東有殽、函之固。田肥美，民殷富，戰車萬乘，奮擊百萬。沃野千里，蓄積饒多，地勢形便。此所謂天府，天下之雄國也。以大王之賢，士民之衆，車騎之用，兵法之教，可以并諸侯，吞天下，稱

〔一〕此篇主要從姚本，又於鮑本多有所取。

帝而治。願大王少留意，臣請奏其效。」秦王曰：「寡人聞之，毛羽不豐滿者，不可以高飛；文章不成者，不可以誅罰；道德不厚者，不可以使民；政教不順者，不可以煩大臣。今先生儼然不遠千里而庭教之，願以異日。」蘇秦曰：「臣固疑大王之不能用也。昔者神農伐補遂，黄帝伐涿鹿而禽蚩尤，堯伐驩兜，舜伐三苗，禹伐共工，湯伐有夏，文王伐崇，武王伐紂，齊桓任戰而霸天下。由此觀之，惡有不戰者乎？古者使車轂擊馳，言語相結〔一〕，天下爲一，約從連横，兵革不藏；文士並飭，諸侯亂惑，萬端俱起，不可勝理；科條既備，民多僞態；書策稠濁，百姓不足；上下相愁，民無所聊；明言章理，兵甲愈起；辯言偉服，戰攻不息；繁稱文辭，天下不治；舌弊耳聾，不見成功；行義約信，天下不親。於是乃廢文任武，厚養死士，綴甲厲兵，效勝於戰場。夫徒處而致利，安坐而廣地，雖古五帝、三王、五霸，明〔二〕主賢君，常欲坐而〔三〕致之。其勢不能，故以戰續之。寬則兩軍相攻，迫則杖戟相橦，然後可建大功。是故兵勝於外，義彊於內；威立於上，民服於下。今欲并天下，陵萬乘，詘敵國，制海內，子元元，臣諸侯，非兵不可。今之嗣主，忽於至道，皆惛於教，亂於治，迷於言，惑於語，沈於辯，溺於辭。以此論之，王固不能行也。」

〔一〕「結」字原作「接」。
〔二〕「明」字原誤作「名」。
〔三〕原無「而」字。

説秦王書十上，而説不行。黑貂之裘敝，黄金百斤盡，資用乏絶，去秦而歸。羸縢履蹻，負書擔囊〔一〕，形容枯槁，面目黧〔二〕黑，狀有愧色。歸至家，妻不下紝，嫂不爲炊，父母不與言。蘇秦喟歎曰：「妻不以我爲夫，嫂不以我爲叔，父母不以我爲子，是皆秦之罪也。」乃夜發書，陳篋數十，得《太公陰符》之謀，伏而誦之，簡練以爲揣摩。讀書欲睡，引錐自刺其股，血流至足。曰：「安有説人主，不能出其金玉錦繡，取卿相之尊者乎？」朞年揣摩成，曰：「此真可以説當世之君矣。」於是乃摩燕烏集闕，見説趙王於華屋之下，抵掌而談。趙王大悦，封爲武安君，受相印。革車百乘，錦繡千純，白璧百雙，黄金萬溢，以隨其後。約從散横，以抑彊秦，故蘇秦相於趙而關不通。

當此之時，天下之大，萬民之衆，王侯之威，謀臣之權，皆欲決蘇秦之策。不費斗糧，未煩一兵，未戰一士，未絶一弦，未折一矢，諸侯相親，賢於兄弟。夫賢人在而天下服，一人用而天下從。故曰：「式於政，不式於勇；式於廊廟，不式於四境之外。」當秦之隆，黄金萬鎰爲用，轉轂連騎，炫熿於道，山東之國，從風而服，使趙大重。且夫蘇秦特窮巷掘門、桑户棬樞之士耳，伏軾撙銜，横歷天下，庭説諸侯之主〔三〕，杜左右之口，天下莫之〔四〕伉。

〔一〕「囊」字姚本作「槖」，此處蓋從鮑本。
〔二〕「黧」字姚本作「犂」，此處蓋從鮑本。
〔三〕「主」字姚本作「王」，此處蓋從鮑本。
〔四〕姚本「之」下有「能」字，此處蓋從鮑本。

將説楚王，路過洛陽。父母聞之，清宫除道，張樂設飲，郊迎三十里。妻側目而視，傾耳而聽。嫂虵行匍伏，四拜，自跪而謝。蘇秦曰：「嫂何前倨而後卑也？」嫂曰：「以季子〔一〕位尊而多金。」蘇秦曰：「嗟乎！貧窮則父母不子，富貴則親戚畏懼。人生世上，勢位富厚〔二〕，蓋可忽乎哉？」

范雎説秦王〔三〕　太陰

范雎至秦，王庭迎，謂范雎曰：「寡人宜以身受令久矣，會義渠之事急，寡人日自請太后。今義渠之事已，寡人乃得以身受命。躬竊閔然不敏，敬執賓主之禮。」范雎辭讓。是日見范雎，見者無不變色易容者。

秦王屏左右，宫中虚無人，秦王跪而請曰：「先生何以幸教寡人？」范雎曰：「唯唯。」有間，秦王復請，范雎曰：「唯唯。」若是者三。秦王跽曰：「先生不幸教寡人乎？」范雎謝曰：「非敢然也。臣聞始時吕尚之遇文王也，身爲漁父，而釣於渭陽之濱耳。若是者，交疏也。已一説而立爲太師，載與俱歸者，其言深也。故文王果收功於吕尚，卒擅天下，而身立爲帝王。即使文王疏吕望而弗與深言，

〔一〕姚本「子」下有「之」字，此處蓋從鮑本。
〔二〕「厚」字姚本作「貴」，此處蓋從鮑本。
〔三〕此篇主要從姚本，其中有語意未允處，則參以其它版本及《史記》更改之。

是周無天子之德，而文、武無與成其王也。今臣羈旅之臣也，交疏於王，而所願陳者，皆匡君之事〔一〕，處人骨肉之間，願以陳臣之陋忠，而未知王心也，所以王三問而不對者是也。臣非有所畏而不敢言也，知今日言之於前，而明日伏誅於後。然臣弗敢畏也。大王信行臣之言，死不足以爲臣患，亡不足以爲臣憂，漆身而爲厲，被髮而爲狂，不足以爲臣耻。五帝之聖而死，三王之仁而死，五伯之賢而死，烏獲之力而死，奔、育之勇而死。死者，人之所必不免也，處必然之勢，可以少有補於秦，此臣之所大願也，臣何患乎？伍子胥橐載而出昭關，夜行而晝伏，至於蔆水，無以餌其口，坐行蒲服，乞食於吴市，卒興吴國，闔廬爲霸。使臣得進謀如伍子胥，加之以幽囚，終身不復見，是臣説之行也，臣何憂乎？箕子、接輿漆身而爲厲，被髮而爲狂，無益於殷、楚。使臣得同行於箕子、接輿，可以補所賢之主，是臣之大榮也，臣又何耻乎？臣之所恐者，獨恐臣死之後，天下見臣盡忠而身蹶也，是以杜口裹足，莫肯即秦耳。足下上畏太后之嚴，下惑奸臣之態，居深宫之中，不離保傅之手，終身闇惑，無與照奸，大者宗廟滅覆，小者身以孤危。此臣之所恐耳！若夫窮辱之事，死亡之患，臣弗敢畏也。臣死而秦治，賢於生也。」秦王跽曰：「先生是何言也！夫秦國僻遠，寡人愚不肖，先生乃幸至此，此天以寡人慁先生，而存先王之廟也。寡人得受命於先生，此天所以幸先王而不棄其孤也，先生奈何而言

〔一〕按：原《戰國策》鮑本作「皆匡君臣之事」，清人金正煒《戰國策補釋》認爲：「鮑本作『臣』，於文不合。」姚本則作：「皆匡君之之事。」清人于鬯《戰國策注》根據《史記・范睢列傳》作「皆匡君之事」爲據，認爲《戰國策》文「當衍一『之』字」。唐先生此處删一「之」字，當有取據於《史記》。

若此？事無大小，上及太后，下至大臣，願先生悉以教寡人，無疑寡人也。」范雎再拜，秦王亦再拜。

范雎曰：「大王之國，北有甘泉、谷口，南帶涇、渭，右隴、蜀，左關、阪；戰車千乘，奮擊百萬；以秦卒之勇，車騎之多，以當諸侯，譬若馳韓盧而逐蹇兔也，霸王之業可致。今反閉關〔一〕而不敢窺兵於山東者，是穰侯爲國謀不忠，而大王之計有所失也。」王曰：「願聞所失計。」雎曰：「大王越韓、魏而攻强齊，非計也。少出師則不足以傷齊，多之則害於秦。臣意王之計欲少出師，而悉韓、魏之兵，則不義矣。今見與國之不可親，越人之國而攻，可乎？疏於計矣。昔者齊人伐楚戰勝，破軍殺將，再辟千里，膚寸之地無得者，豈齊不欲地哉？形弗能有也。諸侯見齊之罷露，君臣之不親，舉兵而伐之，主辱軍破，爲天下笑。所以然者，以其伐楚而肥韓、魏也。此所謂藉賊兵而齎盜食者也。王不如遠交而近攻，得寸則王之寸，得尺亦王之尺也。今舍此而遠攻，不亦繆乎？且昔者中山之地，方五百里，趙獨擅之，功成、名立、利附，則天下莫能害。今韓、魏，中國之處，而天下之樞也。王若欲霸，必親中國，而以爲天下樞，以威楚、趙。趙彊則楚附，楚彊則趙附。楚、趙附則齊必懼，懼必卑辭重幣以事秦，齊附而韓、魏可虚也。」王曰：「寡人欲親魏。魏多變之國也，寡人不能親。請問親魏奈何？」范雎曰：「卑辭重幣以事之；不可，削地而賂之；不可，舉兵而伐之。」於是舉兵而攻邢丘。邢丘拔

〔一〕姚本無「關」字，而注則謂李善引有「關」字。鮑本有「關」字。考《史記・范雎列傳》有「關」字，故唐先生從有「關」字者。

而魏請附。

曰：「秦、韓之地形，相錯如繡。秦之有韓，若木之有蠹，人之病心腹。天下有變，爲秦害者莫大於韓。王不如收韓。」王曰：「寡人欲收韓，不聽，爲之奈何？」范雎曰：「舉兵而攻滎陽，則成睪之路不通；北斬太行之道，則上黨之兵不下；一舉而攻滎陽，則其國斷而爲三。夫〔一〕韓見必亡，焉得不聽？韓聽而霸事可成也。」王曰：「善。」

范雎曰：「臣居山東，聞齊之内有田單，不聞其王；聞秦之有太后、穰侯、涇陽、華陽，不聞其有王。夫擅國之謂王，能專利害之謂王，制殺生之威之謂王。今太后擅行不顧，穰侯出使不報，涇陽、華陽擊斷無諱，四貴備而國不危者，未之有也。爲此四者下，乃所謂無王已。然則權焉得不傾，而令焉得從王出乎？臣聞：『善爲國者，内固其威，而外重其權。』穰侯使者操王之重，決裂諸侯，剖符於天下，征敵伐國，莫敢不聽。戰勝攻取，則利歸於陶；國弊，御於諸侯；戰敗，則怨結於百姓，而禍歸社稷。《詩》曰：『木實繁者披其枝，披其枝者傷其心，大其都者危其國，尊其臣者卑其主。』淖齒管齊之權，縮閔王之筋，縣之廟梁，宿昔而死。李兑用趙，減食主父，百日而餓死。今秦，太后、穰侯用事，高陵、涇陽佐之，卒無秦王，此亦淖齒、李兑之類已。臣今見王獨立於廟朝矣，且臣將恐後世之有秦國者，非王之子孫也。」

〔一〕原刻無「夫」字，據姚本補之。

秦王懼，於是乃廢太后，逐穰侯，出高陵，走涇陽於關外。

趙武靈王胡服騎射〔一〕 太陰

武靈王平晝閑居，肥義侍坐，曰：「王慮世事之變，權甲兵之用，念簡、襄之迹，計胡、狄之利乎？」王曰：「嗣位不忘先德，君之道也；錯質務明主之長，臣之論也。是以賢君静而有道民便事之教，動有明古先世之功；爲人臣者窮有弟長辭讓之節，通有補民益主之業。此兩者，君臣之分也。今吾欲繼襄主之業，啓胡、翟之鄉，而卒世不見也。敵弱者，用力少而功多，可以無盡百姓之勞，而享往古之勳。夫有高世之功者，必負遺俗之累；有獨知之慮者，必被庶人之怨〔二〕。今吾將胡服騎射，以教百姓，而世必議寡人矣。」肥義曰：「臣聞之，疑事無功，疑行無名。今王即定負遺俗之慮，殆毋顧天下之議矣。夫論至德者，不和於俗；成大功者，不謀於衆。昔舜舞有苗，而禹袒入裸國，非以養欲而樂志也，欲以論德而要功也。愚者闇於成事，智者見於未萌，王其遂行之。」王曰：「寡人非疑胡服也，吾恐天下笑之。狂夫之樂，知者哀焉；愚者之笑，賢者戚焉。世有順我者，則胡服之功，未可知也。雖毆世以笑我，胡地、中山，吾必有之。」

〔一〕此篇主要從姚本，間有取於鮑本。亦有不取姚、鮑，而從《史記》之處。

〔二〕「怨」字，姚本、鮑本皆作「恐」，《史記·趙世家》作「任驁民之怨」，知唐先生折衷於《史記》。

王遂胡服。使王孫緤告公子成曰：「寡人胡服，且將以朝，亦欲叔之服之也。家聽於親，國聽於君，古今之公行也。子不反親，臣不逆主，先王之通誼也。今寡人作教易服，而叔不服，吾恐天下議之也。夫制國有常，而利民爲本；從政有經，而令行爲上。故明德在於論賤，行政在于信貴。今胡服之意，非以養欲而樂志也。事有所止，功有所出〔一〕。事成功立，然後德可〔二〕見也。今寡人恐叔逆從政之經，以輔公叔之議。且寡人聞之，事利國者行無邪，因貴戚者名不累。故寡人願募公叔之義，以成胡服之功。使緤謁之，叔請服焉。」公子成再拜曰：「臣固聞王之胡服也，不佞寢疾，不能趨走，是以不先進。王今命之，臣固敢竭其愚忠。臣聞之，中國者，聰明叡知之所居也，萬物財用之所聚也，賢聖之所教也，仁義之所施也，《詩》《書》禮樂之所用也，異敏技藝之所試也，遠方之所觀赴也，蠻夷之所義行也。今王釋此而襲遠方之服，變古之教，易古之道，逆人之心，畔學者，離中國，臣願大王圖之。」

使者報王。王曰：「吾固聞叔之病也。」即之公叔成家，自請之曰：「夫服者，所以便用也；禮者，所以便事也。是以聖人觀其鄉而順宜，因其事而制禮，所以利其民而厚其國也。被髮文身，錯臂左衽，甌越之民也。黑齒雕題，鯷冠秫縫，大吴之國也。禮服不同，其便一也。是以鄉異而用變，事

〔一〕姚本、鮑本均作「事有所出，功有所止」。《史記·趙世家》作「事有所止而功有所出」，知唐先生折衷於《史記》。
〔二〕「可」字從鮑本，姚本作「且」。

異而禮易。是故聖人苟可以利其民，不一其用；果可以便其事，不同其禮。儒者一師而禮異，中國同俗而教離，又況山谷之士〔一〕乎？故去就之變，知者不能一；遠近之服，賢聖不能同。窮鄉多異，曲學多辨，不知而不疑，異於己而不非者，公於求善也。今卿之所言者，俗也；吾之所言者，所以制俗也。今吾國東有河、薄洛之水，與齊、中山同之，而無舟檝之用。自常山以至代、上黨，東有燕、東胡之境，西有樓煩、秦、韓之邊，而無騎射之備。故寡人且聚舟檝之用，求水居之民，以守河、薄洛之水；變服騎射，以備燕〔二〕、東〔三〕胡、樓煩、秦、韓之邊。且昔者簡主不塞晉陽，以及上黨，而襄王兼戎取代，以攘諸胡，此愚知之所明也。先時中山負齊之强兵，侵掠吾地，係累吾民，引水圍鄗，非社稷之神靈，即鄗幾不守。先王忿之，其怨未能報也。今騎射之服，近可以備上黨之形，遠可以報中山之怨。而叔也順中國之俗，以逆簡、襄之意，惡變服之名，而忘國事之耻，非寡人所望於子。」公子成再拜稽首曰：「臣愚不達於王之議，敢道世俗之間。今欲繼簡、襄之意，以順先王之志，臣敢不聽令。」再拜。乃賜胡服。

趙文進諫曰：「農夫勞而君子養焉，政之經也；愚者陳意而知者論焉，教之道也；臣無隱忠，君

〔一〕「士」字姚本、鮑本、《史記》均作「便」。姚注云「孫作士」，即宋人孫樸《書閣本戰國策》作「士」。

〔二〕「燕」字從鮑本與《史記》，姚本作「其」。原刻「燕」上誤衍「其」字，故删去。

〔三〕「東」字姚本、鮑本皆作「条」，《史記》作「三」，皆與原刻不合。考唐先生太老師黃式三《周季編略》謂：「三胡：曰東胡、林胡、樓煩，名三胡。」金正煒又謂：「參胡似當作東胡。」知唐先生有參黃氏及金氏之説。

無蔽言，國之禄也。臣雖愚，願竭其忠。」王曰：「慮無惡擾，忠無過罪，子其言乎。」趙文曰：「當世輔俗，古之道也；衣服有常，禮之制也；循〔一〕法無愆，民之職也。三者，先聖之所以教。今君釋此，而襲遠方之服，變古之教，易古之道，故臣願王之圖之。」王曰：「子言世俗之間。常民溺於習俗，學者沈於所聞。此兩者，所以成官而順政也，非所以觀遠而論始也。且夫三代不同服而王，五伯不同教而政。知者作教，而愚者制焉；賢者議俗，不肖者拘焉。夫制於服之民，不足與論心；拘於俗之衆，不足與致意。故勢與俗化，而禮與變俱，聖人之道也。承教而動，循法無私，民之職也。知學之人，能與聞遷；達於禮之變，能與時化。故爲己者不待人，制今者不法古，子其釋之。」

趙造諫曰：「隱忠不竭，姧之屬也；以私誣國，賤之類也。犯姧者身死，賤國者族宗。反此兩者，先聖之明刑，臣下之大罪也。臣雖愚，願盡其忠，無遁其死。」王曰：「竭意不諱，忠也；上無蔽言，明也。忠不辟危，明不距人，子其言乎。」趙造曰：「臣聞之，聖人不易民而教，知者不變俗而動。因民而教者，不勞而成功；據俗而動者，慮徑而易見也。今王易初不循俗，胡服不顧世，非所以教民而成禮也。且服奇者志淫，俗辟者亂民。是以莅國者不襲奇辟之服，中國不近蠻夷之行，非所以教民而成禮者也。且循法無過，修禮無邪，臣願王之圖之。」王曰：「古今不同俗，何古之法？帝王不相襲，何禮之循？宓戲、神農，教而不誅；黄帝、堯、舜，誅而不怒。及至三王，觀時而制法，因事而制

〔一〕「循」字從鮑本。姚本作「修」。

禮；法度制令，各順其宜；衣服器械，各便其用。故理世不必一道〔一〕，便國不必法古。聖人之興也，不相襲而王。夏、殷之衰也，不易禮而滅。然則反古未可非，而循禮未足多也。且服奇而志淫，是鄒、魯無衺行也；俗辟而民易，是吴、越無俊民也。是以聖人利身之謂服，便事之謂教，進退之謂節。衣服之制，所以齊常民，非所以論賢者也。故聖與俗流，賢與變俱。諺曰：『以書爲御者，不盡於馬之情；以古制今者，不達於事之變。』故循法之功，不足以高世；法古之學，不足以制今。子其勿反也。」

蘇代約燕昭王〔二〕　太陽

秦召燕王，燕王欲往。蘇代約燕王曰：「楚得枳而國亡，齊得宋而國亡，齊、楚不得以有枳、宋事秦者，何也？是則有功者，秦之深讎也。秦取天下，非行義也，暴也。

「秦之行暴於天下，正告楚曰：『蜀地之甲，輕舟浮於汶，乘夏水而下江，五日而至郢。漢中之甲，乘舟出於巴，乘夏水而下漢，四日而至五渚。寡人積甲宛，東下隨，知者不及謀，勇者不及怒，寡人如射隼矣。王乃待天下之攻函谷，不亦遠乎？』楚王爲是之故，十七年事秦。

〔一〕「一道」，姚本、鮑本均作「一其道」。《史記·趙世家》云「禮也不必一道」，故知此處折衷於《史記》。
〔二〕此篇主要從姚本，而間有取於鮑本。

「秦正告韓曰：『我起乎少〔一〕曲，一日而斷太行。我起乎宜陽，而觸平陽，二日而莫不盡繇。我離兩周而觸鄭，五日而國舉。』韓氏以爲然，故事秦。

「秦正告魏曰：『我舉安邑，塞女戟，韓氏、太原卷。我下枳道、南陽、封、冀，包兩周，乘夏水，浮輕舟，强弩在前，錟戈在後。決滎陽之口〔二〕，魏無大梁；決白馬之口，魏無濟陽；決宿胥之口，魏無虛、頓丘。陸攻則擊河内，水攻則滅大梁。』魏氏以爲然，故事秦。

「秦欲攻安邑，恐齊救之，則以宋委於齊曰：『宋王無道，爲木人以寫寡人，射其面。寡人地絶兵遠，不能攻也。王苟能破宋有之，寡人如自得之。』已得安邑，塞女戟，因以『破宋』爲齊罪。

「秦欲攻齊，恐天下救之，則以齊委於天下曰：『齊王四與寡人約，四欺寡人，必率天下以攻寡人者三。有齊無秦，無齊有秦，必伐之，必亡之。』已得宜陽、少曲，致藺、石，因以『破齊』爲天下罪。

「秦欲攻魏，重楚，則以南陽委於楚曰：『寡人固與韓且絶矣。殘均陵，塞鄳隘，苟利於楚，寡人如自有之。』魏棄與國而合於秦，因以『塞鄳隘』爲楚罪。

「兵困於林中，重燕、趙，以膠東委於燕，以濟西委於趙。已〔三〕得講於魏，質〔四〕公子延，因犀首

〔一〕「少」字原誤作「小」。

〔二〕「滎陽之口」，姚本作「滎口」，其注云：「一作滎陽之口」。原「滎」作「榮」，據姚説改之。

〔三〕「已」字，姚本作「趙」，此處蓋從鮑本。

〔四〕「質」字，姚本作「至」，此處蓋從鮑本。

屬行而攻趙。兵傷於離石，遇敗於馬陵。而重魏，則以葉、蔡委於魏。已得講於趙，則劫魏，魏不爲割。困則使太后、穰侯爲和，贏則兼欺〔一〕舅與母。適燕者曰：『以膠東』，適趙者曰：『以濟西』，適魏者曰：『以葉、蔡』，適楚者曰：『以塞鄳隘』，適齊者曰：『以宋』。此必令其言如循環，用兵如刺蜚〔二〕，母不能制，舅不能約。龍賈之戰、岸門之戰、封陸之戰、高商之戰、趙莊之戰，秦之所殺三晉之民數百萬。今其生者，皆死秦之孤也。西河之外，上雒之地、三川，晉國之禍，三晉之半。秦禍如此其大，而燕、趙之秦者，皆以爭事秦説其主，此臣之所大患。」

燕昭王不行，蘇代復重於燕。

樂毅報燕惠王書〔三〕　太陰

昌國君樂毅，爲燕昭王合五國之兵而攻齊，下七十餘城，盡郡縣之以屬燕。三城未下，而燕昭王死。

惠王即位，用齊人反間，疑樂毅，而使騎劫代之將。樂毅奔趙，趙封以爲望諸君。齊田單欺詐騎

〔一〕「欺」字原誤作「棄」。

〔二〕姚本「蜚」下有「繡」字，鮑本則無，此處用鮑本。

〔三〕此篇以《戰國策》姚本爲主，而參之以《新序》。

劫，卒敗燕軍，復收七十城以復齊。燕王悔，懼趙用樂毅，承燕之弊以伐燕。燕王乃使人讓樂毅，且謝之曰：「先生舉國而委將軍，將軍爲燕破齊，報先王之讐，天下莫不振動，寡人豈敢一日而忘將軍之功哉！會先王棄羣臣，寡人新即位，左右誤寡人。寡人之使騎劫代將軍者，爲將軍久暴露於外，故召將軍且休計事。將軍過聽，以與寡人有郄〔一〕，遂捐燕而歸趙。將軍自爲計則可矣，而亦何以報先王之所以遇將軍之意乎？」

望諸君乃使人獻書報燕王曰：「臣不佞，不能奉承先王之教，以順左右之心。恐抵斧質之罪，以傷先王之明，而又害於足下之義，故遁逃奔趙。自負以不肖之罪，故不敢爲辭說。今王使使者數之罪，臣恐侍御者之不察先王之所以畜幸臣之理，而又不白於臣之所以事先王之心，故敢以書對。

「臣聞賢聖之君，不以禄私其親，功多者授之；不以官隨其愛，能當者處之。故察能而授官者，成功之君也；論行而結交者，立名之士也。臣以所學者觀之，先王之舉錯，有高世之心，故假節於魏王，而以身得察於燕。先王過舉，擢之乎賓客之中，而立之乎群臣之上，不謀於父兄，而使臣爲亞卿。臣自以爲奉令承教，可以幸無罪矣，故受命而不辭。

「先王命之曰：『我有積怨深怒於齊，不量輕弱，而欲以齊爲事。』臣對曰：『夫齊霸國之餘教，而驟勝之遺事也，閑於兵甲，習於戰攻。王若欲攻之，則必舉天下而圖之。舉天下而圖之，莫徑於結趙

〔一〕「郄」字古同「隙」、「郤」。

矣。且又淮北、宋地，楚、魏之所同願也。趙若許約，楚、魏、宋盡力，四國攻之，齊可大破也。』先王曰：『善。』臣乃口受令，具符節，南使臣於趙。顧反命，起兵隨而攻齊。以天之道，先王之靈，河北之地，隨先王舉而有之於濟上。濟上之軍，奉令擊齊，大勝之。輕卒鋭兵，長驅至國。齊王遁逃〔一〕走莒，僅以身免。珠玉財寶，車甲珍器，盡收入燕。大呂陳於元英，故鼎反於歷室，齊器設於寧臺，薊丘之植，植於汶皇。自五伯以來，功未有及先王者也。先王以爲愜其志，以臣爲不頓命，故裂地而封之，使之得比乎小國諸侯。臣不佞，自以爲奉令承教，可以幸無罪矣，故受命而弗辭。

「臣聞賢明之君，功立而不廢，故著於《春秋》；蚤知之士，名成而不毀，故稱於後世。若先王之報怨雪耻，夷萬乘之强國，收八百歲之蓄積，及至棄羣臣之日，餘令詔後嗣之遺義，執政任事之臣，所以能循法令，順庶孽者，施及萌隸，皆可以教於後世。

「臣聞善作者不必善成，善始者不必善終。昔者伍子胥説聽乎闔閭，故吴王遠迹至於郢。夫差弗是也，賜之鴟夷而浮之江。故吴王夫差不悟先論之可以立功，故沈子胥而不悔。子胥不蚤見主之不同量，故入江而不化〔二〕。夫免身全功以明先王之迹者，臣之上計也。離毀辱之罪，墮先王之名者，臣之所大恐也。臨不測之罪，以幸爲利者，義之所不敢出也。

〔一〕按姚本、鮑本皆作「逃遁」，唯《新序》作「遁逃」，知此處有取於《新序》。
〔二〕按姚本、鮑本皆作「改」，唯《新序》作「化」，知此處有取於《新序》。

「臣聞古之君子，交絶不出惡聲；忠臣之去也，不潔其名。臣雖不佞，數奉教於君子矣。恐侍御者之親左右之説，而不察疏遠之行也，故敢以書報，唯君之留意焉。」

荆軻刺秦王〔一〕 太陰

燕太子丹質於秦，亡歸。見秦且滅六國，兵以臨易水，恐其禍至。太子丹患之，謂其太傅鞫武曰：「燕、秦不兩立，願太傅幸而圖之。」武對曰：「秦地遍天下，威脅韓、魏、趙氏，則易水以北，未有所定也。奈何以見陵之怨，欲批〔二〕其逆鱗哉？」太子曰：「然則何由？」太傅曰：「請入圖之。」

居之有間，樊將軍亡秦之燕，太子客〔三〕之。太傅鞫武諫曰：「不可。夫秦王之暴，而積怨於燕，足爲寒心，又況聞樊將軍之在乎！是以委肉當餓虎之蹊，禍必不振矣。雖有管、晏，不能爲謀。願太子急遣樊將軍入匈奴以滅口。請西約三晉，南連齊、楚，北講於單于，然後乃可圖也。」太子丹曰：「太傅之計，曠日彌久，心惛然，恐不能須臾。且非獨於此也。夫樊將軍困窮於天下，歸身於丹，丹終不迫於强秦，而棄所哀憐之交置之匈奴，是丹命固卒之時也。願太傅更慮之。」鞫武曰：「燕有田光

〔一〕此篇大體從姚本，唯其中有數處乃根據鮑本改動。
〔二〕「批」字，姚本作「排」，此處蓋從鮑本。
〔三〕「客」字，姚本作「容」，此處蓋從鮑本。

先生者，其智深，其勇沉，可與之謀也。」太子曰：「願因太傅交於田先生，可乎？」鞠武曰：「敬諾。」出見田光，道太子曰：「願圖國事於先生。」田光曰：「敬奉教。」乃造焉。

太子跪而逢迎，却行爲道，跪而拂席。田先生坐定，左右無人，太子避席而請曰：「燕、秦不兩立，願先生留意也。」田光曰：「臣聞騏驥盛壯之時，一日而馳千里；至其衰也，駑馬先之。今太子聞光壯盛之時，不知吾精已消亡矣。雖然，光不敢以乏國事也。所善荆軻，可使也。」太子曰：「願因先生得願交於荆軻，可乎？」田光曰：「敬諾。」即起趨出。太子送之，至門曰：「丹所報，先生所言者，國大事也，願先生勿泄也。」田光俛而笑曰：「諾。」

僂行見荆軻曰：「光與子相善，燕國莫不知。今太子聞光壯盛之時，不知吾形已不逮也，幸而教之曰：『燕、秦不兩立，願先生留意也。』光竊不自外，言足下於太子，願足下過太子於宮。」荆軻曰：「謹奉教。」田光曰：「光聞長者爲〔一〕行，不使人疑之，今太子約光曰：『所言者國之大事也，願先生勿泄也。』是太子疑光也。夫爲行使人疑之，非節俠士也。」欲自殺以激荆軻曰：「願足下急過太子，言光已死，明不言也。」遂自剄而死。

軻見太子，言田光已死，明不言也。太子再拜而跪，膝下行流涕。有頃而後言曰：「丹所請田先生無言者，欲以成大事之謀。今田先生以死明不泄言，豈丹之心哉？」荆軻坐定，太子避席頓首曰：

〔一〕「爲」字，姚本作「之」，此處蓋從鮑本。

「田先生不知丹不肖，使得至前，願有所道，此天所以哀燕而〔一〕不棄其孤也。今秦有貪饕之心，而欲不可足也。非盡天下之地，臣海内之王者，其意不饜。今秦已虜韓王，盡納其地，又舉兵南伐楚，北臨趙。王翦將數十萬之衆臨漳、鄴，而李信出太原、雲中。趙不能支秦，必入臣，入臣則禍至燕。燕小弱，數困於兵，今計舉國不足以當秦。諸侯服秦，莫敢合從。丹之私計，愚以爲誠得天下之勇士，使於秦，窺以重利，秦王貪其贄，必得所願矣。誠得劫秦王，使悉反諸侯之侵地，若曹沫之與齊桓公，則大善矣；則不可，因而刺殺之。彼大將擅兵與外，而内有大亂，則君臣相疑。以其間諸侯，諸侯得合從，其破〔二〕秦必矣。此丹之上願。而不知所以委命，唯荆卿留意焉。」久之，荆軻曰：「此國之大事，臣駑下，恐不足任使。」太子前頓首，固請無讓，然後許諾。於是尊荆軻爲上卿，舍上舍，太子日日造問，供太牢，具〔三〕異物，間進車騎美女，恣荆軻所欲，以順適其意。

久之，荆卿未有行意。秦將王翦破趙，虜趙王，盡收其地，進兵北略地，至燕南界。太子丹恐懼，乃請荆卿曰：「秦兵旦暮渡易水，則雖欲長侍足下，豈可得哉？」荆卿曰：「微太子言，臣願得謁之。今行而無信，則秦未可親也。今樊將軍〔四〕，秦王購之金千斤，邑萬家。誠能得樊將軍首，與燕督亢

〔一〕姚本無「而」字，此處蓋從鮑本。

〔二〕姚本「破」上有「償」字，鮑本則無「破」字而有「償」字。《史記》只有「破」字無「償」字，此處從《史記》。

〔三〕姚本無「具」字，此處蓋從鮑本。

〔四〕姚本「今」上有「夫」字，此處蓋從鮑本。

之地圖獻秦王，秦王必説見臣，臣乃得有以報太子。」太子曰：「樊將軍以窮困來歸丹，丹不忍以己之私，而傷長者之意，願足下更慮之。」

荆軻知太子不忍，乃遂私見樊於期曰：「秦之遇將軍，可謂深矣，父母宗族，皆爲戮没。今聞購將軍之首，金千斤，邑萬家，將奈何？」樊將軍仰天太息流涕曰：「吾每念常痛於骨髓，顧計不知所出耳！」軻曰：「今有一言，可以解燕國之患，而報將軍之仇者，何如？」樊於期乃前曰：「爲之奈何？」荆軻曰：「願得將軍之首以獻秦，秦王必喜而善見臣。臣左手把其袖，而右手揕〔一〕其胸，然則將軍之仇報，而燕國見陵之耻除矣。將軍豈有意乎？」樊於期偏袒扼腕而進〔二〕曰：「此臣日夜切齒拊心也，乃今得聞教。」遂自剄。太子聞之，馳往，伏屍而哭，極哀。既已，無可奈何，乃遂收盛樊於期之首，函封之。

於是太子預求天下之利匕首，得趙人徐夫人之匕首，取之百金，使工以藥淬之，以試人，血濡縷，人無不立死者。乃爲裝遣荆軻。燕國有勇士秦武陽，年十二，殺人，人不敢〔三〕忤視。乃令秦武陽爲副。

〔一〕姚本「揕」下有「抗」字，此處蓋從鮑本。
〔二〕原「進」下衍「之」之，今删之。
〔三〕姚本「敢」下有「與」字，此處蓋從鮑本。

荆軻有所待，欲與俱，其人居遠未來，而爲留待，頃之未發。太子遲之，疑其〔一〕改悔，乃復請之曰：「日已〔二〕盡矣！荆卿豈無意哉？丹請先遣秦武陽。」荆軻怒叱太子曰：「今日往而不反者，竪子也。今提一匕首，入不測之强秦，僕所以留者，待吾客與俱。今太子遲之，請辭決矣。」遂發。太子及賓客知其事者，皆白衣冠以送之。至易水上，既祖，取道。高漸離擊筑，荆軻和而歌，爲變徵之聲，士皆垂淚涕泣。又前而爲歌曰：「風蕭蕭兮易水寒，壯士一去兮不復還！」復爲忼慨羽聲，士皆瞋〔三〕目，髮盡上指冠。於是荆軻遂就車而去，終已不顧。

既至秦，持千金之資幣物，厚遺秦王寵臣中庶子蒙嘉。嘉爲先言於秦王曰：「燕王誠振畏慕〔四〕大王之威，不敢興兵以拒大王，願舉國爲内臣，比諸侯之列，給貢職如郡縣，而得奉守先王之宗廟。恐懼不敢自陳，謹斬樊於期頭，及獻燕之督亢之地圖，函封，燕王拜送于庭，使使以聞大王。唯大王命之。」

秦王聞之大喜，乃朝服，設九賓，見燕使者咸陽宫。荆軻奉樊於期頭函，而秦武陽奉地圖匣，以次進至陛下。秦武陽色變振恐，群臣怪之。荆軻顧笑武陽，前爲謝曰：「北蠻夷之鄙人，

〔一〕姚本「其」下有「有」字，此處蓋從鮑本。
〔二〕姚本「已」作「以」，此處蓋從鮑本。
〔三〕「瞋」字原誤作「瞑」。
〔四〕原無「慕」字，今據姚本補之。

未嘗見天子，故振慴，願大王少假借之，使得〔一〕畢使於前。」秦王謂軻曰：「起，取武陽所持圖。」軻既取圖奉之，發圖，圖窮而匕首見。因左手把秦王之袖，而右手持匕首揕〔二〕之。未〔三〕至身，秦王驚，自引而起，絶袖。拔劍，劍長，操其室。時恐〔四〕急，劍堅，故不可立拔。荆軻逐秦王，秦王還柱而走。群臣驚愕，卒起不意，盡失其度。而秦法：羣臣侍殿上者，不得持尺寸〔五〕之兵；諸郎中執兵，皆陳殿下，非有詔不得上。方急時，不及召下兵，以故荆軻逐秦王。而卒惶急，無以擊軻，而乃以手共搏之。是時侍醫夏無且以其所奉藥囊提軻。秦王之方還柱走，卒惶急，不知所爲。左右乃曰：「王負劍！王負劍！」遂拔以擊荆軻，斷其左股。荆軻廢，乃引其匕首，提秦王，不中，中柱。秦王復擊軻，軻〔六〕被八創。軻自知事不就，倚柱而笑，箕踞以駡曰：「事所以不成者，乃欲以生劫之，必得約契以報太子也。」左右既前斬荆軻，秦王目眩良久。而論功賞羣臣及當坐者，各有差。而賜夏無且黄金二百鎰曰：「無且愛我，乃以藥囊提軻也。」

〔一〕「得」字姚本無，此處蓋從鮑本。
〔二〕姚本「揕」下有「抗」字，此處蓋從鮑本。
〔三〕原無「未」字，今補之。
〔四〕「恐」字，鮑本作惶，姚本作「恐」，皆不合。唯姚本注云曾鞏本作「恐」，知此處從曾鞏本。
〔五〕「尺寸」原作「寸尺」，今據鮑本易之。
〔六〕「軻」字姚本無，此處蓋從鮑本。

於是，秦大怒燕，益發兵詣趙，詔王翦〔一〕軍以伐燕。十月而拔燕薊城。燕王喜、太子丹等皆率其精兵，東保於遼東。秦將李信追擊燕王。王急，用代王嘉計，殺太子丹，欲獻之秦。秦復進兵攻之。五歲而卒滅燕國，而虜燕王喜，秦兼天下。

其後荆軻客高漸離以擊筑見秦皇帝，而以筑擊秦皇帝，爲燕報仇，不中而死。

莊子

逍遥遊 少陽

北冥有魚，其名爲鯤。鯤之大，不知其幾千里也。化而爲鳥，其名爲鵬。鵬之背，不知其幾千里也。怒而飛，其翼若垂天之雲。是鳥也，海運則將徙於南冥。南冥者，天池也。《齊諧》者，志怪者也。《諧》之言曰：「鵬之徙於南冥也，水擊三千里，摶扶摇而上者九萬里，去以六月息者也。」野馬也，塵埃也，生物之以息相吹也。天之蒼蒼，其正色耶？其遠而無所至極耶？其視下也，亦若是則已矣。且夫水之積也不厚，則負大舟也無力。覆杯水於坳堂之上，則芥爲之舟；置杯焉則膠，水淺而舟大也。風之積也不厚，則其負大翼也無力。故九萬里則風斯在下矣，而

〔一〕「翦」字姚本作「剪」，此處蓋從鮑本。

後乃今培風；背負青天而莫之夭閼者，而後乃今將圖南。蜩與學鳩笑之曰：「我決起而飛，槍榆枋，時則不至，而控於地而已矣，奚以之九萬里而南爲？」適莽蒼者，三飡而反，腹猶果然；適百里者宿舂糧；適千里者三月聚糧。之二蟲又何知！小知不及大知，小年不及大年。奚以知其然也？朝菌不知晦朔，蟪蛄不知春秋，此小年也。楚之南有冥靈者，以五百歲爲春，五百歲爲秋；上古有大椿者，以八千歲爲春，八千歲爲秋。而彭祖乃今以久特聞，衆人匹之，不亦悲乎！

湯之問棘也是已。窮髮之北，有冥海者，天池也。有魚焉，其廣數千里，未有知其脩者，其名爲鯤。有鳥焉，其名爲鵬，背若泰山，翼若垂天之雲，摶扶摇羊角而上者九萬里，絶雲氣，負青天，然後圖南，且適南冥也。斥鴳笑之曰：「彼且奚適也？我騰躍而上，不過數仞而下，翱翔蓬蒿之間，此亦飛之至也，而彼且奚適也？」此小大之辯也。

故夫知效一官，行比一鄉，德合一君，而徵一國者，其自視也，亦若此矣。而宋榮子猶然笑之。且舉世而譽之而不加勸，舉世而非之而不加沮，定乎内外之分，辯乎榮辱之境，斯已矣。彼其於世，未數數然也。雖然，猶有未樹也。夫列子御風而行，泠然善也，旬有五日而後反；彼於致福者，未數數然也。此雖免乎行，猶有所待者也。若夫乘天地之正，而御六氣之辯，以游無窮者，彼且惡乎待哉！故曰：至人無己，神人無功，聖人無名。

堯讓天下於許由，曰：「日月出矣，而爝火不息，其於光也，不亦難乎！時雨降矣，而猶浸灌，其於澤也，不亦勞乎！夫子立而天下治，而吾猶尸之，吾自視缺然，請致天下。」許由曰：「子治天下，天下既已治也，而我猶代子，吾將爲名乎？名者，實之賓也。吾將爲賓乎？鷦鷯巢於深林，不過一枝；偃鼠飲河，不過滿腹。歸休乎君！予無所用天下爲。庖人雖不治庖，尸祝不越樽俎而代之矣。」

肩吾問於連叔曰：「吾聞言於接輿，大而無當，往而不反。吾驚怖其言，猶河漢而無極也；大有逕庭，不近人情焉。」連叔曰：「其言謂何哉？」曰：「『藐姑射之山，有神人居焉。肌膚若冰雪，淖約若處子；不食五穀，吸風飲露；乘雲氣，御飛龍，而游乎四海之外；其神凝，使物不疵癘，而年穀熟。』吾以是狂而不信也。」連叔曰：「然。瞽者無以與乎文章之觀，聾者無以與乎鐘鼓之聲。豈唯形骸有聾盲哉！夫知亦有之。是其言也，猶時女也。之人也，之德也，將旁礴萬物以爲一，世蘄乎亂，孰弊弊焉以天下爲事？之人也，物莫之傷，大浸稽天而不溺，大旱金石流、土山焦而不熱。是其塵垢秕糠，將猶陶鑄堯、舜者也，孰肯以物爲事！宋人資章甫而適諸越，越人斷髮文身，無所用之。堯治天下之民，平海内之政。往見四子藐姑射之山，汾水之陽，窅然喪其天下焉。」

惠子謂莊子曰：「魏王貽我大瓠之種，我樹之成，而實五石。以盛水漿，其堅不能自舉也；剖之以爲瓢，則瓠落無所容。非不呺然大也，吾爲其無用而掊之。」莊子曰：「夫子固拙於用大矣。宋人有善爲不龜手之藥者，世世以洴澼絖爲事。客聞之，請買其方百金。聚族而謀曰：『我世世爲洴澼絖，不過數金。今一朝而鬻技百金，請與之。』客得之以説吴王。越有難，吴王使之將。冬，與越人水戰，大敗越人，裂地而封之。能不龜手一也，或以封，或不免於洴澼絖，則所用之異也。今子有五石之瓠，何不慮以爲大樽，而浮乎江湖，而憂其瓠落無所容？則夫子猶有蓬之心也夫！」

惠子謂莊子曰：「吾有大樹，人謂之樗。其大本擁腫而不中繩墨，其小枝卷曲而不中規矩。立之塗，匠者不顧。今子之言，大而無用，衆所同去也。」莊子曰：「子獨不見狸狌乎？卑身而伏，以候敖者；東西跳梁，不辟高下，中於機辟，死於罔罟。今夫斄牛，其大若垂天之雲，此能爲大矣，而不能執鼠。今子有大樹，患其無用，何不樹之於無何有之鄉，廣莫之野，彷徨乎無爲其側，逍遥乎寢卧其下；不夭斧斤，物無害者，無所可用，安所困苦哉！」

齊物論　少陽

南郭子綦隱机而坐，仰天而噓，嗒焉似喪其耦。顏成子游立侍乎前，曰：「何居乎？形固可使如槁木，而心固可使如死灰乎？今之隱机者，非昔之隱机者也。」子綦曰：「偃，不亦善乎，而問之也！今者吾喪我，汝知之乎！女聞人籟，而未聞地籟；女聞地籟，而未聞天籟夫！」子游曰：「敢問其方。」子綦曰：「夫大塊噫氣，其名爲風。是唯無作，作則萬竅怒呺。而獨不聞之翏翏乎？山林之畏佳，大木百圍之竅穴，似鼻似口，似耳似枅，似圈似臼，似洼者，似污者；激者謞者，叱者吸者，叫者譹者，宎者咬者。前者唱于，而隨者唱喁。泠風則小和，飄風則大和，厲風濟則衆竅爲虚。而獨不見之調調、之刁刁乎？」子游曰：「地籟則衆竅是已，人籟則比竹是已，敢問天籟。」子綦曰：「夫吹萬不同，而使其自己也，咸其自取，怒者其誰耶？」

大知閑閑，小知閑閑；大言炎炎，小言詹詹。其寐也魂交，其覺也形開。與接爲構，日以心鬬。

縵者，窖者，密者。小恐惴惴，大恐縵縵。其發若機栝，其司是非之謂也；其留如詛盟，其守勝之謂也；其殺若秋冬，以言其日消也；其溺之所爲之，不可使復之也；其厭也如緘，以言其老洫也；近死之心，莫使復陽也。喜怒哀樂，慮嘆變慹，姚佚啓態。樂出虛，蒸成菌。日夜相代乎前，而莫知其所萌。已乎已乎！旦暮得此，其所由以生乎！

非彼無我，非我無所取。是亦近矣，而不知其所爲使。若有真宰，而特不得其眹〔一〕。可行已信，而不見其形，有情而無形。百骸、九竅、六藏，賅而存焉，吾誰與爲親？汝皆説之乎？其有私焉。如是皆有爲臣妾乎？其臣妾不足以相治乎？其遞相爲君臣乎？其有真君存焉？如求得其情與不得，無益損乎其真。一受其成形，不亡以待盡。與物相刃相靡，其行盡如馳，而莫之能止，不亦悲乎！終身役役，而不見其成功，薾然疲役，而不知其所歸，可不哀耶！人謂之不死奚益？其形化，其心與之然，可不謂大哀乎！人之生也，固若是芒乎？其我獨芒，而人亦有不芒者乎？

夫隨其成心而師之，誰獨且無師乎？奚必知代，而心自取者有之？愚者與有焉。未成乎心而有是非，是今日適越而昔至也。是以無有爲有。無有爲有，雖有神禹，且不能知，吾獨且奈何哉！

夫言非吹也。言者有言，其所言者，特未定也。果有言耶？其未嘗有言耶？其以爲異於鷇音，

〔一〕「眹」字原作「朕」。

亦有辯乎？其無辯乎？道惡乎隱而有真僞？言惡乎隱而是非？道惡乎往而不存？言惡乎存而不可？道隱於小成，言隱於榮華。故有儒墨之是非，以是其所非，而非其所是。欲是其所非而非其所是，則莫若以明。物無非彼，物無非是。自彼則不見，自知則知之。故曰彼出於是，是亦因彼。彼是，方生之説也。雖然，方生方死，方死方生；方可方不可，方不可方可；因是因非，因非因是。是以聖人不由，而照之於天，亦因是也。是亦彼也，彼亦是也。彼亦一是非，此亦一是非。果且有彼是乎哉？果且無彼是乎哉？彼是莫得其偶，謂之道樞。樞始得其環中，以應無窮。是亦一無窮，非亦一無窮也。故曰莫若以明。

以指喻指之非指，不若以非指喻指之非指也；以馬喻馬之非馬，不若以非馬喻馬之非馬也。天地一指也，萬物一馬也。可乎可，不可乎不可。道行之而成，物謂之而然。惡乎然？然於然。惡乎不然？不然於不然。物固有所然，物固有所可。無物不然，無物不可。故爲是舉莛與楹，厲與西施，恢恑憰怪，道通爲一。其分也成也，其成也毀也。凡物無成與毀，復通爲一。唯達者知通爲一，爲是不用而寓諸庸。庸也者，用也；用也者，通也；通也者，得也；適得而幾矣。因是已。已而不知其然，謂之道。勞神明爲一，而不知其同也，謂之「朝三」。何謂「朝三」？曰：「狙公賦芧曰：『朝三而莫四。』衆狙皆怒。曰：『然則朝四而莫三。』」衆狙皆悦。名實未虧，而喜怒爲用，亦因是也。是以聖人和之以是非，而休乎天鈞，是之謂兩行。

古之人其知有所至矣。惡乎至？有以爲未始有物者，至矣盡矣，不可以加矣。其次以爲有物矣，而未始有封也。其次以爲有封焉，而未始有是非也。是非之彰也，道之所以虧也。道之所以虧，愛之所以成。果且有成與虧乎哉？果且無成與虧乎哉？有成與虧，故昭氏之鼓琴也；無成與虧，故昭氏之不鼓琴也。昭文之鼓琴也，師曠之枝策也，惠子之據梧也，三子之知幾乎，皆其盛者也，故載之末年。唯其好之也，以異於彼；其好之也，欲以明之彼。非所明而明之，故以堅白之昧終。而其子又以文之綸終，終身無成。若是而可謂成乎？雖我亦成也。若是而不可謂成乎？物與我無成也。是故滑疑之耀，聖人之所圖也。爲是不用而寓諸庸，此之謂以明。

今且有言於此，不知其與是類乎？其與是不類乎？類與不類，相與爲類，則與彼無以異矣。雖然，請嘗言之。有始也者，有未始有始也者，有未始有夫未始有始也者。有有也者，有無也者，有未始有無也者，有未始有夫未始有無也者。俄而有無矣，而未知有無之果孰有孰無也。今我則已有謂矣，而未知吾所謂之其果有謂乎？其果無謂乎？天下莫大於秋豪之末，而大山爲小；莫壽乎殤子，而彭祖爲夭。天地與我並生，而萬物與我爲一。既已爲一矣，且得有言乎？既已謂之一矣，且得無言乎？一與言爲二，二與一爲三。自此以往，巧歷不能得，而況其凡乎！故自無適有，以至於三，而況自有適有乎！無適焉，因是已。夫道未始有封，言未始有常，爲是而有畛也。請言其畛：有左，有右，有倫，有義，有分，有辯，有競，有争，此之謂八德。六合之外，聖人存而不論；六合之内，聖人論而不議。《春秋》經世先王之志，聖人議而不辯。故分也者，有不分也；辯也者，有不辯也。曰：

何也？聖人懷之，衆人辯之，以相示也。故曰：辯也者，有不見也。夫大道不稱，大辯不言，大仁不仁，大廉不嗛〔一〕，大勇不忮。道昭而不道，言辯而不及，仁常而不成，廉清而不信，勇忮而不成。五者圓而幾向方矣。故知止其所不知，至矣。孰知不言之辯，不道之道？若有能知，此之謂天府。注焉而不滿，酌焉而不竭，而不知其所由來，此之謂葆光。

故昔者堯問於舜曰：「我欲伐宗、膾、胥敖，南面而不釋然，其故何也？」舜曰：「夫三子者，猶存乎蓬艾之間。若不釋然何哉？昔者十日並出，萬物皆照，而況德之進乎日者乎！」

齧缺問乎王倪曰：「子知物之所同是乎？」曰：「吾惡乎知之！」「子知子之所不知邪？」曰：「吾惡乎知之！」「然則物無知邪？」曰：「吾惡乎知之！雖然，嘗試言之。庸詎知吾所謂知之非不知邪？庸詎知吾所謂不知之非知邪？且吾嘗試問乎女：民溼寢則腰疾偏死，鰌然乎哉？木處則惴慄恂懼，猨猴然乎哉？三者孰知正處？民食芻豢，麋鹿食薦，蝍且甘帶，鴟鴉耆鼠，四者孰知正味？猨猵狙以爲雌，麋與鹿交，鰌與魚遊。毛嬙、麗姬，人之所美也，魚見之深入，鳥見之高飛，麋鹿見之決驟。四者孰知天下之正色哉？自我觀之，仁義之端，是非之塗，樊然殽亂，吾惡能知其辯！」齧缺曰：「子不知利害，則至人固不知利害乎？」王倪曰：「至人神矣！大澤焚而不能熱，河、漢沍而不能寒，疾雷破山、飄風振海而不驚。若然者，乘雲氣，騎日月，而游乎四海之外，死生無變於己，而況利

〔一〕「嗛」字原作「廉」。

害之端乎！」

瞿鵲子問乎長梧子曰：「吾聞諸夫子：『聖人不從事於務，不就利，不違害，不喜求，不緣道，無謂有謂，有謂無謂，而游乎塵垢之外。』夫子以爲孟浪之言，而我以爲妙道之行也。吾子以爲奚若？」長梧子曰：「是皇帝之所聽熒也，而丘也何足以知之！且女亦大早計，見卵而求時夜，見彈而求鴞炙。予嘗爲女妄言之，女以妄聽之。奚旁日月，挾宇宙，爲其脗合，置其滑涽，以隸相尊？衆人役役，聖人愚芚，參萬歲而一成純。萬物盡然，而以是相蘊。予惡乎知説生之非惑耶！予惡乎知惡死之非弱喪而不知歸者邪！麗之姬，艾封人之子也。晉國之始得之也，涕泣沾襟；及其至於王所，與王同筐牀，食芻豢，而後悔其泣也。予惡知夫死者不悔其始之蘄生乎！夢飲酒者旦而哭泣，夢哭泣者旦而田獵。方其夢也，不知其夢也。夢之中又占其夢焉，覺而後知其夢也。且有大覺，而後知此其大夢也。而愚者自以爲覺，竊竊然知之。君乎，牧乎，固哉！丘也與女皆夢也，予謂女夢亦夢也。是其言也，其名爲弔詭。萬世之後而一遇大聖，知其解者，是旦暮遇之也。」

「既使我與若辯矣，若勝我，我不若勝，若果是也，我果非也邪？我勝若，若不吾勝，我果是也，而果非也邪？其或是也，其或非也邪？其俱是也，其俱非也邪？我與若不能相知也，則人固受其黮闇，吾誰使正之？使同乎若者正之，既與若同矣，惡能正之？使同乎我者正之，既同乎我矣，惡能正之？使異乎我與若者正之，既異乎我與若矣，惡能正之？使同乎我與若者正之，既同乎我與若矣，惡能正之？然則我與若與人俱不能相知也，而待彼也邪？何謂和之以天倪？曰：是不是，然不然。是若果是也，則是之，異乎不是也，亦無辯；然若果然也，則然之，異乎不然也，亦無辯。化聲之相待，若其不相待，和之以天倪，因之以曼衍，所以窮年也。忘年忘義，振於無竟，故寓諸無竟。」

罔兩問景曰：「曩子行，今子止；曩子坐，今子起。何其無特操與？」景曰：「吾有待而然者邪？吾所待又有待而然者邪？吾待蛇蚹蜩翼邪？惡識所以然？惡識所以不然？」

昔者莊周夢爲胡蝶，栩栩然胡蝶也。自喻適志與，不知周也。俄然覺，則蘧蘧然周也。不知周之夢爲胡蝶與，胡蝶之夢爲周與？周與胡蝶，則必有分矣。此之謂物化。

養生主 少陽

吾生也有涯，而知也無涯。以有涯隨無涯，殆已！已而爲知者，殆而已矣！爲善無近名，爲惡無近刑；緣督以爲經，可以保身，可以全生，可以養親，可以盡年。

庖丁爲文惠君解牛，手之所觸，肩之所倚，足之所履，膝之所踦，砉然嚮然，奏刀騞然，莫不中音，合於《桑林》之舞，乃中《經首》之會。文惠君曰：「譆，善哉！技蓋至此乎？」庖丁釋刀對曰：「臣之所好者道也，進乎技矣。始臣之解牛之時，所見無非牛者；三年之後，未嘗見全牛也。方今之時，臣以神遇而不以目視，官知止而神欲行。依乎天理，批大郤，導大窾，因其固然，技經肯綮之未嘗，而況大軱乎！良庖歲更刀，割也；族庖月更刀，折也。今臣之刀十九年矣，所解數千牛矣，而刀刃若新發於硎。彼節者有間，而刀刃者無厚，以無厚入有間，恢恢乎其於遊刃必有餘地矣。是以十九年而刀刃若新發於硎。雖然，每至於族，吾見其難爲，怵然爲戒，視爲止，行爲遲，動刀甚微。謋然已解，如土委地。提刀而立，爲之四顧，爲之躊躇滿志，善刀而藏之。」文惠君曰：「善哉！吾聞庖丁之言，得養生焉。」

公文軒見右師而驚曰：「是何人也？惡乎介也？天與？其人與？」曰：「天也，非人也。天之生是使獨也，人之貌有與也。以是知其天也，非人也。」澤雉十步一啄，百步一飲，不蘄畜乎樊中。神雖王，不善也。

老聃死，秦失弔之，三號而出。弟子曰：「非夫子之友邪？」曰：「然。」「然則弔焉若此可乎？」曰：「然。始也吾以爲其人也，而今非也。向吾入而弔焉，有老者哭之，如哭其子；少者哭之，如哭其母。彼其所以會之，必有不蘄言而言，不蘄哭而哭者。是遁天倍情，忘其所受，古者謂之遁天之刑。適來夫子時也，適去夫子順也。安時而處順，哀樂不能入也，古者謂是帝之縣解。」

指窮於爲薪，火傳也，不知其盡也。

胠篋 少陽

將爲胠篋、探囊、發匱之盜而爲守備，則必攝緘縢，固扃鐍，此世俗之所謂知也。然而巨盜至，則負匱、揭篋、擔囊而趨，唯恐緘縢扃鐍之不固也。然則鄉之所謂知者，不乃爲大盜積者也？

故嘗試論之，世俗所謂知者，有不爲大盜積者乎？所謂聖者，有不爲大盜守者乎？何以知其然耶？昔者齊國鄰邑相望，雞狗之音相聞，罔罟之所布，耒耨之所刺，方二千餘里。闔四竟之内，所以立宗廟社稷，治邑屋州閭鄉曲者，曷嘗不法聖人哉？然而田成子一旦殺齊君而盜其國。所盜者豈獨其國耶？并與其聖知之法而盜之。故田成子有乎盜賊之名，而身處堯舜之安，小國不敢非，大國不敢誅，十二世有齊國。則是不乃竊齊國，并與其聖知之法，以守其盜賊之身乎？

嘗試論之，世俗之所謂至知者，有不爲大盜積者乎？所謂至聖者，有不爲大盜守者乎？何以知其然耶？昔者龍逢斬，比干剖，萇弘胣，子胥靡，故四子之賢，而身不免乎戮。故跖之徒問於跖曰：「盜亦有道乎？」跖曰：「何適而無有道耶？夫妄意室中之藏，聖也；入先，勇也；出後，義也；知可否，知也；分均，仁也。五者不備，而能成大盜者，天下未之有也。」由是觀之，善人不得聖人之道不立，跖不得聖人之道不行；天下之善人少，而不善人多，則聖人之利天下也少，而害天下也多。

故曰：脣竭則齒寒，魯酒薄而邯鄲圍，聖人生而大盜起。掊擊聖人，縱舍盜賊，而天下始治矣！夫川竭而谷虚，丘夷而淵實，聖人已死，則大盜不起，天下平而無故矣！聖人不死，大盜不止。雖重聖人而治天下，則是重利盜跖也。爲之斗斛以量之，則并與斗斛而竊之；爲之權衡以稱之，則并與權衡而竊之；爲之符璽而信之，則并與符璽而竊之；爲之仁義以矯之，則并與仁義而竊之。何以知其然耶？彼竊鉤者誅，竊國者爲諸侯，諸侯之門，而仁義存焉。則是非竊仁義聖知耶？故逐於大盜，揭諸侯，竊仁義，并斗斛、權衡、符璽之利者，雖有軒冕之賞弗能勸，斧鉞之威弗能禁。此重利盜跖而使不可禁者，是乃聖人之過也。

故曰：「魚不可脱於淵，國之利器，不可以示人。」彼聖人者，天下之利器也，非所以明天下也。故絶聖棄知，大盜乃止；擿玉毁珠，小盜不起；焚符破璽，而民朴鄙；掊斗折衡，而民不争；殫殘天下之聖法，而民始可與論議；擢亂六律，鑠絶竽瑟，塞瞽曠之耳，而天下始人含其聰矣；滅文章，散五采，膠離朱之目，而天下始人含其明矣；毁絶鉤繩，而棄規矩，攦工倕之指，而天下始人有其巧矣。故曰：大巧若拙。削曾、史之行，鉗楊、墨之口，攘棄仁義，而天下之德始玄同矣。彼人含其明，則天下不鑠矣；人含其聰，則天下不累矣；人含其知，則天下不惑矣；人含其德，則天下不僻矣。彼曾、史、楊、墨、師曠、工倕、離朱者，皆外立其德，而以爚亂天下者也，法之所無用也。

子獨不知至德之世乎？昔者容成氏、大庭氏、伯皇氏、中央氏、栗陸氏、驪畜氏、軒轅氏、赫胥氏、尊盧氏、祝融氏、伏戲氏、神農氏，當是時也，民結繩而用之，甘其食，美其服，樂其俗，安其居，鄰國相望，雞狗之音相聞，民至老死而不相往來。若此之時，則至治已。今遂至使民延頸舉踵，曰「某所有賢者」，贏糧而趣之，則内棄其親，而外去其主之事，足迹接乎諸侯之境，車軌結乎千里之外，則是上好知之過也。

上誠好知而無道，則天下大亂矣。何以知其然耶？夫弓弩、畢弋、機變之知多，則鳥亂於上矣；鉤餌、網罟、罾笱之知多，則魚亂於水矣；削格、羅落、罝罘之知多，則獸亂於澤矣；知詐漸毒、頡滑堅白、解垢同異之變多，則俗惑於辯矣。故天下每每大亂，罪在於好知。故天下皆知求其所不知，而莫知求其所已知者；皆知非其所不善，而莫知非其所已善者，是以大亂。故上悖日月之明，下爍山川之精，中墮四時之施；惴耎之蟲、肖翹之物莫不失其性。甚矣夫好知之亂天下也！自三代以下者是已。舍夫種種之機，而悦夫役役之佞；釋夫恬淡無爲，而悦夫啍啍之意，啍啍已亂天下矣。

劈頭一喻，以引起盜資，以下發仁義聖知之弊。一段爲盜賊之利，一段爲天下之害，又一段申盜賊之利，又一段申天下之害。然後叠叠致歎，將亂本兩番。歸咎好知，將好知三番，痛其致亂。反覆披露，盡興而止。

刻意　太陰

刻意尚行，離世異俗，高論怨誹，爲亢而已矣。此山谷之士，非世之人，枯槁赴淵者之所好也。語仁義忠信，恭儉推讓，爲修而已矣。此平世之士，教誨之人，遊居學者之所好也。語大功，立大名，禮君臣，正上下，爲治而已矣。此朝廷之士，尊主彊國之人，致功并兼者之所好也。就藪澤，處閑曠，釣魚閑處，無爲而已矣。此江海之士，避世之人，閑暇者之所好也。吹响呼吸，吐故納新，熊經鳥申，爲壽而已矣。此道引之士，養形之人，彭祖壽考者之所好也。若夫不刻意而高，無仁義而修，無功名而治，無江海而閑，不道引而壽，無不忘也，無不有也，澹然無極，而衆美從之。此天地之道，聖人之德也。

故曰：夫恬淡寂漠，虛無無爲，此天地之平，而道德之質也。故曰：聖人休休焉，則平易矣，平易則恬淡矣。平易恬淡，則憂患不能入，邪氣不能襲，故其德全而神不虧。故曰：聖人之生也天行，其死也物化；静而與陰同德，動而與陽同波；不爲福先，不爲禍始；感而後應，迫而後動，不得已而後起；去知與故，循天之理。故無天災，無物累，無人非，無鬼責。其生若浮，其死若休；不思慮，不豫謀；光矣而不耀，信矣而不期；其寢不夢，其覺無憂；其神純粹，其魂不罷。虚無恬淡，乃合天德。故曰：悲樂者德之邪，喜怒者道之過，好惡者德之失。故心不憂樂，德之至也；一而不變，静之至也；無所於忤，虚之至也；不與物交，淡之至也。無所於逆，粹之至也。故曰：形勞而不休則弊，精用而不已則勞，勞則竭。水之性不雜則清，莫動則平，鬱閉而不流，亦不能清，天德之象也。故曰：純粹而不雜，静一而不變，淡而無爲，動而以天行，此養神之道也。

夫有干越之劍者，柙而藏之，不敢用也，寶之至也。精神四達並流，無所不極，上際於天，下蟠於地，化育萬物，不可爲象，其名爲同帝。純素之道，惟神是守。守而勿失，與神爲一。一之精通，合於天倫。野語有之曰：「衆人重利，廉士重名，賢士尚志，聖人貴精。」故素也者，謂其無所與雜也；純也者，謂其不虧其神〔二〕也。能體純素，謂之真人。

此篇先將五樣人排列，然後遞入聖人，五者乃更不足道。接連用六個「故曰」，寫

〔二〕「神」原作「仁」，據《莊子》改。

聖人之所以爲聖。末引野語作結，見凡人各有所尚，惟聖人爲得所尚耳！

繕性　太陰

繕性於俗，學以求復其初；滑欲於俗，思以求致其明，謂之蔽蒙之民。

古之治道者，以恬養知。知生而無以知爲也，謂之以知養恬。知與恬交相養，而和理出其性。夫德，和也；道，理也。德無不容，仁也；道無不理，義也；義明而物親，忠也；中純實而反乎情，樂也；信行容體而順乎文，禮也。禮樂偏行，則天下亂矣。彼正而蒙己德，德則不冒，冒則物必失其性也。

古之人在混芒之中，與一世而得澹漠焉。當是時也，陰陽和静，鬼神不擾，四時得節，萬物不傷，羣生不夭，人雖有知，無所用之，此之謂至一。當是時也，莫之爲而常自然。逮德下衰，及燧人、伏戲，始爲天下，是故順而不一。德又下衰，及神農、黄帝，始爲天下，是故安而不順。德又下衰，及唐、虞始爲天下，興治化之流，澆淳散朴，離道以善，險德以行，然後去性而從於心。心與心識，知而不足以定天下，然後附之以文，益之以博。文滅質，博溺心，然後民始惑亂，無以反其性情而復其初。由是觀之，世喪道矣，道喪世矣。世與道交相喪也，道之人何由興乎世，世亦〔一〕何由興乎道哉！道無

〔一〕原無「亦」字，據《莊子》補之。

以興乎世，世無以興乎道，雖聖人不在山林之中，其德隱矣。隱，故不自隱。

古之所謂隱士者，非伏其身而弗見也，非閉其言而不出也，非藏其知而不發也，時命大謬也。當時命而大行乎天下，則反一無迹；不當時命而大窮乎天下，則深根寧極而待，此存身之道也。

古之存身者，不以辯飾知，不以知窮天下，不以知窮德，危然處其所而反其性，已又何爲哉！道固不小行，德固不小識。小識傷德，小行傷道。故曰：正己而已矣。樂全之謂得志。

古之所謂得志者，非軒冕之謂也，謂其無以益其樂而已矣。今之所謂得志者，軒冕之謂也。軒冕在身，非性命也，物之儻來，寄也。寄之，其來不可圉，其去不可止。故不爲軒冕肆志，不爲窮約趨俗，其樂彼與此同，故無憂而已矣。今寄去則不樂，由是觀之，雖樂未嘗不荒也。

故曰：喪己於物，失性於俗者，謂之倒置之民。

此篇前後兩小段相應，中間一氣滚下，包無數小段。其每小段住處皆官止神行，似住非住。起處皆用提筆，司馬子長及韓昌黎文妙處皆出於此。

首段言講學而不善治性者。二段言繕性宜知與恬交相養。迨枝葉多則天下亂，由於己之蒙冒，故物失其性。三段徵實二段之意，古之人混芒澹漠，是最善治性者。迨燧人、伏戲後，民智日開，民性日失，心性識知，民益惑亂。然在上者導民以文博，而士君子在下者，宜求所以繕性之方，於是以「世喪道，道喪世」。潛氣内轉，至隱士「隱，故不自隱」句，收束特奇，此爲似頓非頓之法。四段「時命大謬」句，接得尤奇。要知世人之迷亂其性，皆由不安「時命」，「反一無迹」。「深根寧極而待」，與上「至一」遥應，繕性至此，乃能「存身」。《易傳》：「龍蛇之蟄，以存身也。」五段「不以辯飾知」三句，是繕性功夫。「反其性」三字，與上「反其性情」相應，是繕性宗旨。反其性者，反其混芒澹漠無有之天也。「正己」與上「彼正而蒙己德」相應，大人正己物正而後樂全。「樂全之謂得志」句，神氣直射至末「倒置之民」句。六段軒冕之樂，與上正己之樂相反。樂而荒則性益迷，故古之繕性者，先在不以儻來之物動其心。末段以「己」、「性」二字雙結，與首段句法呼應。然而倒置之民，尤不如蔽蒙之民。蔽蒙者，以講學而失其性；倒置者，以軒冕而失其性也。

以上皆就此文之迹象言，而神氣之妙，學者須處處善自領會，姑舉一二處言之。如「文滅質，博溺心」、「世喪道，道喪世」等句，唯神氣奇故句法益奇。又如三段「其德隱矣，隱，故不自隱」，六段「今寄去則不樂。由是觀之，雖樂未嘗不荒也」，皆虛頓法。而「其德隱矣」下，疾速以「隱，故不自隱」一折；「去則不樂」下，疾速以「雖樂未嘗不荒也」一挽。一折一挽中，包無限餘意，此皆文之神髓。凡學古者，務於此等處學步。

秋水

少陽

秋水時至，百川灌河，涇流之大，兩涘渚崖之間，不辯牛馬。於是焉〔一〕河伯欣然自喜，以天下之美爲盡在己。順流而東行，至於北海，東面而視，不見水端。於是焉河伯始旋其面目，望洋向若而歎曰：「野語有之曰『聞道百，以爲莫己若』者，我之謂也。且夫我嘗聞少仲尼之聞而輕伯夷之義者，始吾弗信；今我睹子之難窮也，吾非至於子之門，則殆矣，吾長見笑於大方之家。」北海若曰：「井鼃不可以語於海者，拘於虚也；夏蟲不可以語於冰者，篤於時也；曲士不可以語於道者，束於教也。今爾出於崖涘，觀於大海，乃知爾醜，爾將可與語大理矣。天下之水，莫大於海，萬川歸之，不知何時止而不盈；尾閭泄之，不知何時已而不虚；春秋不變，水旱不知。此其過江河之流，不可爲量數。而吾未嘗以此自多者，自以比形於天地，而受氣於陰陽，吾在於天地之間，猶小石小木之在大山也。方存乎見少，又奚以自多！計四海之在天地之間也，不似礨空之在大澤乎？計中國之在海内，不似稊米之在太倉乎？號物之數謂之萬，人處一焉；人卒九州，穀食之所生，舟車之所通，人處一焉，此其比萬物也，不似豪末之在於馬體乎？五帝之所連，三王之所

〔一〕原無「焉」，據《莊子》補之。

争，仁人之所憂，任士之所勞，盡此矣。伯夷辭之以爲名，仲尼語之以爲博，此其自多也，不似爾向之自多於水乎？」

河伯曰：「然則吾大天地而小豪末，可乎？」北海若曰：「否。夫物量無窮，時無止，分無常，終始無故。是故大知觀於遠近，故小而不寡，大而不多，知量無窮；證曏今故，故遥而不悶，掇而不跂，知時無止；察乎盈虚，故得而不喜，失而不憂，知分之無常也；明乎坦塗，故生而不説，死而不禍，知終始之不可故也。計人之所知，不若其所不知；其生之時，不若未生之時；以其至小求窮其至大之域，是故迷亂而不能自得也。由此觀之，又何以知豪末之足以定至細之倪？又何以知天地之足以窮至大之域？」

河伯曰：「世之議者皆曰：『至精無形，至大不可圍。』是信情乎？」北海若曰：「夫自細視大者不盡，自大視細者不明。夫精，小之微也；垺，大之殷也。故異便，此勢之有也。夫精粗者，期於有形者也；無形者，數之所不能分也；不可圍者，數之所不能窮也。可以言論者，物之粗也；可以意致者，物之精也；言之所不能論，意之所不能察致者，不期精粗焉。是故大人之行，不出乎害人，不多仁恩；動不爲利，不賤門隸；貨財弗争，不多辭讓；事焉不借人，不多食乎力，不賤貪汙；行殊乎俗，不多辟異；爲在從衆，不賤佞諂；世之爵禄不足以爲勸，戮耻不足以爲辱；知是非之不可爲分，細大之不可爲倪。聞曰：『道人不聞，至德不得，大人無己。』約分之至也。」

河伯曰：「若物之外，若物之内，惡至而倪貴賤？惡至而倪小大？」北海若曰：「以道觀之，物無貴賤；以物觀之，自貴而相賤；以俗觀之，貴賤不在己。以差觀之，因其所大而大之，則萬物莫不大；因其所小而小之，則萬物莫不小。知天地之爲稊米也，知豪末之爲丘山也，則差數覩矣。以功觀之，因其所有而有之，則萬物莫不有；因其所無而無之，則萬物莫不無。知東西之相反而不可以相無，則功分定矣。以趣觀之，因其所然而然之，則萬物莫不然；因其所非而非之，則萬物莫不非。知堯、桀之自然而相非，則趣操覩矣。昔者堯、舜讓而帝，之、噲讓而絕；湯、武爭而王，白公爭而滅。由此觀之，爭讓之禮，堯、桀之行，貴賤有時，未可以爲常也。梁麗可以衝城，而不可以窒穴，言殊器也；騏驥驊騮，一日而馳千里，捕鼠不如狸狌，言殊技也；鴟鵂夜撮蚤，察豪末，晝出瞋目而不見丘山，言殊性也。故曰：『蓋師是而無非，師治而無亂乎？』是未明天地之理，萬物之情者也；是猶師天而無地，師陰而無陽，其不可行明矣。然且語而不舍，非愚則誣也。帝王殊禪，三代殊繼。差其時，逆其俗者謂之篡夫；當其時，順其俗者，謂之義之徒。默默乎河伯，女惡知貴賤之門、小大之家！」

河伯曰：「然則我何爲乎？何不爲乎？吾辭受取舍，吾終奈何？」北海若曰：「以道觀之，何貴何賤，是謂反衍；無拘而志，與道大蹇。何少何多，是謂謝施；無一而行，與道參差。嚴乎若國之有君，其無私德；繇繇乎若祭之有社，其無私福；泛泛乎其若四方之無窮，其無所畛域。兼懷萬物，其孰承翼？是謂無方。萬物一齊，孰短孰長？道無終始，物有死生，不恃其成。一虛一滿，不位乎其形。年不可舉，時不可止。消息盈虛，終則有始。是所以語大義之方，論萬物之理也。物之生也，若驟而馳，無動而不變，無時而不移。何爲乎？何不爲乎？夫固將自化。」

河伯曰：「然則何貴於道邪？」北海若曰：「知道者必達於理，達於理者必明於權，明於權者不以物害己。至德者，火弗能熱，水弗能溺，寒暑弗能害，禽獸弗能賊。非謂其薄之也，言察乎安危，寧於禍福，謹於去就，莫之能害也。故曰：『天在内，人在外，德在乎天。』知天人之行，本乎天，位乎得，蹢躅而屈伸，反要而語極。」

曰：「何謂天？何謂人？」北海若曰：「牛馬四足，是謂天；落馬首，穿牛鼻，是謂人。故曰：無以人滅天，無以故滅命，無以得徇名。謹守而勿失，是謂反其真。」

夔憐蚿，蚿憐蛇，蛇憐風，風憐目，目憐心。夔謂蚿曰：「吾以一足趻踔而行，予〔一〕無如矣。今子之使萬足，獨奈何？」蚿曰：「不然。子不見夫唾者乎？噴則大者如珠，小者如霧，雜而下者不可勝數也。今予動吾天機，而不知其所以然。」

蚿謂蛇曰：「吾以衆足行，而不及子之無足，何也？」蛇曰：「夫天機之所動，何可易邪？吾安用足哉！」

蛇謂風曰：「予動吾脊脅而行，則有似也。今子蓬蓬然起於北海，蓬蓬然入於南海，而似無有，何也？」風曰：「然。予蓬蓬然起於北海而入於南海也，然而指我則勝我，鰌我亦勝我。雖然，夫折

〔一〕「予」字原誤作「子」。

大木蜚大屋者，惟我能也，故以衆小不勝爲大勝也。爲大勝者唯聖人能之。」

孔子遊於匡，宋人圍之數匝，而弦歌不惙。子路入見曰：「何夫子之娱也？」孔子曰：「來，吾語女。我諱窮久矣，而不免，命也；求通久矣，而不得，時也。當堯、舜而天下無窮人，非知得也；當桀、紂而天下無通人，非知失也，時勢適然。夫水行不避蛟龍者，漁父之勇也；陸行不避兕虎者，獵夫之勇也；白刃交於前，視死若生者，烈士之勇也；知窮之有命，知通之有時，臨大難而不懼者，聖人之勇也。由，處矣！吾命有所制矣！」

無幾何，將甲者進辭曰：「以爲陽虎也，故圍之。今非也，請辭而退。」

公孫龍問於魏牟曰：「龍少學先王之道，長而明仁義之行；合同異，離堅白；然不然，可不可；困百家之知，窮衆口之辯，吾自以爲至達已。今吾聞莊子之言，汒焉異之。不知論之不及與，知之弗若與？今吾無所開吾喙，敢問其方？」

公子牟隱几大息，仰天而笑，曰：「子獨不聞夫埳井之鼃乎？謂東海之鱉曰：『吾樂與！吾跳梁乎井幹之上，入休乎缺甃之崖；赴水則接掖持頤，蹶泥則没足滅跗；還虷、蟹與科斗，莫吾能若也。且夫擅一壑之水，而跨跱埳井之樂，此亦至矣。夫子奚不時來入觀乎？』東海之鱉左足未入，而右膝已縶矣。於是逡巡而却，告之海曰：『夫千里之遠，不足以舉其大；千仞之高，不足以極其深。禹之時，十年九潦，而水弗爲加益；湯之時，八年七旱，而崖不爲加損。夫不爲頃久推移，不以多少進退者，此亦東海之大樂也。』於是埳井之鼃聞之，適適然驚，規規然自失也。且夫知不知是非之竟，而猶欲觀於莊子之言，是猶使蚉負山，商蚷馳河也，必不勝任矣。且夫知不知論極妙之言，而自適一時之利者，是非埳井之鼃與？且彼方跐黃泉而登大皇，無南無北，奭然四解，淪於不測；無東無西，始於玄冥，反於大通。子乃規規然而求之以察，索之以辯，是直用管闚天，用錐指地也，不亦小乎？子往矣！且子獨不聞夫壽陵餘子之學行於邯鄲與？未得國能，又失其故行矣，直匍匐而歸耳。今子不去，將忘子之故，失子之業。」公孫龍口呿而不合，舌舉而不下，乃逸而走。

莊子釣於濮水，楚王使大夫二人往先焉，曰：「願以竟内累矣！」莊子持竿不顧，曰：「吾聞楚有神龜，死已三千歲矣，王巾笥而藏之廟堂之上。此龜者，寧其死爲留骨而貴乎？寧其生而曳尾於塗中乎？」二大夫曰：「寧生而曳尾塗中。」莊子曰：「往矣！吾將曳尾於塗中。」

惠子相梁，莊子往見之。或謂惠子曰：「莊子來，欲代子相。」於是惠子恐，搜於國中，三日三夜。莊子往見之曰：「南方有鳥，其名鵷鶵，子知之乎？夫鵷鶵發於南海而飛於北海，非梧桐不止，非練實不食，非醴泉不飲。於是鴟得腐鼠，鵷鶵過之，仰而視之曰：『嚇！』今子欲以子之梁國而嚇我邪？」

莊子與惠子遊于濠梁之上。莊子曰：「儵魚出游從容，是魚樂也。」惠子曰：「子非魚，安知魚之樂？」莊子曰：「子非我，安知我不知魚之樂？」惠子曰：「我非子，固不知子矣；子固非魚也，子之不知魚之樂全矣。」莊子曰：「請循其本。子曰『女安知魚樂』云者，既已知我知之而問我，我知之濠上也。」

此篇一層進一層，如剥蕉心，不盡不止。學道最忌識卑，第一番要見大，見大似〔一〕可忽小。第二番不可忽小。然則大小俱當究心矣。第三番小大一齊掃却。掃却小大，則物何故又有箇貴賤、有箇小大！第四番本無貴賤小大。既無貴賤小大，學者將何者當爲？何者不當爲？第五番爲不爲一齊放下，只是無方自化，如此似乎無取學道。第六番知道者超然物外，純乎在天，則是無方自化之妙處，正天之妙處，豈不足貴！天人何所分别！第七番自然者是天，作爲者是人，故不可以人滅天，豈可以故滅命！豈可以名喪德！凡七番披剥，用三句一束，結出反真，漸引漸深，造乎極微而後止。

至樂　少陽

天下有至樂無有哉？有可以活身者無有哉？今奚爲奚據？奚避奚處？奚就奚去？奚樂奚惡？

〔一〕「似」字疑當爲「始」。

夫天下之所尊者，富、貴、壽、善也；所樂者，身安、厚味、美服、好色、音聲也；所下者，貧賤、夭惡也；所苦者，身不得安逸，口不得厚味，形不得美服，目不得好色，耳不得音聲。若不得者，則大憂以懼，其爲形也亦愚哉！

夫富者苦身疾作，多積財而不得盡用，其爲形也亦外矣。夫貴者夜以繼日，思慮善否，其爲形也亦疏矣。人之生也，與憂俱生，壽者惛惛，久憂不死，何之苦也！其爲形也亦遠矣。烈士爲天下見善矣，未足以活身。吾未知善之誠善邪？誠不善邪？若以爲善矣，不足活身；以爲不善矣，足以活人。故曰：「忠諫不聽，蹲循勿争。」故夫子胥争之以殘其形，不争名亦不成。誠有善無有哉？

今俗之所爲與其所樂，吾又未知樂之果樂邪？果不樂邪？吾觀夫俗之所樂，舉羣趣者誙誙然如將不得已，而皆曰樂者，吾未之樂也，亦未之不樂也。果有樂無有哉？吾以無〔一〕爲誠樂矣，又俗之所大苦也。故曰：「至樂無樂，至譽無譽。」

天下是非果未可定也。雖然，無爲可以定是非。至樂活身，唯無爲幾存。請嘗試言之：天無爲以之清，地無爲以之寧，故兩無爲相合，萬物皆化。芒乎芴乎，而無從出乎！芴乎芒乎，而無有象乎！萬物職職，皆從無爲殖。故曰：「天地無爲也，而無不爲也。」人也孰能得無爲哉！

〔一〕原「無」上有「爲」字，今據《莊子》删之。

莊子妻死，惠子弔之，莊子則方箕踞鼓盆而歌。惠子曰：「與人居，長子、老、身死，不哭，亦足矣。又鼓盆而歌，不亦甚乎！」莊子曰：「不然。是其始死也，我獨何能無槩然！察其始，而本無生；非徒無生也，而本無形；非徒無形也，而本無氣。雜乎芒芴之間，變而有氣，氣變而有形，形變而有生，今又變而之死，是相與爲春秋冬夏四時行也。人且偃然寢於巨室，而我噭噭然隨而哭之，自以爲不通乎命，故止也。」

支離叔與滑介叔觀於冥伯之丘，崑崙之虛，黄帝之所休。俄而柳生其左肘，其意蹶蹶然惡之。支離叔曰：「子惡之乎？」滑介叔曰：「亡，予何惡！生者，假借也；假之而生生者，塵垢也。死生爲晝夜。且吾與子觀化，而化及我，我又何惡焉！」

莊子之楚，見空髑髏，髐然有形，撽以馬捶，因而問之曰：「夫子貪生失理而爲此乎？將子有亡國之事，斧鉞之誅，而爲此乎？將子有不善之行，愧遺父母妻子之醜，而爲此乎？將子有凍餒之患，而爲此乎？將子之春秋故及此乎？」於是語卒，援髑髏枕而卧。夜半，髑髏見夢曰：「子之談者似辯士。諸子所言，皆生人之累也，死則無此矣。子欲聞死之説乎？」莊子曰：「然。」髑髏曰：「死，無君於上，無臣於下，亦無四時之事，從然以天地爲春秋，雖南面王樂，不能過也。」莊子不信，曰：「吾使司命復生子形，爲子骨肉肌膚，反子父母、妻子、閭里、知識，子欲之乎？」髑髏深矉蹙頞曰：「吾安能棄南面王樂，而復爲人間之勞乎！」

顔淵東之齊，孔子有憂色。子貢下席而問曰：「小子敢問回東之齊，夫子有憂色，何邪？」孔子曰：「善哉女問！昔者管子有言，丘甚善之，曰：『褚小者不可以懷大，綆短者不可以汲深。』夫若是者，以爲命有所成，而形有所適也，夫不可損益。吾恐回與齊侯言堯、舜、黄帝之道，而重以燧人、神農之言。彼將内求於己而不得，不得則惑，人惑則死。且女獨不聞邪？昔者海鳥止於魯郊，魯侯御而觴之於廟，奏《九韶》以爲樂，具太牢以爲膳。鳥乃眩視憂悲，不敢食一臠，不敢飲一杯，三日而死。此以己養養鳥也，非以鳥養養鳥也。夫以鳥養養鳥者，宜棲之深林，遊之壇陸，浮之江湖，食之鰌鰷，隨行列而止，委蛇而處。彼唯人言之惡聞，奚以夫譊譊爲乎！《咸池》《九韶》之樂，張之洞庭之野，鳥聞之而飛，獸聞之而走，魚聞之而下入，人卒聞之，相與還而觀之。魚處水而生，人處水而死，彼必相與異，其好惡故異也。故先聖不一其能，不同其事。名止於實，義設於適，是之謂條達而福持。」

列子行食於道，從見百歲髑髏，攓蓬而指之曰：「唯予與女知，而未嘗死，未嘗生也。若果養乎？予果歡乎？」種有幾，得水則爲㡭，得水土之際，則爲鼃蠙之衣；生於陵屯，則爲陵舄；陵舄得鬱棲，則爲烏足。烏足之根爲蠐螬，其葉爲胡蝶。胡蝶胥也，化而爲蟲，生於竈下，其狀若脱，其名爲鴝掇。鴝掇千日爲鳥，其名爲乾餘骨。乾餘骨之沫爲斯彌。斯彌爲食醯。頤輅生乎食醯，黄軦生乎九猷，瞀芮生乎腐蠸，羊奚比乎不箰。久竹生青寧，青寧生程，程生馬，馬生人，人又反入於機。萬物皆出於機，皆入於機。

外物 少陽

外物不可必，故龍逢誅，比干戮，箕子狂，惡來死，桀、紂亡。人主莫不欲其臣之忠，而忠未必信，故伍員流于江，萇弘死于蜀，藏其血三年而化爲碧。人親莫不欲其子之孝，而孝未必愛，故孝己憂而曾參悲。木與木相摩則然，金與火相守則流。陰陽錯行，則天地大絯，於是乎有雷有霆，水中有火，乃焚大槐。有甚憂兩陷而無所逃，螴蜳不得成，心若縣於天地之間，慰暋沈屯，利害相摩，生火甚多，衆人焚和。月固不勝火，於是乎有僓然而道盡。

莊周家貧，故往貸粟於監河侯。監河侯曰：「諾。我將得邑金，將貸子三百金可乎？」莊周忿然作色曰：「周昨來，有中道而呼者。周顧視車轍中，有鮒魚焉。周問之曰：『鮒魚來！子何爲者耶？』對曰：『我東海之波臣也，君豈有斗升之水而活我哉？』周曰：『諾哉！且南游吳越之王，激〔一〕西江之水而迎子可乎？』鮒魚忿然作色曰：『吾失我常與，我無所處。吾得斗升之水然活耳，君乃言此，曾不如早索我於枯魚之肆！』」

任公子爲大鉤巨緇，五十犗以爲餌，蹲乎會稽，投竿東海，旦旦而釣，期年不得魚。已而大魚食之，牽巨鉤，錎没而下，騖揚而奮鬐，白波若山，海水震蕩，聲侔鬼神，憚赫千里。任公子得若魚，離而

〔一〕「激」字原作「澈」。

腊之，自制河以東，蒼梧以北，莫不厭若魚者。已而後世輇才諷説之徒，皆驚而相告也。夫揭竿累，趣灌瀆，守鯢鮒，其於得大魚難矣。飾小説以干縣令，其於大達亦遠矣。是以未嘗聞任氏之風俗，其不可與經於世亦遠矣。

儒以《詩》《禮》發冢，大儒臚傳曰：「東方作矣，事之若何？」小儒曰：「未解裙襦，口中有珠。《詩》固有之曰：『青青之麥，生於陵陂。生不布施，死何含珠爲！』接其鬢，壓其顪，儒以金椎控其頤，徐别其頰，無傷口中珠。」

老萊子之弟子出薪，遇仲尼，反以告曰：「有人於彼，修上而趨下，末僂而後耳，視若營四海，不知其誰氏之子。」老萊子曰：「是丘也。召而來！」仲尼至。曰：「丘！去汝躬矜，與汝容知，斯爲君子矣。」仲尼揖而退，蹙然改容而問曰：「業可得進乎？」老萊子曰：「夫不忍一世之傷，而驁萬世之患，抑固窶耶，亡其略弗及耶？惠以歡爲驁，終身之醜，中民之行進焉耳。相引以名，相結以隱。與其譽堯而非桀，不如兩忘而閉其所譽。反無非傷也，動無非邪也。聖人躊躇以興事，以每成功。奈何哉，其載焉終矜爾！」

宋元君夜半而夢人被髮闚阿門，曰：「予自宰路之淵，予爲清江使河伯之所，漁者余且得予。」元君覺，使人占之，曰：「此神龜也。」君曰：「漁者有余且乎？」左右曰：「有。」君曰：「令余且會朝。」明日余且朝。君曰：「漁何得？」對曰：「且之網得白龜焉，箕圓五尺。」君曰：「獻若之龜。」龜至，君再欲殺之，再欲活之。心疑，卜之，曰：「殺龜以卜，吉。」乃刳龜，七十二鑽而無遺筴。仲尼曰：

「神龜能見夢於元君，而不能避余且之網；知能七十二鑽而無遺筴，不能避刳腸之患。如是則知有所困，神有所不及也。雖有至知，萬人謀之。魚不畏網而畏鵜鶘。去小知而大知明，去善而自善矣。嬰兒生，無石師而能言，與能言者處也。」

惠子謂莊子曰：「子言無用。」莊子曰：「知無用而始可與言用矣。夫地非不廣且大也，人之所用容足耳。然則廁足而墊之致黃泉，人尚有用乎？」惠子曰：「無用。」莊子曰：「然則無用之爲用也，亦明矣。」

莊子曰：「人有能遊，且得不遊乎？人而不能遊，且得遊乎？夫流遁之志，決絶之行，噫，其非至知厚德之任與！覆墜而不反，火馳而不顧，雖相與爲君臣，時也，易世而無以相賤。故曰至人不留行焉。夫尊古而卑今，學者之流也。且以狶韋氏之流觀今之世，夫孰能不波？唯至人乃能遊於世而不僻，順人而不失己。彼教不學，承意不彼。目徹爲明，耳徹爲聰，鼻徹爲顫，口徹爲甘，心徹爲知，知徹爲德。凡道不欲壅，壅則哽，哽而不止則跈，跈則衆害生。物之有知者恃息，其不殷，非天之罪。天之穿之，日夜無降，人則顧塞其竇。胞有重閬，心有天遊。室無空虛，則婦姑勃谿；心無天遊，則六鑿相攘。大林丘山之善於人也，亦神者不勝。德溢乎名，名溢乎暴；謀稽乎誸，知出乎争；柴生乎守，官事果乎衆宜。春雨日時，草木怒生，銚鎒於是乎始修，草木之到植者過半，而不知其然。靜默可以補病，眥搣可以休老，寧可以止遽。雖然，若是勞者之務也，非佚者之所，未嘗過而問焉。聖人之所以駴天下，神人未嘗過而問焉；賢人所以駴世，聖人未嘗過而問焉；君子所以駴國，賢人未嘗過而問焉；小人所以合時，君子未嘗過而問焉。演門有親死者，以善毁爵爲官師，其黨人毁而死者半。堯與許由天下，許由逃之；湯與務光，務光怒之；紀他聞之，帥弟子而踆於窾水，諸侯弔之；三年申徒狄因以踣河。荃者所以在魚，得魚而忘荃；蹄者所以在兔，得兔而忘蹄；言者所以在意，得意而忘言。吾安得夫忘言之人而與之言哉！」